재정학을 위한

기초경제 [2판]

장선구

비앤엠북스

머리말

세무사 시험에서 재정학의 안정적인 점수 확보를 위해서는 경제학적인 마인드가 필요하다. 그러나 경제학적 마인드가 미시경제학의 수식을 암기하거나 어려운 그래프를 이해하야만 한다는 것을 의미하는 것은 절대 아니다. 다시 말해서 재정학에 처음 등장하는 후생경제학 제1정리와 효율성 조건을 복잡한 그림으로 이해를 하고, 식으로 머릿속에 넣어둔다는 것은 주관식 형태의 시험에서는 백지에 자신의 지식을 표출해야 하기 때문에 의미가 있을 수 있으나, 객관식 형태의 시험에서는 별다른 의미가 없다. 오히려 경제학의 기본적인 원리인 수요와 공급의 곡선에 대한 이해, 이동, 탄력성과 관련된 직관적인 지식이 더 중요하다. 특히 완전경쟁시장의 보이지 않는 손이 달성시키는 효율성이 과연 어떤 의미인지를 알아야 한다.

'성시경, 신동엽, 강호동, 유재석' 중에서 다른 사람을 하나 고르라는 문제가 있다고 하자. 이때 우리는 쉽게 성시경은 가수이고 다른 세 사람은 개그맨이라는 것을 알고 있다. 이를 그냥 암기하는 수준을 넘어서서 같은 개그맨 집단에서도 신동엽, 강호동, 유재석의 차이를 느낌으로 알 수 있어야 한다. 구체적으로 뭐라 설명하기는 힘들지라도 감각적으로 알 수 있어야 한다. 이러한 동물적인 감각이 세무사 시험을 위한 재정학을 공부하는 데 꼭 필요하다.

정리를 하면 재정학은 시장의 실패를 기반으로 등장한 정부의 개입으로 출발하여 시장과 정부의 조화와 균형에 대해서 다루는 학문이다. 결국 시장에 대한 이해가 선행되어야 한다. 이를 위해서 이 책이 등장했다고 할 수 있다.

이 책의 장점을 몇 가지 제시하면 다음과 같다.

첫째, 시장에 대한 기본적 원리를 정확하게 이해하기 위해서 지나친 수식보다는 직관적인 사례를 많이 제시하였다. 따라서 경제학에 대해서 쉽게 접근할 수 있을 것이다.

둘째, 경제학이 현실과 완전히 동떨어진 것이 아니라는 것을 보여주기 위해서 다양한 읽을거리를 제공하였다. 사이사이에 배치한 '참고'는 심심할 때 읽어보면 경제학적 마인드를 형성하는 데 도움이 될 것이다.

셋째, 중요한 이론의 말미에 '예제'를 추가하였다. 재정학을 공부하는 데 꼭 필요한 개념에 한정해서 각종 고시와 공무원시험의 기출문제를 일부 가공하여 해설을 달아두었다. 이 정도의 문제만 학습하면 개정학을 위한 경제학적 토대는 충분하다고 할 수 있다.

이 책을 공부한 후에 자매서라고 할 수 있는 『POINT 재정학』, 『객관식 재정학』, 『실전 재정학』의 순서대로 공부를 하면 재정학이 매우 재미있고, 고득점 전략과목이 될 수 있을 것이다.

아무쪼록 이 책이 재정학을 공부하는 데 튼튼한 뼈대가 되어주었으면 하는 바람이다.

2019년 4월 저자

CONTENTS

Chapter 01 경제학적 사고방식

Chapter 02 수요-공급과 균형

Chapter 03 소비자선택이론

Chapter 05 경쟁과 반독점정책

Chapter 06 후생경제학과 시장실패

Chapter 07 거시경제학 개관

Chapter 08 국민소득결정이론

Chapter 09 재정과 재정정책

Chapter

01

경제학적 사고방식

1. 경제학이란 무엇인가

1.1. 경제학: 희소성과 선택의 학문

경제학을 공부하는 이유는 무엇인가? 경제학을 공부하면 기업, 은행, 언론, 국제관계, 교육 및 정부 등의 다양한 분야에서 경제학에서 배운 접근방법을 활용하여 보다 좋은 성과를 보일 수 있다. 경제학의 유용성은 경제학의 독특한 논리와 시각으로 다양한 사회문제를 분석하고 해결할 수 있다는 점에 있다.

경제라는 용어는 세상을 경영하고 백성을 구제한다는 의미의 한자어 '경세제민(經世濟民)'에서 나온 말이다. economy라는 용어는 가정을 관리한다는 의미의 그리스어 'oiko nomos'에서 유래하였다고 한다. 동양과 서양의 사고방식의 차이점을 보여주는 예라고도 할 수 있다. 국가를 관리하는 것과 한 가정을 관리하는 것은 모두 주어진 예산을 어떻게 하면 효율적으로 활용할 수 있는가 하는 측면에서 공통점이 있다. 가계부를 작성하는 주부의 입장에서는 적은 월급을 쪼개서 어떻게 살림살이를 잘 꾸려나가야 할지를 고민하고, 국정을 관리하는 공무원들도 주어진 예산을 한 해 동안 어떻게 적절히 활용해

경제
'경세제민(經世濟民)'에서 나온 말로 세상을 경영하고 백성을 구제한다는 의미

economy
가정을 관리한다는 그리스어 'okio nomos'에서 유래

경제학
한 사회가 희소한 자원을 어떻게 관리하는가를 연구하는 학문

야 하는지에 대해서 고민을 한다. 즉 경제학(economics)은 한 사회가 희소한 자원을 어떻게 관리하는가를 연구하는 학문이라고 할 수 있다.

1.2. 무한한 욕망을 지닌 인간과 희소한 자원

경제학의 관심대상은 무엇보다 인간이라고 할 수 있다. 그중에서 경제학에서는 합리적인 인간을 상정한다. 그렇지 않은 인간은 우리가 공통된 특징을 끌어내기 어렵기 때문에 인간에 대한 일반적인 결론을 내릴 수도 없다. 합리적인 인간이란 자신에게 주어진 상황을 잘 고려해서 자신의 목적을 달성하기 위해서 최선의 노력을 하는 사람들이다. 여기서 합리적이란 말은 목적으로서의 합리성이 아닌 최소의 비용으로 최대한의 효과를 거두고자 하는 수단으로서의 합리성을 의미한다.

인간은 무한한 욕망을 지니고 있다. 아흔아홉 마리의 양을 가지고 있는 어느 부자도 백 마리를 채우기 위해서 안간힘을 쓰는 모습에서 인간은 참으로 끝없는 욕망을 지니고 있다는 것을 새삼 느끼게 된다. 현실에서는 이를 억제하기 위해서 제도와 관습을 이용하기도 하고 때로는 종교를 활용한다. 불교에서는 고통의 근원은 욕심이라고 한다. 아마도 인간의 무한한 욕망에 비해 상대적으로 이를 충족시킬 자원은 매우 부족하기 때문에 문제가 있다고 보는 것 같다. 인간의 무한한 욕망에 비해서 상대적으로 자원이 부족하다는 것을 경제학에서는 희소성(scarcity)이라고 한다. 여기서의 자원은 천연자원을 포함하여 돈에서부터 시간까지 모두를 일컫는다. 애플의 스티브 잡스도 시간이라는 자원이 항상 부족했을 것이다.

희소성
인간의 무한한 욕망에 비해서 자원이 부족하다는 상대적 특성으로 경제학의 출발점

참고 경제학자들은 부자일까?

경제학하면 떠오르는 단어는 돈이다. 따라서 경제학자는 재테크와 주식을 통해 부자가 되지 않았을까 하는 생각을 갖기 쉬우나 실제 유명한 경제학자들은 돈과 거리가 멀었다. 가장 가난했던 사람은 마르크스였다. 그는 런던 빈민가에서 가난과 더불어 살았다. 『자본론』도 자신을 가난으로 몰아간 자본주의에 대한 반감이 아닐까 하는 생각도 든다. 주식으로 돈을 번 경제학자는 리카르도와 케인즈가 있었다. 케인즈는 주식시장을 꿰뚫어 볼 줄 알았다. 케인즈는 "주식시장은 미인대회와 같아서 가장 아름다운 미인을 뽑는 것이 아닌, 많은 사람들이 미인이라고 생각하는 사람이 뽑힌다"라고 했다. 수학과 경제학을 접목한 유명한 경제학자인 어빙 피셔는 "주가는 절대 내리지 않는다"라고 장담하다가 대공황 때 주가 폭락으로 모든 재산을 날렸다. 천재 중에 주식으로 망한 또 한 사람이 뉴턴이었다. 그는 주식으로 엄청난 손해를 보고 난 후, "천체의 움직임은 계산할 수 있어도 사람들의 광기는 도무지 알 수 없다"라고 중얼거렸다고 한다.

참고 **공기는 공짜인가?**

공기는 자유재(free goods)이기 때문에 자유롭게 아무런 대가 없이 얻을 수 있다고들 생각하지만 호흡하기에 적절한 맑은 공기는 이제 돈을 지불하고 구입해야 할 지경에 이르렀다. 이미 신선한 산소를 호흡하는 것이 북미지역에서 큰 인기를 끌고 있다. 캐나다 밴쿠버에 있는 오퍼스호텔은 모든 방에 수동으로 작동할 수 있는 산소통을 설치해서 12분 동안 신선한 공기를 마실 수 있는 서비스를 제공하고 있다. 사용료는 1통에 9.4달러이다. 또한 95%의 신선한 산소를 호흡할 수 있는 산소방이 아일랜드와 세계 대도시에서 개업하고 있는 점을 볼 때 이제는 산소도 과거와 같이 자유재가 아닌 경제재(economic goods)라고 할 수 있다.

예제 1-1 **기회비용 개념**

다음 중 기회비용에 대한 예로서 옳지 않은 것은?

① 서류를 보관하였다면 내지 않을 수 있었는데 서류를 보관하지 않아서 지불하게 된 세금

② 아이스크림과 커피 중에서 하나를 골라야 하는 상황에서 고민 끝에 커피를 선택한 경우에 포기한 아이스크림

③ 자신 소유의 건물에서 레스토랑 사업을 하지 않았더라면 받을 수 있었던 건물 임대료 수입

④ 사업을 하기 위해 포기한 직장에서 받을 수 있었던 월급

정답과 해설 ①

① 서류를 보관했어야 하는데 실수에 의해서 분실해 세금을 낸 것은 선택의 문제가 아니므로 기회비용과 관련이 없다. 그러나 ② '골라야 하는 상황'에서, ③ '~을 하지 않았더라면'에서, ④ '포기한'이란 부분에서 선택이라는 뉘앙스를 찾을 수 있다.

예제 1-2 **기회비용의 계산**

갑은 영화를 관람하는 데 20,000원의 가치를 느낀다. 영화관람권을 5000원에 구입하였지만 영화관에 들어가기 전에 분실하였다. 영화관람권을 5,000원에 다시 구입하고자 한다. 이 시점에서 영화관람권 재구입에 따른 기회비용은 얼마인가? (단, 분실된 영화관람권의 재발급이나 환불은 불가능하다.)

정답과 해설

기회비용은 어떤 것을 선택했을 때 그 선택의 결과로 포기한 것 중 가장 가치가 큰 아쉬움의 비용을 말한다. 명시적으로 눈에 보이는 비용뿐만 아니라 보이지 않는 암묵적인 비용까지 모두 포함한다. 갑의 경우에는 영화관람권을 분실했지만, 분실시점에서 다시 구입하는 것이 합리적인 선택이 된다. 이때 재구입을 통해서 5,000원을 포기하게 되므로 다시 지불한 영화관람권의 구입액이 기회비용이 된다.

1.3. 선택과 기회비용

무한한 욕망과 이를 충족시킬 자원이 희소하다는 데서 인간은 선택이라는 문제에 직면하게 된다. 가계를 꾸려나가는 주부의 입장에서 보면 옷도 사고 싶고, 가구도 새로 장만하고 싶고, 아이들을 학원에도 보내야 하는데 문제는 소득이 제한되어 있다는 점이다.

참고 **학교 다니는 것의 비용**

학교에 다니는 것의 비용은 얼마인가? 대부분의 사람들은 수업료, 집세, 식비, 책값과 교통비를 고려하고 나서 장학금을 공제하는 방법으로 계산을 할 것이다. 만일 그 액수가 1년에 1,000만원이라고 한다면 이것이 진정한 학교에 다니는 것의 비용이라고 할 수 있을까? 우리는 기회비용을 고려해야 그것의 진정한 비용을 산정할 수 있다. 만일 학교를 선택하는 대신 직장을 선택했다면, 그리고 그때 직장에서 1학기 동안 벌 수 있는 소득이 1,500만원이라면 진정한 의미에서 학교 다니는 것의 비용은 학교를 다니는 데 들어가는 비용인 1,000만원과 학교를 선택함으로써 포기하게 된 1,500만원을 합한 2,500만원이라고 할 수 있다.

여기서 주부는 하고 싶은 것을 모두 선택할 수 없기 때문에 우선순위를 정해서 어느 것 하나를 선택해야 하는 문제에 봉착하게 된다. 그런데 옷을 구입하게 되면, 다른 일들을 다음 기회로 미루어야 한다. 우리는 살면서 매 순간 선택을 해야 한다. 지금 수업을 들을 것인가 아니면 결석을 하고 밖에서 친구들과 게임을 할 것인가, 혹은 오늘 점심은 어디서 먹을 것인가 등 매 순간 '선택'이라는 문제에 직면한다. 결국 경제학이라는 학문은 합리적인 인간을 대상으로 하여 주어진 희소한 자원을 가지고 최적의 선택을 하는 방법을 배우는 학문이라고 정의할 수 있다.

선택을 하는 데는 반드시 그에 대한 대가가 따른다. 경제학에서는 "공짜 점심은 없다(There is no free lunch)"라는 말이 있다. 누군가가 점심을 공짜로 사준다고 하더라도 반드시 무엇인가의 대가가 따른다는 의미이다.

기회비용
여러 선택 대상 중에서 어느 하나를 선택했을 경우에 포기해야 하는 대안 중에서 최고의 가치를 갖는(next best alternative) 것의 가치

이와 같이 어떤 선택을 하게 되면 우리는 선택하지 못한 다른 것들을 못내 아쉬워한다. 이러한 아쉬움을 선택에 따른 비용이라고 생각할 수 있다. 즉 선택의 대상이 되지 못하고 포기하게 됨으로써 발생하는 비용을 **기회비용**(opportunity cost)이라고 한다. 엄밀한 의미에서 기회비용은 우리가 여러 선택 대상 중에서 어느 하나를 선택했을 경우에 포기해야 하는 대안 중에서 최고의 가치를 갖는(next best alternative) 것의 가치를 말한다.

1.4. 경제학의 3대 기본문제

인간이 직면하는 경제문제
무엇(what)을 어떻게(how) 생산하고 누구에게(who) 분배하는가의 문제

희소성의 세계에서 살고 있는 우리는 무한한 욕망을 충족시킬 수 없기 때문에 항상 선택의 문제에 직면하게 된다. 지금도 수업을 듣거나 이 책을 읽는 도중에 수업을 더 들을지 혹은 이 책을 계속 읽을지의 선택으로 고민하고 있을 것이다. 경제학에서는 이러한 인간이 직면하는 경제문제를 크게 세 가지로 분류한다. 즉, 무슨 재화와 서비스를 생산할 것인지 하는 '무엇(what)'의 문제와, 이 문제가 결정되었다면 어떻게 생산할 것인가 하는 '어떻게(how)'의 문제, 그리고 생산된 산출물을 누구에게 배분할 것인가 하는 '누구에게(whom)'의 문제이다. 그리고 무엇을 어떻게 생산할 것인가는 효율성과 관련한 문제라고 할 수 있고, 누구에게 분배할 것인가는 형평성의 문제라고 할 수 있다.

이러한 문제를 해결하는 방식에는 크게 자본주의 시스템과, 정부의 계획과 통제에 의한 사회주의 시스템이 있다. 물론 과거 원시시대에도 이런 문제는 당연히 존재했을 것이다. 구석기시대라면 추운 겨울에 대비해서 토끼를 잡을지 코끼리를 잡을지 호랑이를 잡을지를 결정해야 했을 것이다. 이 대상(what)이란 문제가 해결되면, 맨손으로 때려잡을지 창을 이용할지 활을 이용할지의 방법(how)이란 문제에 봉착한다. 만일 코끼리를 활로 잡았다고 하면, 이제 그 코끼리를 어떻게 나눌 것인가의 배분(for whom)이란 문제에 당시에는 부족마다 규칙이나 관습이 있었을 것이다. 결국 경제학의 중요한 3대 문제는 인간의 무한한 욕망과 희소한 자원 속에서 발생하는 선택의 문제로 인간과 함께 병존해 왔다고 할 수 있다.

참고 경제학이란 무엇인가?

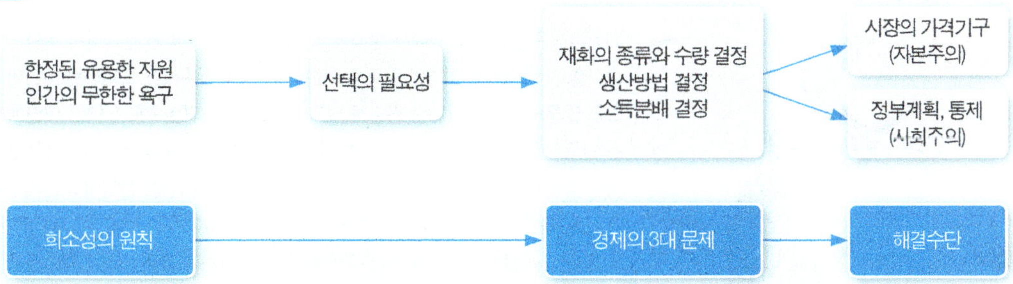

2. 경제학을 지배하는 10가지 법칙

다음에 설명할 경제학의 기본원리는 간혹 직관과 어긋나 보이기도 하고, 신문이나 TV에서 혹은 전문가라고 칭하는 사람들조차 간과하기 쉬운 것들이다. 좀 더 합리적이고 현명한 판단을 내리기 위해서라도 이 원리들을 잘 이해하고 적용해보도록 노력해야 한다.

◈ 선택과 포기(공짜 점심은 없다)

"공짜 점심은 없다"는 말은 무엇을 얻고자 하면 대가로 다른 무엇인가를 포기해야 한다는 것을 의미한다. 가계부를 작성하는 주부든지 국정을 운영하는 관리든지 주어진 희소한 자원을 가지고 고민한다. 후자라면 국방에 힘을 쓸 것인지 아니면 생활수준의 향상에 투입할 것인지를 고민할 것이다. 현대사회에 들어서는 환경과 소득증가 간에, 효율성과 공평성 간에 조화의 문제도 제기된다. 선택문제에서 선택한 것은 선택하지 못한 것을 희생한 대가라고 할 수 있다.

◈ 시장의 수요공급법칙

시장에는 애덤 스미스가 말한 '보이지 않는 손(invisible hand)'이라는 가격기구가 있어서 수요와 공급의 법칙에 따라서 변화하고, 그 결과 시장은 균형을 이루게 된다. 그런데 정부의 원래 의도한 정책이 시장의 힘인 수요와 공급의 원리를 거스를 때 역효과를 낳는 것을 본 적이 있을 것이다. 예를 들어 세입자를 위해 임대료를 통제하는 정부의 정책, 농작물에 대한 가격하한제, 임금생활자에 대하여 일정수준 이상의 안정된 생활을 보

참고 풍부한 대안 속의 불행

기회비용은 선택의 문제에서 발생한다. 어느 것을 선택하면 선택하지 못한 것은 아쉬움으로 남는데, 이러한 것도 아쉬움의 비용이다. 우리가 포기하는 대안이 많으면 많을수록 기회비용은 커지게 되고, 기회비용이 커질수록 선택한 대안에 대한 만족감은 줄어들게 된다. 다양한 대안들의 존재로 인해서 우리는 실제로 존재하지 않는 대안들을 상상 속에서 더 많이 만들어내고, 이렇게 선택의 대안이 증가하면 우리는 불행해지게 된다. 선택의 가치는 주관적이기 때문에, 추가적인 대안들이 어느 시점을 지나 우리의 주관적인 경험의 가치를 떨어뜨리게 되면 오히려 불행해질 수 있다.

장해주기 위한 최저임금제 등은 시장의 작동원리를 따르지 않아 예상치 못한 부작용을 발생시킬 수 있다.

◈ 한계적인 마인드

비행기 한 대가 인천에서 미국 시카고로 승객 1명을 실어 나르는 데 120만원이 든다고 하자. 만일 빈 좌석이 있을 때 대기자 1명의 학생을 절반 가격인 60만원에 할인해준다면 이 항공사는 이익이 날 것인가? 답은 "그렇다"이다. 왜냐하면 승객이 50명이든 100명이든 한 번 이륙하면 비행을 위한 비용은 모두 동일하게 지불해야 하기 때문이다. 즉 승객을 1명 더 태우는가의 여부와는 상관없이 비행기 수리비용, 활주로 이용비용, 지상요원 등의 투입비용은 고정적으로 드는 비용이므로, 단지 승객을 1명 더 추가하는 데 항공사가 고려해야 할 비용은 음식과 음료수를 제공하기 위한 기내식 비용 정도이다. 따라서 비행기의 좌석을 비워두기보다는 1명이라도 더 채우는 것이 비록 할인된 가격이지만 항공사에는 이득이 된다. 이와 같이 현재의 상황에서 한 사람의 추가적인(additional) 변화를 한계적(marginal)이라고 한다.

◈ 인센티브에 반응하는 인간의 행동

인간은 인센티브(incentive)에 반응하는 존재이다. 인간이 어떤 행동을 하게 되는 동기는 종교적인 신념, 질투, 사랑 등 다양하지만, 경제학에서는 경제주체인 소비자, 생산자, 정부는 경제적 유인인 인센티브에 가장 민감하게 반응한다고 주목하고 있다. 2007년 노벨경제학상 수상자로 선정된 레오니드 후르비치(Leonid Hurwicz)와 에릭 매스킨(Eric Maskin), 로저 마이어슨(Roger Myerson)은 메커니즘 디자인 이론의 기초를 수립한 것으로 유명하다. 메커니즘 디자인 이론(Mechanism Design Theory)이란 사람들이 개별적으로 자신의 이익을 추구하더라도 동시에 이 같은 행동이 사회적으로도 바람직한 목표를 달성할 수 있도록 만드는 최적의 제도는 무엇인지, 어떻게 이를 설계할 수 있을지에 대해 연구하는 것이다.

메커니즘 디자인 이론
사람들이 개별적으로 자신의 이익을 추구하더라도 동시에 이 같은 행동이 사회적으로도 바람직한 목표를 달성할 수 있도록 하는 최적의 제도는 무엇인지, 어떻게 이를 설계할 수 있는지에 대한 인센티브를 연구

◈ 비교우위의 원리

최근에 중국 경제의 성장으로 인해 장난감, 전자제품, 곡물 등 많은 물품들이 중국에

서 수입되고 있다. 밀려드는 중국산 수입물품으로 인해서 한국의 농민들과 제조업체들은 불평을 하면서 수입으로부터 자신들을 보호해줄 것을 정부에 요구한다. 과연 밀려드는 수입물품으로 인해서 우리의 생활수준은 위협을 받을 것인가? 노동자들은 직장에서 해고되고, 한국은 점차 빈곤해질 것일까? 경제학자들은 이러한 주장을 반박한다. 비록 중국이 모든 제품에서 한국보다 더욱 저렴하게 생산할 수 있는 경우에도 한국은 교역을 위한 상대적인 우위를 얻을 수 있다고 한다. 이러한 원리를 비교우위법칙(law of comparative advantage)이라고 한다.

◈ 교역을 통한 상호이득

경제 시스템의 가장 기본적인 원리 중의 하나는 거래의 당사자는 자발적인 교환과 거래를 통해서 이득을 누릴 수 있다는 것이다. 직관적으로 국제교역에서 어느 한 나라가 이득을 얻으면 다른 나라는 이용만 당하고 손해를 보는 것처럼 생각할 수 있으나 두 나라 모두에게 이득이 발생한다는 것이다.

◈ 만병통치약이 아닌 정부정책

시장경제는 내재적으로 호황과 불황의 경기변동이라는 문제를 안고 있다. 이러한 문제를 거시적 시장실패(market failure)라고 하는데, 호황기에는 인플레이션 문제가 생기고, 침체기에는 실업이 발생한다. 이 두 문제를 해결하기 위해서 정부는 세금과 정부지출을 활용한 재정정책과 통화량과 이자율을 조절하는 금융정책을 사용할 수 있는데 반드시 성공한다는 보장은 없다. 이것을 정부실패(government failure)라고 하는데, 정부가 완벽한 정보를 이용해 시장을 정확히 진단하고 처방할 능력이 없고, 경제가 정책결정자의 예상대로 반응하지 않을 수 있기 때문이다.

시장실패
시장기구가 제대로 기능을 하지 못하는 현상으로, 자원배분의 비효율성을 가져오는 독점시장, 외부성, 공공재와 불공평성의 소득분배의 문제 그리고 경기변동과 실업과 인플레이션 등으로 인해 발생

◈ 한 나라의 생활수준을 결정하는 것은 생산성

한 나라의 생활수준이란 삶의 질을 의미한다. 시간의 흐름에 따라서 생활수준은 달라지지만 소득이 증가하면서 같이 높아지는 것이 일반적이다. 국민의 생활수준은 국가의 생산성에 기인한다. 한 사람이 단위시간당 생산해내는 재화와 서비스의 양이 많은 나라일수록 살기 좋은 나라인 것이다.

◈ 인플레이션은 장기적으로 통화량의 증가가 주원인

인플레이션은 물가수준의 전반적인 상승현상을 의미한다. 인플레이션을 야기하는 주요 원인은 지속적인 통화량의 증가라고 할 수 있다. 정부가 통화량을 늘리면 화폐가치는 하락하게 되고 물가수준이 전반적으로 상승하게 된다.

◈ 인플레이션과 실업의 단기상충관계

1970년대 후반과 1980년대 초반에는 유가와 식료품 가격을 포함한 물가가 상승하면서 동시에 실업은 증가했고, 2000년에 들어서는 IT혁명으로 인해서 실업은 줄어들면서 에너지 가격의 하락, 컴퓨터 가격의 하락으로 인해 경제 전체의 물가수준이 하락하는 경우가 있었다. 경제학에서는 두 경우를 일반적이 아닌 예외적인 상황이라고 한다. 정상적인 상황에서 인플레이션과 실업은 잡아야 할 두 마리 도끼에 비유되는 상충관계에 있다. 다시 말해서 정부는 왼쪽으로 도망가는 토끼와 오른쪽으로 도망가는 토끼를 모두 한꺼번에 잡을 수 없다는 것이다.

참고 깨진 유리창의 오류: 경제학이 암울한 과학이 아닌 이유

똑똑한 학생일수록 경제학을 공부해야 하는 이유는 경제학이 어렵거나 흔히 말하듯이 암울한 과학이어서가 아니다. 만일 똑똑한 학생이 의사가 된다면 의술로 유익한 일을 할 때 한 번에 한 명의 환자에게만 혜택을 줄 수 있을 뿐이다. 그러나 경제학자이기도 한 벤 버냉키(Ben Bernanke) 전 미연방준비제도이사회 의장의 적절하고 합리적인 선택은 한 번에 수백만 명에게 혜택을 준다. 따라서 사회에 커다란 긍정적인 영향을 준다는 측면에서는 경제학적 효과가 더 클 것이다.

흔히 우리가 빠지는 착각으로 '깨진 유리창의 오류'라는 것이 있다. 한 10대 아이가 벽돌을 던져 빵집 유리창을 깨고 도망가자 거기에 모여든 사람들이 그 아이만을 탓했다. 그때 어느 궤변론자는 오히려 유리창이 깨졌다는 사실을 반기면서 빵집 주인이 새 유리창을 주문하게 되면, 유리창 수리업자는 이득을 얻게 되고, 이렇게 번 돈을 다른 데 사용하면 또 다른 사업자에게 이득이 되기 때문에 긍정적인 도미노효과를 얻게 될 것이라고 했다. 일련의 소득과 소비의 연쇄효과가 오히려 경제의 활성화에 기여할 것이라는 주장이었다. 그러나 경제학자들의 생각은 다르다. 빵집 주인이 깨진 유리창을 구입하는 데 비용을 아낀다면 다른 음식을 사 먹거나 양복을 구입하는 데 사용했을 것이기 때문에, 이것은 새로운 일거리를 만든 것이 아니라 소비의 대상만 바꾼 것이라고 궤변론자의 말을 반박한다. '깨진 유리창의 오류'는 우리 주위에서 여러 형태로 찾아볼 수 있다.

3. 경제학을 바라보는 시각

3.1. 미시적 관점과 거시적 관점

미시경제학
가격이론(price theory)이라고도 하며, 개별경제주체인 개인이나 기업이 주어진 여건에서 효용의 극대화나 이윤의 극대화를 추구하는 최적화를 연구하는 경제학의 한 분야
거시경제학
국민소득이론(national income theory)이라고도 하며, 국민경제의 입장에서 국민소득, 물가, 소득 등과 같은 국민 전체와 관련되는 경제문제를 주로 분석하는 경제학의 한 분야

미시경제학(microeconomics)은 가격이론(price theory)이라고도 하는데, 개인이나 기업이 주어진 여건에서 자신의 이익을 극대화하기 위해 어떤 결정을 하는가, 또 그러한 결정이 시장기구(가격)를 통해 어떻게 조정되는가를 연구하는 학문이다. 반면에 거시경제학(macroeconomics)은 국민소득이론(national income theory)이라고도 부르는데, 국민경제의 입장에서 국민소득, 물가, 소득 등과 같은 국민 전체와 관련되는 경제문제를 주로 분석하는 학문이다.

미시경제학이 이른바 숲에 있는 개개의 나무를 조사함으로써 그 숲에 대한 이해를 심화시키는 것이라면, 거시경제학은 숲 전체를 조감함으로써 그 모양을 아는 것이라고 할 수 있다. 미시경제학과 거시경제학은 상호보완적으로 오늘날의 경제학을 분석하는 기본 틀이다. 구체적인 예를 들면 미시경제학은 주어진 100만원으로 무엇을 얼마나 구입하고 그것을 왜 사는가 또 주어진 노동과 자본으로 무엇을 얼마나 생산하며 왜 그것을 생산하는가 하는 문제를 다루고, 거시경제학은 한 사회의 국민 전체의 소득은 얼마이며, 얼마만큼의 실업자가 발생하고 있고, 인플레이션 수준은 어떠하며, 어떤 방법을 통해 이를 조정할 것인가 하는 문제를 다룬다.

3.2. 실증경제학과 규범경제학

실증경제학
경제현상을 사실대로(What is) 기술하고 분석하여 그 결과로 얻은 지식체계

경제학과 같은 과학을 분류하는 기준 중에는 가치판단과 사실 기술이 있다. 실증경제학(positive economics)은 경제에서 사실, 환경 및 관련된 모든 것에 대한 관계를 설명하는 데 관심을 둔다. 즉 경제현상을 사실 그대로(what is) 기술하고 분석하여 그 결과로 얻은 지식체계이다. 윤리와 가치판단을 내포하는 문제로 얼마나 높은 인플레이션율을 견딜 수 있는가, 조세가 부유층에 중과되어 빈곤층을 도와야 하는가, 방위비 지출은 매년 10%씩 증가해야 하는가 등은 논의의 대상은 될 수 있으나 과학에 의해서나 사실에 대한

참고 **손흥민의 행동은 미시, 축구경기의 결과는 거시**

축구경기는 여러 사람이 조화를 이루어 상대방의 전략에 어떤 작전으로 대응하는가에 따라 경기의 승패가 달라진다. 축구경기를 미시적인 시각과 거시적인 시각으로 나누어 살펴보고자 한다.

세계 최고의 미드필더인 우리나라의 손흥민은 매 순간 선택문제에 직면하게 된다. 그는 욕심이 매우 많다. 혼자서 볼을 드리블해서 골로 연결시키고 싶지만 상대 수비수가 가만히 있지 않고, 체력적으로도 한계가 있기 때문에 주어진 상황에서 최선의 선택을 해야 한다. 진로를 가로막는 상대방 수비수가 앞에 나타나면 손흥민은 수비수를 왼쪽으로 돌파할지 아니면 오른쪽으로 돌파할지, 패스를 해야 할지 선택에 직면하게 되는데 이러한 상황은 '미시'적 현미경으로 보는 것이다. 수비수를 제치고 볼을 어떤 공격수에게 센터링을 할지 선택해야 하고, 이때 최적의 공격 경로를 따라서 공격수에게 잘 전달되면 그 결과가 골로 연결되는 것이다. 전·후반전이 끝나면 최종결과인 점수와 반칙수, 코너킥수 등이 비교되어 나오는데 이러한 정보는 '거시'적인 망원경으로 본 내용들이다. 아침신문에 주로 나오는 것은 경기의 결과이다. '한국, 일본을 상대로 3:1로 승리하다'와 같은 결과는 거시적인 문제이고, 만일 더 큰 점수 차이로 승리를 못한 데 아쉬워하며 '아, 그때 손흥민이 직접 몰고 갔어야 하는데!' 등의 선택의 문제를 되짚어보는 것은 미시적인 접근이라고 할 수 있다. 이처럼 미시와 거시는 접근방식이 다를 뿐 상호 보완적일 때 그 의미가 높다고 할 수 있다.

호소에 의해서 결코 해결될 수 없다. 인플레이션율이 얼마나 되어야 하고, 어느 정도의 방위세가 적정한가 등에 대하여 불변의 정답은 없는 것이다.

규범경제학(normative economics)은 여러 가지 경제현상을 비교하여 그중 어느 것이 사회적으로 가장 바람직한가 혹은 그렇지 못한가를 평가하는 것으로, 가장 바람직한 상태(what ought to be)가 무엇인가에 대한 가치판단(value judgement)을 할 수 있는 기준을 전제로 한다. 가치판단에 있어서의 기준으로 여러 가지가 있겠지만, 중요한 것은 효율(efficiency), 공평(equity), 자유(freedom), 성장(growth), 안정(stability) 등을 들 수 있다.

> **규범경제학**
> 바람직한 상태(What ought to be)가 무엇인가에 대한 가치판단(value judgement)을 할 수 있는 기준으로 정책적인 대안을 제시하는 경제학의 접근방법

4. 경제현상의 판단 기준: 효율성과 공평성

효율성은 생산과 소비 측면에서 주로 논의되고, 공평성 혹은 형평성은 주로 분배 측면에서 논의된다. 경제학에서 효율성(efficiency)은 "최소의 대가나 비용으로 최대의 효과를 얻는 것" 즉 최소비용의 법칙이 이루어짐을 의미하며, 공평성(equity)은 사회적으로 바람직한 분배가 이루어짐을 의미한다.

경제학의 출발점은 희소한 자원과 무한한 욕망이라고 할 수 있다. 따라서 아까운 자원

을 낭비한다는 것은 거의 죄악이나 다름없다. 어떻게 하면 희소한 자원을 낭비 없이 잘 사용할 것인가의 문제가 효율성이다. 예를 들어 피자 한 판이 있다고 하자. 이때 피자 두 조각을 먹지 않고 남기게 되었다면 이것은 다른 데 쓸 수 있었던 아까운 자원을 피자 만드는 데 더 많이 사용했다는 것을 의미하므로 비효율적인 자원배분이라고 할 수 있다. 반면에 피자 한 판을 강호동 혼자 7조각 먹고 나머지 9명이 1조각 먹게 되면 낭비 없이 효율성은 달성되지만 공평성을 충족하지 못하게 된다.

넓은 의미의 효율성 개념에는 공평성 개념도 포함된다고 보아야 하는데, 이는 공평성이 전제되지 않는 효율성의 보장이란 무의미하며, 장기적으로는 효율성도 보장되지 못하기 때문이다. 이처럼 효율성과 공평성 개념은 긴밀한 관계에 있으나, 앞에서 언급한 서로 다른 방향으로 뛰는 두 마리의 토끼의 예처럼, 둘을 동시에 달성하기란 쉽지 않다.

5. 경제이론의 구성

5.1. 경제이론 구성 절차

경제이론은 정의, 가정, 가설, 예측, 검증으로 구성된다. 먼저 용어와 변수(variable)의 정의를 시작으로 현실을 고려해 조건을 세우게 되는데 이를 가정(assumption)이라고 한다. 다음으로는 가설(hypotheses)을 세우게 되는데, 가설은 추리된 인과관계로서 경제현상을 설명해주기 위한 모형(model)이다. 이처럼 경제현상에 대한 여러 가지 가설을 검증하여 체계적으로 정리한 것이 곧 경제이론이다. 경제이론에서 가설에 입각하여 여러 가지 결론을 도출할 수 있으며, 이 결론이 곧 예측(predictions)이다. 마지막으로 이론적인 결과와 현실이 얼마나 부합하는가를 검사하는 것이 검증(testing theories)과정이다.

경제학은 사회과학의 한 분야로 과학적인 특성과 사회적인 특성을 모두 가지고 있다. 따라서 수리적인 접근과 동시에 역사적인 방식도 매우 중요하다. 최근의 경제학은 현실을 분석하는 데 있어서 경제자료를 이용한 통계적 접근방법을 많이 사용하고 있다. 경제학은 특정한 문제에 대해서 이론적이고 분석적인 틀을 제공해줄 수 있지만, 정책문제에 대한 최종적인 결정은 서로 다른 가치판단을 가지고 있는 경제학자에 달려 있다. 따라서 동일한 현상이라도 주관적인 가치관이 가미된 렌즈를 가지고 보게 되므로 다른 판단을 내릴 수 있다. 예를 들어 지구 온난화를 대비하기 위한 적절한 벌금 수준이 어느 정도인지는 환경주의자인지 아닌지의 여부에 따라 달라질 것이다.

5.2. 추상화와 단순화

경제이론은 비현실적인 가정을 많이 한다. 그 이유는 현실 세계가 너무 복잡한데 이를 필요에 의해서 단순하게 추상화하려는 데 있다. 인간을 관심 대상으로 하는 경제학은 중요하지 않은 세부사항까지 고려할 경우 정작 중요한 핵심을 놓칠 수 있기 때문에 되도록 단순화하게 된다.

일례로 대통령이 두 명의 비서에게 추석 때 사용할 서울-부산 간 지도를 만들라는 지시를 내렸다고 하자. 한 비서는 우리나라 지도 전체를 놓고 제주도, 독도, 한라산, 백두산을 모두 표시하고 서울에서 부산까지의 모든 것을 자세하게 적어 넣은 지도를 만들었고, 다른 비서는 대통령의 관심이 서울에서 부산까지의 교통상황과 휴게소 위치 파악이라고 생각해서 다른 부분은 대충 나타내고 관심 있는 부분만 잘 설명한 지도를 만들었다고 하자. 과연 대통령은 두 비서 중에서 누구를 칭찬할 것인가? 물론 모든 부분을 구석구석 자세히 그린 비서도 칭찬받을 만하지만, 목적에 맞지 않는 부분에 많은 시간과 노력을 기울인 점은 경제학의 기회비용의 측면에서 볼 때 결코 합리적이라고 할 수 없다. 우리가 주의해야 할 점은 모든 분석에 잘 적용되는 완벽한 모형은 존재하지 않기 때문에, 단순화와 추상화를 통해 분석의 목적에 부합하는 판단기준을 세워야 한다.

참고 **가정의 경제학**

경제이론이 현실과 매우 동떨어져 있다는 점을 꼬집은 다음과 같은 일화가 있다. 무인도에 화학자, 물리학자, 경제학자 세 사람이 조난당했다. 난파된 배에는 통조림이 매우 많았지만 이를 개봉할 도구가 없었다. 이때 화학자는 통조림 밑에 불을 피워 터뜨리자고 했고, 물리학자는 물리법칙을 활용해 얼마의 속력으로 바위에 힘차게 던질 수 있는 기구를 만들자고 제안했다. 이들 제안을 가만히 듣고 있던 경제학자는 어떤 해결책을 내놓았을까? 바로 "통조림 따는 도구가 있다고 가정(assumption)해보자"였다.

참고 **경제체제의 장벽을 넘어 정보의 풍요 속으로**

1960년대 초 베를린을 동서로 나누는 장벽이 설치되고 난 후, 경제학은 세계에서 가장 성공한 경제국가인 독일을 대상으로 실험을 하였다. 한쪽은 강력한 중앙집권적인 정부가 들어서서 수요를 예측하고 생산계획을 수립했고, 다른 한쪽은 시장에 맡겨 사람들이 좋아하는 방향으로 나가도록 내버려 두었다. 동독과 서독의 가장 중요한 차이점은 경제권력의 중앙집권화와 분권화에 있었다. 분권화가 계획적인 조정이 가능한 중앙집권화보다 혼란만 초래할 것이라는 일반적인 직관과 달리 보다 더 효율적이었다. 바로 독일의 사례가 역사적인 증거라고 할 수 있겠다.

5.3. 경제모형

경제모형
실제의 경제를 단순화하여 작은 규모로 축소한 것

경제모형(economic model)이란 실제의 경제를 단순화하여 작은 규모로 축소한 것이다. 아이들에게 교육적인 목적으로 비행기의 비행원리를 설명하고 관찰하도록 유도하기 위해서는 전체적으로 매우 정교하게 모방한 비행기 모형물보다 기체 부분은 단순화하고 날개 부분은 매우 정교하게 제작한 비행기 모형물을 제시한 편이 오히려 나을 수 있다. 유명한 경제학자 필립스(A. W. Phillips)는 단순한 경제에서 국민소득이 어떻게 결정되는지를 설명하기 위해서 런던정경대학(LSE)의 지하실 파이프를 이용했다고 한다.

앞으로 경제학에서는 그림을 통한 설명방법을 많이 도입하는데, 이러한 방법을 두려워하기보다 경제현상을 이해하기 위한 도구로 반갑게 맞이하면 될 것이다.

6. 경제학적 설명방법

경제학에서 사용하는 설명방법은 먼저 말로 설명하는 것이 가장 기본이다. 개념적인 내용뿐만 아니라 직관을 사용해서 경제현상이 어떻게 나타나고 있는가를 풀어서 설명하는 것은 중요하다. 'TV 토론'에 나온 패널이 부동산 가격 급등의 원인과 대책을 설명하기 위해서 어려운 수식이나 그래프를 이용한다면 대부분의 시청자들은 채널을 돌릴 것이다. 따라서 기본적인 접근방법은 말로 서술하는 것이다. 여러분이 경제원리를 학습한 후 집에 가서 경제학에 대해서 아무것도 모르는 어머님에게 말로 차근차근 설명할 수 있으면 완전하게 이해한 것이라고 말해도 괜찮다. 명절에 놀러 온 고등학생 사촌에게 "경제학이 무엇을 배우는 학문이야?"라는 질문을 받고서 얼른 떠오르는 것이 복잡한 수식과 그래프 그리고 왠지 어렵다는 생각이라면 공부를 잘못하고 있는 것이다.

◈ 서술적 방법

수요의 법칙이란, 뒤에서 자세히 배우겠지만, 간단히 말하면 가격이 오르면 사람들이 사과를 덜 사려고 하고, 가격이 내리면 더 많이 사려고 하는 시장관계라고 설명할 수 있다. 이러한 가격과 구입하고자 하는 수요량 간의 반비례관계를 수요의 법칙이라고 한다.

◈ 그래프를 이용한 방법

앞에서 말로 설명한 것과 동일한 정보를 가지고 그림을 통해서 나타내면 〈그림 1-1〉과 같이 사과의 가격과 수요량 간의 관계가 한눈에 들어온다. 이처럼 그림은 말로 설명하면 논리가 길어지고 복잡해지는 경우 쉽게 이해하는 데 도움을 준다.

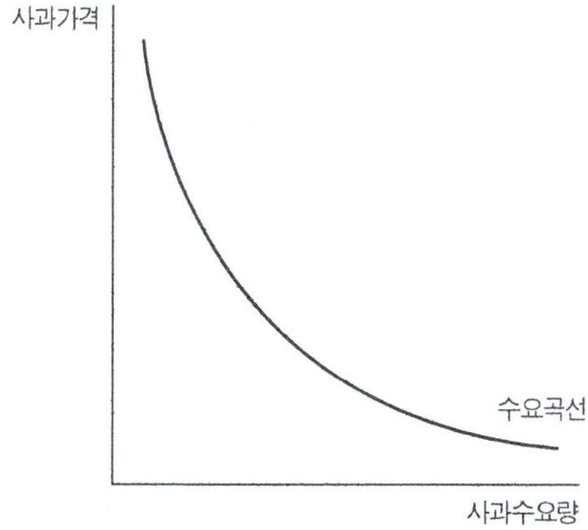

그림 1-1

수요의 법칙과 수요곡선

◈ 수리적 방법

경제학에서는 말이나 그림을 통한 방법 이외에도 수학을 많이 사용한다. 그러나 어려운 고도의 수학이 필요한 것은 아니고 단지 미분의 기초 정도만 알면 해결된다. 수학이라기보다는 수식이라고 표현하는 편이 더 타당할 것이다. 앞의 서술과 그래프를 다음과 같이 함수식으로 표현하면 더 편리한 경우가 많다.

$$Q^{D}_{사과} = f(P_{사과})$$

이 식은 사과의 수요량($Q^{D}_{사과}$)을 사과 가격($P_{사과}$)의 함수로 나타낸 것이다. 여기에 음(−)의 상관관계라는 정보만 표시해주면 앞에서 언급한 복잡한 내용을 단 한 줄로 해결할 수 있다. 경제학에서는 상품의 가짓수가 많아지면 말이나 그림을 통해서 설명하는 데 어려움이 있기 때문에 수리적인 방법을 많이 활용한다.

참고 **DIY 경제학의 오류**

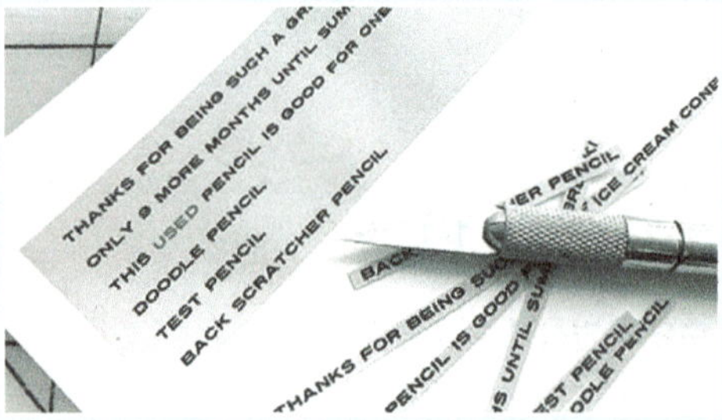

DIY는 'Do It Yourself'의 약자로, DIY 경제학이란 경제학을 제대로 교육받지 않는 일반인들의 실용적인 경제지식을 말한다. 상대성이론이나 뇌의 원리에 대해서는 입 다물고 조용히 있으면서 부동산시장에 대해서는 택시 기사들부터 장사하는 사람에 이르기까지 모두 한마디씩은 한다. 눈에 보이는 현상을 어쩌면 너무 쉽게 생각해서 그런 것은 아닐까? 태양은 동쪽에서 떠서 서쪽으로 움직이나, 태양이 지구를 돈다는 생각을 당연시 받아들여 이를 부인할 생각도 하지 않았고 부인하면 화형을 당했던 시절이 있었다. 복잡한 시스템을 이해하고 그 원리를 알기 위해서는 연구와 교육이 필요하다. 경제학에 대해서 모두 잘 아는 것 같지만 실제로는 잘 모르고 있다. DIY 경제학이 오류에 빠지는 것은 경제현상을 성급하게 일반화하기 때문이다. 갈릴레이는 종교재판관들에게 망원경을 들여다보라고 권유하지도 않았고, 설사 설득한다고 해도 변하는 것은 없을 것이라고 생각했다. 당시 사회를 지배하고 있는 맹신적인 편견은 망원경을 통해 알려진 사실 그 자체를 인정하려고 하지 않았을 것이기 때문이다.

7. 경제학 학습의 의의와 학습방법

7.1. 경제학 학습의 의의

자본주의 사회의 구조와 운영원리를 습득한다는 것은 생활과 밀접한 실업, 인플레이션, 주택난, 교통난 등 우리가 당면한 각종 경제문제를 해결하는 방안의 첫걸음이 된다.

특히 사회 전체적으로는 경제학적인 지식이 긍정적인 파급효과를 지닌 공공재로서의 역할을 하게 되므로 개별경제주체들의 합리적인 선택과 행동을 유도하여 사회적인 기회비용을 줄일 수 있다. 이러한 측면에서 볼 때 경제학적 지식은 학습자 개인에게만 직접 이익을 가져다주고 외부성을 갖지 못하는 외국어 회화나 컴퓨터 지식과 다르다고 할 수 있다.

최근 많은 사람들의 관심사는 어떻게 하면 돈을 많이 벌 수 있는가의 방법이라고 생각한다. 경제학은 돈 버는 방법을 가르쳐주는 학문이 아니라 인간에 대한 연구로서 어떻게 하면 매 순간 직면하는 선택의 문제를 슬기롭게 해결할 수 있는가라는 좀 더 광범위한 영역을 다룬다고 볼 수 있다.

기업들이 추구하는 경영환경에 따른 혁신적인 기법은 경제학과 같은 기초적인 토양이 뒷받침되지 않는다면 실질적인 경쟁력을 얻기 어렵다. 따라서 성공적인 기업경영을 위한 구체적인 경영학이론들—품질경영, 기업문화 혁신, 조직단계의 축소, 벤치마킹, 리엔지니어링, 리스트럭처링, 다운사이징 등—이 유행에 따라 확산되지만 실패하는 경우를 많이 볼 수 있는데 이러한 한계를 극복하는 데 있어서 경제학이 필요하다.

7.2. 경제학 학습방법

경제학을 학습하는 가장 좋은 방법은 항상 경제신문 혹은 신문의 경제기사를 즐겨 보는 것이다. 언제나 들어오던 말이겠지만 실제로 행동으로 옮기기는 쉽지 않은 일이다. 인터넷을 통해서 혹은 도서관에서 얻은 기사를 직접 풀과 가위를 이용해 스크랩하면서 중요한 부분은 밑줄 치며 공부하는 것이 처음에는 보잘것없이 보여도 나중에 커다란 도움을 줄 것이다. 경제학 교과서를 통해 이론적 기반을 다지는 것도 중요하지만 현실적인 감각을 키우기 위해서는 신문의 경제란을 많이 읽어볼 필요가 있다. 경제학 교과서는 경제현상을 바라보는 원리를 알려주고, 신문기사 내용은 그 원리가 어떻게 응용되어 현실을 이해하는 데 도움이 되는가를 알려줄 것이다.

참고 노벨경제학상에 대하여

◈ 새로운 노벨상의 신설

노벨경제학상은 원래 노벨상이 아니다. 이 상의 정식명칭은 '알프레드 노벨 기념 경제학 스웨덴은행상(The Sveriges Riksbank Prize in Economic Sciences in Memory of Afred Nobel)'이다. 이 상은 1968년 스웨덴 국립은행 설립 300주년을 기념하여 제정되었고, 스웨덴 국립은행이 영구히 상금을 지원한다. 첫 노벨경제학상은 1969년에 수여되었고 수상자는 얀 틴버겐(Jan Tinbergen)과 랑나르 프리슈(Ragnar Fricsh)였다. 시상식은 항상 알프레드 노벨의 명일인 12월 19일에 스톡홀름에서 열린다. 2001년 이래 노벨경제학상의 상금은 1,000만스웨덴크로나(Krona)이고 수상자가 2명 이상인 경우에는 상금을 나누어서 지급한다. 알프레드 노벨의 유언에 따라서 '인류의 행복에 공헌'을 한 사람을 위해 마련한 것으로 노벨물리학상이나 생리의학상 등에 추가로 신설된 것이다. 스웨덴왕립아카데미는 새로운 노벨상을 승인했으나 처음에는 그리 적극적이지 않았다. 1969년 제1회 노벨경제학상을 수여했던 해에 '쿼크(qurk) 이론'으로 노벨물리학상을 수상한 머리 겔만(Murray Gell-Mann)은 "수상할 때 경제학 수상자와 나란히 서야 하나?"라고 불평했다고도 한다.

◈ 과학으로서의 경제학

20세기 중반 케인즈 이후 경제학이론은 자연과학의 이론과 거의 같은 의미로 사용되기 시작하였다. 경제학은 수학과 통계학을 이용해서 모델을 선정하여 경제과학으로 발전하기 시작했다. 또한 제2차세계대전 이후에 자본주의 국가들은 수십 년에 걸쳐서 역사상 유래가 없는 급속한 경제발전을 이루었다. 그 결과 1960년대 말 스웨덴의 중앙은행은 경제학의 중요성을 인식했고, 경제학이 과학이론으로서 체계를 갖추었다고 판단하여 노벨상에 경제학상을 신설한 것이다.

◈ 수상자 선정 기준은 독창성, 중요성, 영향력

노벨경제학상은 학문적 업적이 구체적이고 중요하며 독창적이어야 한다는 기준을 따른다. 다른 학자들이 선정자들의 어깨를 밟고 더 높은 곳으로 올라설 수 있게 그 발판을 마련했는지를 중요한 평가기준으로 삼는다. 또한 공공정책을 비롯한 사회 전반에 미친 영향도 함께 평가한다. 노벨재단 웹사이트에 실린 선정과정은 이렇다.

"매년 9월 스웨덴 왕립과학원 산하 경제학상 위원회가 세계 각국의 과학자와 학회 회원, 대학 교수 수천 명에게 내년도 노벨경제학상의 후보를 추천해달라는 공문을 띄운다. 스웨덴 왕립과학원 회원과 기존 수상자들도 후보를 추천할 권한이 있다."

보통 추천건수는 200~300건이며 추천되는 후보는 100명가량이다. 추천은 2월 초까지 진행되고 이후 경제학상 위원회와 몇몇 전문가의 검토를 거친다. 경제학상 위원회는 5~9명의 스웨덴 경제학자로 구성되고 임기는 3년이며 위원 중의 한 명이 위원장을 맡는다. 위원회는 9월까지 최종후보 명단을 결정하고 다수결원칙에 따라서 잠정적인 결정을 내린다.

◈ 노벨경제학상의 문제

노벨경제학상 수상자가 너무 한쪽으로 편중되어 있다는 점이 문제로 꼽힌다. 2012년 현재까지 수상자는 모두 71명인데 미국과 유럽의 경제학자들이 전체의 70%가 넘는 51명에 이른다. 서양인이 아닌 수상자는 인도의 경제학자 아마르티아 센이 유일하다. 출신대학도 세계적으로 명성이 있는 소수의 엘리트 학교에 집중되어 있다. 하버드, 시카고, 케임브리지, MIT, 예일, 프린스턴, 스탠퍼드, UC버클리 같은 명문 대학이다. 또한 신고전파 혹은 신케인즈 학파인 주류 경제학자들이 아니면 수상하기 어렵다. 이러한 현상은 노벨경제학상이 이론적인 공헌에 높은 가중치를 두고 있기 때문이다. 미국 중앙은행 의장을 역임한 앨런 그린스펀(Alan Greenspan)은 세계적으로 명성이 자자한 경제학자이지만 노벨상을 받을 수 없다. 이론가라기보다 실무가이기 때문이다. 또한 경제학의 한 획을 그은 칼 마르크스(Karl Marx) 역시 살아 있더라도 이 상을 받을 수 없다. 왜냐하면 서구형 자본주의 경제시스템을 기반으로 이론전개를 한 것이 아니기 때문이다. 1994년에는 존 내쉬를 두고 논란이 벌어졌다. 내쉬의 업적이 뛰어나다는 데는 의심의 여지가 없지만, 그의 업적은 선정 당시의 기준으로 볼 때 40년 이상이 지난 것이었고, 내쉬 자신은 경제학자가 아닌 수학에 더욱 기여한 수학자로 정의했기 때문이다. 더욱이 정신분열증을 앓아 경력에 상당한 공백이 있었고, 시상식에 참여할 수 있을지도 불투명했다. 당시 수상자 결정의 투표는 박빙이었다.

Chapter

02

수요-공급과 균형

경제분석에 있어서 가장 중요한 수요와 공급의 개념과 이들의 상호작용에 의한 균형가격의 결정에 대하여 고찰해보자. "경제학은 수요와 공급의 법칙과 함께 시작하고 끝난다"거나 "앵무새조차 박식한 경제학자로 육성할 수 있는데 그가 배워야 할 난어는 '수요'와 '공급'의 두 가지면 충분하다" 등으로 언급되듯이, 경제분석에 있어서 수요와 공급의 개념은 매우 중요하다. 앞에서 논의한 바와 같이 경제학의 기본문제는 자원배분의 문제(즉 재화가 어떻게 생산되고, 또 그것을 누가 처분하는가 하는 문제)이며, 이것은 결국 여러 가지 재화의 가격에 의해서 결정되고, 그 가격은 다시 그 재화에 대한 수요와 공급에 의하여 결정된다. 따라서 수요-공급이론을 철저하게 이해한다는 것은 경제학의 기본문제와 분석의 기초를 이해하는 데 필수적이다. 수요-공급곡선이란 애덤 스미스가 이야기한 '보이지 않는 손(invisible hand)'을 의미하고 시장에서의 가격 메커니즘을 의미한다. 여기서는 수요-공급곡선이 시장을 이해하는 기초가 된다는 점과 시장개입을 통한 규제가 시장에 부정적인 영향을 미친다는 점을 살펴볼 것이다.

1. 보이지 않는 손과 시장

1.1. 보이지 않는 손

보이지 않는 손
시장의 가격 메커니즘

애덤 스미스의 보이지 않는 손(invisible hand)이란 시장에서 사람들이 개인적인 이익을 추구함에도 불구하고 그 이익이 시장의 가격 메커니즘으로 인해 의도하지 않았던 공공의 이익으로 전환될 수 있다는 것을 비유적으로 가리키는 말이다. 이러한 가격체계는 재화를 효율적으로 생산·분배하고, 소비자의 선호가 존중될 수 있도록 유도한다. 역사적으로 보이지 않는 손을 묶으려는 시도가 많았지만 오히려 부작용을 불러일으켰다.

기원전 1800년경 바빌로니아의 함무라비법전에는 이자율에 제한을 두었으며, 로마시대의 디오클레티아누스 황제는 식료품을 비롯한 다른 생산물에 가격상한제를 실시한 바 있다. 최근에도 집세, 이자율, 보험료 등의 경우에서 흔히 볼 수 있는데, 이러한 규제는 시장의 왜곡을 가져와 높은 임대료와 암시장의 형성 등 부정적인 영향을 불러일으키고 있다.

1.2. 시장의 정의

시장
소비자와 생산자가 모여 재화와 서비스를 거래하는 제도 혹은 메커니즘

시장(market)은 소비자와 생산자가 모여 재화와 서비스를 거래하는 제도 혹은 메커니즘이다. 따라서 눈에 보이는 피자가게나 증권거래소, 농산물시장과 같은 물적인 장소일 수도 있지만, 옥션이나 eBay와 같은 가상공간이 될 수도 있다. 시장은 크게 상품시장(commodity

참고 시장의 탄생

경제학 이론으로는 시장의 신비를 벗겨낼 수 없다. 왜냐하면 단지 시장을 추상적으로 표현하기 때문이다. 경제학 원론에서 수요공급법칙은 가격이 어떤 역할을 하는지에 대해서는 설명해주지만 어떻게 결정되는지에 대해서는 침묵한다. 수요와 공급의 법칙은 매입자와 매도자가 어떻게 한데 모이는지 그리고 어떤 협상과정을 거치는지, 매입자가 상품가치를 어떻게 평가하는지, 합의점이 어떻게 도출되는지에 대한 논의를 지나치고 있기 때문이다. 그러나 현대에 와서는 교환과정을 설명하기 위해서 게임이론이 동원되고 시장의 알력과 억압의 과정에 대한 메커니즘이 연구되고 있다. 1900년 독일 사회학자 지멜은 교환을 "사회화의 가장 순수하고 근원적인 형태"라고 지적하고 "교환이야말로 단순한 인간의 집합이 아닌 사회를 창조한다"고 했다. 이처럼 시장은 하나의 사회구조이다. 시장이 원활하게 돌아가려면 시장 설계가 필요한데, 구매와 판매의 메커니즘은 정보의 흐름을 위한 채널, 재산권을 정의하고 계약을 뒷받침해주는 법률과 시장의 문화, 자율 규제와 규약, 행동을 지배하는 관례 등을 포함한다.

markets)과 생산요소시장(production factor markets)으로 나눈다.

상품시장은 사과나 컴퓨터와 같은 재화와 미용이나 치과 치료와 같은 서비스가 거래되는 시장이고, 생산요소시장은 노동, 자본, 자연자원, 그리고 기업가의 경영능력처럼 생산에 필요한 요소가 거래되는 시장이다. 상품시장에서 재화와 서비스를 공급하는 주체는 기업이 되고, 수요의 주체는 가계가 된다. 반면에 생산요소시장에서 공급의 주체는 노동과 자본, 토지 등을 가진 가계가 되고, 이를 사용하여 재화와 서비스를 만드는 기업이 수요의 주체가 된다.

1.3. 경제순환 모형도

시장에 참여하는 대표적 주체로서 가계와 기업이 어떻게 상호 연결되어 있는지를 쉽게 이해하기 위해 경제순환 모형도(circular-flow diagram)를 만들어보자. 가계(household)는 기업에 노동과 자본 같은 생산요소를 공급하고, 그 대가로 받은 소득으로 재화와 서비스를 구입한다. 기업(firm)은 가계로부터 받은 생산요소를 투입물로 이용하여 재화와 서비스를 공급한다. 현실에는 금융 부문과 해외 부문 그리고 정부의 역할을 고려해

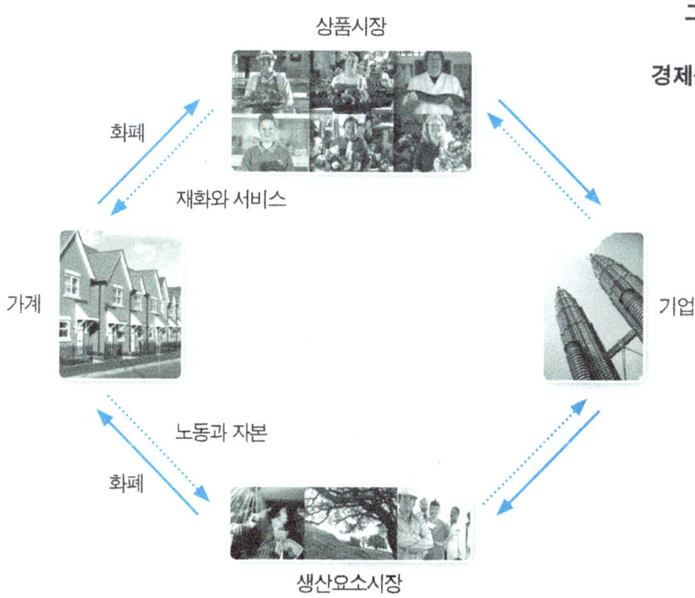

그림 2-1

경제순환 모형도

야 하지만 여기서는 단순한 모형을 통해서 경제의 순환만 제시하면 〈그림 2-1〉과 같다(그림에서 실선은 화폐의 흐름을, 점선은 재화와 서비스의 흐름을 의미한다).

2. 수요와 수요량

2.1. 수요함수와 수요곡선

(1) 수요함수

수요
주어진 일정기간 동안에 어떤 상품에 대해서 사전적으로 구입하고자 하는 의사

수요란 주어진 일정기간 동안에 각 가격수준에서 구입하고자 하는 상품의 수량들의 조합을 말한다. 그리고 수요량은 일정기간 동안 각 가격수준에서 구입하고자 하는 구체적인 상품의 수량을 말하며, 모든 상품수량의 조합을 의미하는 수요와 구별되는 개념이다. 이 정의에서 일정기간이란 유량의 개념이 들어 있고, 이미 구입을 한 것이 아닌 구입하고자 하는 의사를 나타낸 사전적인 개념이 들어 있다는 점에 유의해야 한다.

누군가가 새로운 컴퓨터의 시장잠재력은 어느 정도인가라고 묻는다면, 이것은 시장

참고 유량과 저량

유량(flow)은 일정기간에 걸쳐 측정된 변수로 국민소득, 국제수지, 소비, 투자, 저축, 수출 등이 있으며, 저량(stock)은 일정시점에서 측정되는 변수로 국부, 노동량, 자본량, 통화량과 외채 등이 있다. 예를 들어 '소양강댐이 장마로 인해 물이 넘칠 듯하자 100만톤의 저수를 방류하고 있다'고 하는 것은 별 의미가 없다. 초당 혹은 분당 얼마의 저수를 방류하고 있다는 것인지 일정기간을 명시해야 한다. 마찬가지로 '누군가의 소득이 500만원'이라고 하면 그 자체로는 의미가 없다. 1개월에 500만원을 번다고 하면 고소득자이지만, 1년에 500만원을 번다고 하면 최저생활수준에도 미치지 못하는 저소득자인 것이다. 따라서 소득은 시급, 월급 혹은 연봉처럼 기간의 개념을 함께 사용해야 그 의미가 있는 것이다.

에서 얼마나 많이 팔릴지를 알고 싶어 하는 질문이다. 그러나 이러한 질문은 애매모호한 것이다. 왜냐하면 어떤 재화의 수요량은 그 재화의 가격에 따라서 달라지기 때문이다. 일반적으로 사과에 대한 수요량(Q_x^d)은 사과의 가격(P_x), 다른 과일(배, 바나나 등)의 가격(P_y), 소득(M), 그리고 기호(T)와 인구 규모(N) 등의 요인에 의해서 결정된다. 이를 수식으로 나타내면 다음과 같다.

$$Q_x^d = f(P_x, P_y, M, T, N)$$

그러나 여기서는 '다른 요인들이 일정하다'는 가정하에서 사과의 가격이 변화했을 때 사과의 수요량은 어떻게 변화하는가에 초점을 맞추고자 한다.

참고 다른 요인이 일정하다는 가정

'다른 요인이 일정하다면(ceteris paribus; other things being equal)'은 경제학에서 많이 사용하는 가정으로, 경제학의 추상화와 모형화를 위해서 관심의 대상이 되는 부분에만 초점을 맞추기 위한 것이다. 예를 들어 어느 학부모가 고3이 되는 자녀에게 사교육인 과외공부를 한다고 상정하자. 한 달간 과외공부를 했을 때 성적이 반에서 5등이 올랐다고 했을 때, 과연 이 과외를 한 달 더 연장할지의 여부를 알기 위해서는 다른 요인들을 통제하고 과외로 인한 효과만 분리해내야 한다. 왜냐하면 이번 달 성적이 5등 올랐다는 결과가 학생이 성실해져 절대 공부량이 많이 늘었다거나 학교에서 담당과목 선생님이 바뀌어서 공부에 의욕이 생겼다거나 커닝 같은 부정행위를 하였다거나 하는 과외공부 이외의 다른 요인들로 인해서 발생한 결과일 수 있기 때문이다.

그림 2-2

수요표와 수요곡선

	사과가격	한 달간 사과수요량
A	600	20
B	500	22
C	400	26
D	300	30
E	200	36
F	100	44

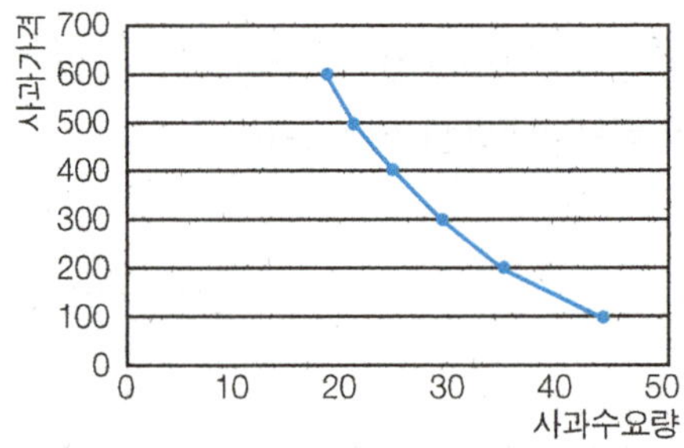

(2) 수요표와 수요곡선

일반적으로 다른 모든 요인이 일정하다는 상황하에서 특정지역의 소비자들이 일정기간 동안 각각의 가격수준에 대해서 구입할 의사와 능력이 있는 소비량 즉 수요량을 구체적인 숫자로 표시한 것이 **수요표**이다. 일반적으로 가격이 상승하면 실질소득의 감소로 소비량을 줄이거나 값싸고 대체 가능한 다른 재화로 바꿀 것이기 때문에 그 재화에 대한 수요량은 감소하게 된다.

수요표
일정기간 동안 소비자가 여러 가격수준에서 수요하고자 하는 수량을 표시한 도표

따라서 모든 다른 요인들이 불변인 경우 한 상품의 가격이 상승함에 따라 수요량은 일반적으로 감소하고, 가격이 하락함에 따라 수요량은 일반적으로 증가한다. 이와 같은 가격과 수요량의 관계를 그림으로 나타낸 것이 수요곡선이다.

참고 **스타벅스의 가격 책정**

서울 도심지, 런던, 뉴욕, 워싱턴, 도쿄의 커피는 왜 비쌀까? 흔히 우리는 높은 임대료(땅값) 때문에 커피값이 비싸다고 생각한다. 그러나 사실 그 관계는 거꾸로 이루어진다. 커피를 비싸게 팔 수 있기 때문에 임대료가 비싼 것이다. 값비싼 임대료는 건물주가 마음대로 결정할 수 있는 것이 아니다. 리카도는 높은 임대료를 받으려면 그 땅에서 나는 곡식의 가치가 높아야 한다고 했다. 고객이 커피에 대해서 높은 가격을 지불하는 경우에만 높은 임대료를 받을 수 있다. 편리하게 이용할 수 있는 커피숍에서 높은 가격을 지불하려는 고객의 의도가 바로 높은 임대료의 원인이다. 커피숍은 역 주변이나 교통이 편리한 지역에 위치하는 경우가 대부분이다. 인적이 드문 지역은 당연히 커피를 살 사람이 없기 때문에 커피숍이 없거나 있어도 가격이 낮은 편이다. 스타벅스는 좋은 길목에 위치해 높은 가격을 지불하면서 구입하려는 사람들을 끌어들이는 가격 설정 전략을 사용한다.

(3) 수요곡선상의 이동과 수요곡선의 이동

사과의 수요량은 사과 가격 이외의 여러 다른 요인에 의해서 영향을 받는다. 관련 재화인 배와 바나나의 가격, 소득, 그리고 취향, 인구 규모 등은 사과의 가격이 변화하지 않더라도 사과에 대한 수요를 변화시킨다. 사과 가격의 변화는 수요곡선의 한 점에서 같은 수요곡선의 다른 한 점으로 사과 수요량을 변화시켜 '**수요곡선상에서 이동**(shift on the demand curve)'하게 된다. 그러나 일정하다고 가정한 다른 요인이 변화하면 '**수요곡선 전체의 이동**(shift of the entire demand curve)'이 된다. 만일 사과가격이 변하지 않아도 소비자들이 더 많은 사과를 구입하기를 원한다면 수요곡선은 오른쪽으로 이동하게 되고, 덜 수요하기를 원한다면 왼쪽으로 이동하게 된다.

수요곡선상의 이동
분석하고자 하는 상품의 가격이 변화하는 경우 수요곡선상에서 이동

수요곡선의 이동
일정하다고 가정한 다른 요인이 변화하여 수요곡선 자체가 이동

참고 수요량의 이동과 수요의 이동

수요량의 변화와 수요의 변화는 전혀 다른 개념이다. 수요량의 변화는 수요곡선의 그래프에서 x축과 y축의 변수가 변화하면 곡선은 그대로 있고, 곡선상에서 (x, y)의 점만 이동하게 된다. 그러나 x축과 y축의 값이 아닌 다른 변수가 변화하게 되면 곡선의 기울기는 그대로 있는 상태에서 곡선 자체가 이동하게 된다. 수요곡선의 경우도 마찬가지이다. x축의 가격(P)이나 생산량(Q)이 변화하면 곡선은 그대로 유지한 채 곡선상에서 점이 이동하지만, 수요에 영향을 미치는 다른 요인이 변화하면 곡선 자체가 이동하게 된다. 이것은 경제학에서 그래프를 이해하는 데 가장 중심이 되는 기본적인 사항이기 때문에 반드시 숙지해야 한다.

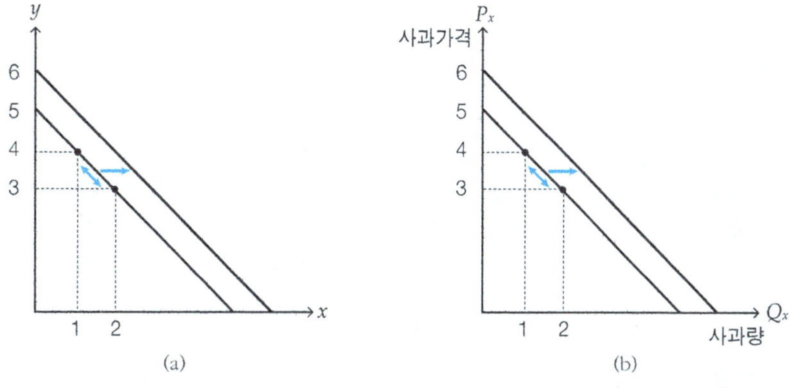

수요량의 이동과 수요의 이동

(a) $y = -x + 5 \rightarrow y = -x + 6$

x와 y값이 변하면 곡선상에서 이동하게 되고, 절편 5가 6으로 바뀌면 곡선 자체가 이동하게 됨

(b) $P_x = -Q_x + 5 \rightarrow P_x = -Q_x + 6$

P_x(가격)와 Q_x(상품량)이 변하면 곡선상에서 이동하게 되고, 절편 5가 6으로 바뀌면 수요곡선 자체가 이동하게 됨

◈ 관련 재화의 가격

관련 재화에는 대체재와 보완재가 있다. 사과와 배는 서로 경쟁관계인 대체재라 고 할 수 있고, 커피와 프림은 같이 소비할 때 더 효과가 큰 보완재라고 할 수 있다. 사과와 대체관계에 있는 재화인 배와 바나나 가격의 하락은 사과의 수요를 줄여 사과의 수요곡선을 왼쪽으로 이동시킨다.

◈ 소비자의 소득

소비자의 평균 소득이 상승하면 비록 사과의 가격이 일정하게 유지된다고 하더라도 더 많은 사과를 구입할 수 있을 것이다. 따라서 사과의 수요곡선은 오른쪽으로 이동한다.

◈ 소비자의 선호

사과를 먹으면 피부가 고와진다는 소문과 광고로 인해서 사과에 대한 붐이 일어난다면, 사과의 가격이 변함없더라도 사과에 대한 수요는 증가하게 되어 수요곡선은 오른쪽으로 이동한다.

참고 **튤립 거품**

인간이 사고팔 의사를 지닌 것은 모두 시장을 형성할 수 있다. 17세기 초 네덜란드에서는 의외의 물건으로 투기열이 고조되었다. 바로 튤립이었다. 튤립은 1550년경에 터키를 거쳐 서구 유럽에 처음 소개되었는데, 집약적인 재배와 품종개량을 통해서 더욱 아름다워졌다. 그리고 17세기가 되자 독일과 네덜란드 부유층 사이에서 큰 인기를 얻었다. 가장 아름다운 튤립을 선발하는 대회가 열리고 많은 상금도 걸렸다. 우승을 한 튤립은 이종교배를 통해서 더 비싸게 판매되었다. 튤립의 가치가 높아지자 1630년경에는 많은 네덜란드 사람들이 튤립 재배와 판매에 열을 올리기 시작해 얼마 안 되는 뒷마당에도 모두 튤립을 재배하기 시작했다. 처음에는 다들 돈을 벌었는데, 이러한 소문이 퍼지자 다니던 일과 직장을 그만두고 튤립 재배를 하는 사람들도 생겨났다. 1634년에는 웬만한 집 한 채를 장만할 정도로 튤립 가격이 폭등했다. 농부들은 튤립 투기를 위한 자금을 마련하기 위해서 가축을 팔기도 하고, 집과 토지를 저당 잡히기도 하였다. 밤이면 몰래 훔쳐갈까 봐 노심초사했는데, 로테르담에 잠시 정박한 영국인 선원은 양파인 줄 알고 튤립 구근을 뽑아 먹었다가 10년을 감옥살이하였다. 그러나 1637년 갑작스럽게 튤립 가격이 폭락하였다. 위기의식을 느낀 사람들이 너도나도 튤립을 시장에 내놓았지만, 오히려 가격 폭락을 가중시킬 뿐이었다. 왜냐하면 거의 모두 튤립을 재배하고 있었기 때문이다. 그때가 되어서야 사람들은 자신들이 가지고 있던 것이 진정한 자산이 아닌 튤립 뿌리에 불과하다는 것을 깨달았다.

그림 2-3

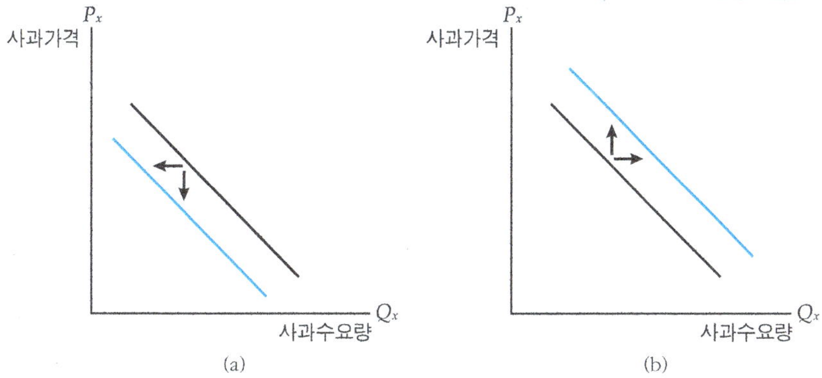

사과의 수요곡선 이동 요인

(a) 수요곡선 하방이동(좌측 이동): 소비자의 지불의사 감소
(b) 수요곡선 상방이동(우측 이동): 대체재(배, 바나나)의 가격 상승, 소득의 증대, 사과에 대한 기호의 변화, 사과소비 인구의 증가, 사과의 미래가격 상승 예상

◈ 인구 규모

인구가 증가하면 사과에 대한 수요는 증가하게 된다. 물론 특수한 인구계층이 증가하는 경우 특정상품에 대한 수요가 증가하는 것을 볼 수 있다. 예를 들어 Y세대의 증가는 비디오게임기와 핸드폰에 대한 수요를 증가시킨다.

예제 2-1 **수요곡선상의 이동과 곡선의 이동**

전력 과소비의 원인 중 하나로 낮은 전기료가 지적되고 있다. 다음 중 전력에 대한 수요곡선을 이동(shift)시키는 요인이 아닌 것은?

① 소득의 변화
② 전기료의 변화
③ 도시가스의 가격변화
④ 전기기기에 대한 수요 변화

정답과 해설 ②

전력시장의 수요곡선을 그리면 수평축은 전기사용량이 되고, 수직축은 전기사용가격(전기료)이 된다. 수직축에 속한 변수가 변화하게 되면 수요곡선은 그대로 있으면서 수요곡선상에서 이동이 일어난다.

3. 공급과 공급량

3.1. 공급표와 공급곡선

일반적으로 가격이 상승하면 공급량은 더 많아지게 된다. 어떤 농가의 자원이 사과를 생산하는 데 더 많이 투입될수록 사과의 기회비용은 증가한다. 따라서 생산자들은 사과를 더 높은 가격에 판매를 해야만 이익이 되기 때문에 생산의 확대로 더 높은 가격을 받으려고 한다. 일반적으로 어떤 상품의 가격이 상승하면 그 상품의 공급량은 증가한다. 반대로 가격이 하락하면 그 상품에 대한 공급량은 감소하게 된다.

공급표
일정기간 동안에 공급자가 여러 가격 수준에서 얼마만큼을 공급할지를 보여주는 표

공급표란 다른 모든 요인이 일정하다는 가정하에서 일정기간 동안에 공급자가 여러 가격 수준에서 얼마만큼 공급할지를 보여주는 표를 말하고, 이러한 정보를 그래프로 그린 것이 공급곡선이다. 일반적으로 가격이 상승하면 공급량이 많아지기 때문에 공급곡선은 우상향하는 양(+)의 기울기를 나타내게 된다.

그림 2-4

공급표와 공급곡선

	사과가격	한 달간 사과공급량
A	600	40
B	500	35
C	400	30
D	300	25
E	200	20
F	100	12

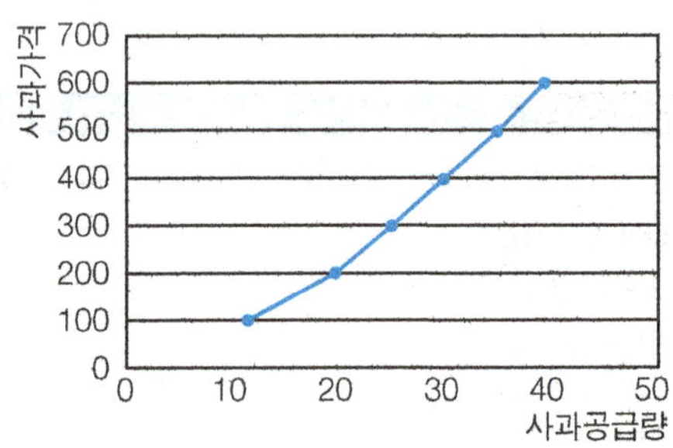

3.2. 공급곡선의 이동

공급량도 수요량처럼 가격 이외의 많은 요인들에 의해서 영향을 받는다. 사과의 공급

그림 2-5

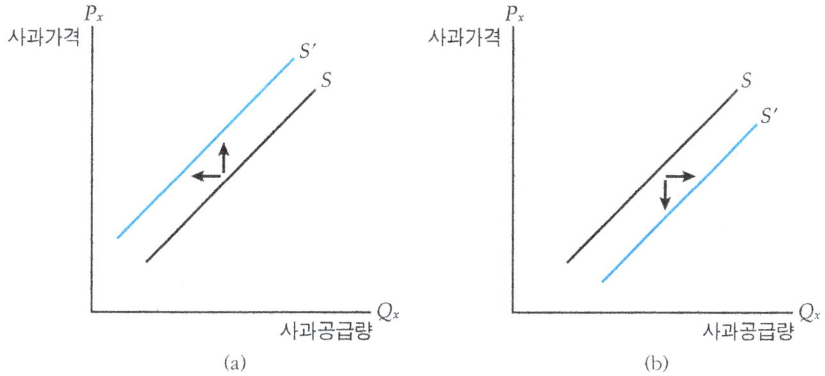

사과의 공급곡선 이동 요인

(a) 공급곡선 상방이동: 인건비·기름값 등 생산요소가격 상승, 조세 인상
(b) 공급곡선 하방이동: 기술 진보, 생산요소가격 감소, 보조금 지급, 사과의 미래가격 하락 예상

량 변화요인에는 사과의 가격뿐만 아니라 기술, 기후, 사료비용, 과수농가의 수와 규모 등 많은 요인들이 있다. 사과 가격은 사과의 공급곡선상에서의 이동을 나타내는 공급량의 이동을 초래하지만, 사과 가격 이외의 요인들이 변화하면 공급곡선 자체가 이동하게 된다.

◈ 산업규모의 변화

사과에 대한 수요가 증가하면 더 많은 과수 농가들이 사과 생산에 뛰어들게 되어 사과의 공급량은 증가하게 된다. 그 결과 주어진 가격 수준에서 사과의 공급곡선은 오른쪽으로 이동하게 된다.

◈ 기술진보

사과 생산에 새로운 유전학적인 방법이 등장하게 된다면 사과를 생산하는 데 비용이 덜 들기 때문에, 혹은 주어진 가격에서 사과를 더 많이 생산할 수 있기 때문에 사과의 공급곡선은 오른쪽으로 이동하게 된다.

◈ 투입요소의 가격

만일 가뭄으로 인해서 사과를 생산하는 데 들어가는 비료의 가격이 상승하거나, 인건비의 상승으로 사과를 재배하는 데 투입되는 인건비가 상승하면 사과의 공급량은 감소하고, 그 결과 사과의 공급곡선은 왼쪽으로 이동하게 된다.

예제 2-2 **수요공급의 응용**

토마토케첩과 핫도그는 정상재이며, 서로 보완재이다. 핫도그 원료인 밀가루 가격 인상에 따른 핫도그 가격 상승의 효과로 옳은 것은?

① 토마토케첩의 균형가격 상승
② 핫도그의 균형공급량 증가
③ 토마토케첩의 균형공급량 증가
④ 핫도그의 균형수요량 증가
⑤ 토마토케첩의 수요 감소

정답과 해설 ⑤

우선 핫도그의 원료인 밀가루는 핫도그 생산요소이므로 밀가루 가격인상은 핫도그 생산비용을 증가시켜 핫도그 공급곡선의 상방(좌측)이동을 야기한다. 그 결과 핫도그 가격이 상승하고 핫도그의 균형거래량은 감소하게 된다. 이때 핫도그 시장의 수요감소는 보완재인 토마토케첩의 수요 감소로 이어져 토마토케첩의 수요곡선을 좌측으로 이동시킨다. 그 결과 토마토케첩의 균형가격은 하락하게 되고, 균형거래량은 감소한다.

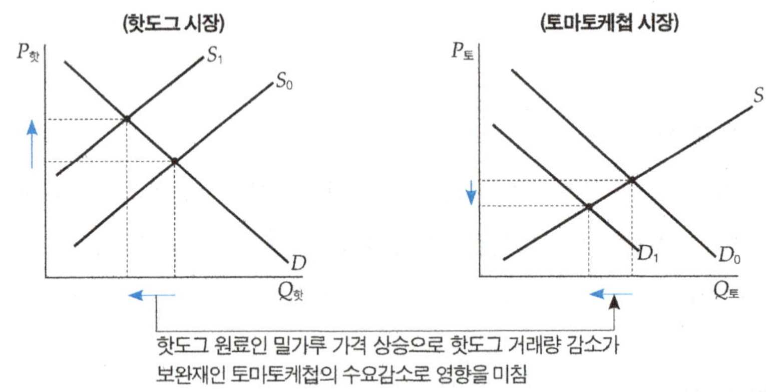

참고 수요곡선과 공급곡선의 비밀

경제학에서는 언제나 x축과 y축의 2차원에 그래프를 그린다는 점을 명심해야 한다. 따라서 그래프를 x축과 y축의 두 측면에서 바라보고 해석하면 보다 쉽게 이해할 수 있다. 수요곡선의 경우, y축에서 바라본다면 주어진 가격에 대해서 얼마나 상품을 구입할 것인가의 의사를 나타낸 것으로 해석할 수 있고, x축에서 바라본다면 주어진 상품 한 단위에 대해서 최대한 얼마까지 지불할 의사가 있는가(willingness to pay)를 나타낸 것으로 해석할 수 있다. 따라서 x축으로 바라보았을 때 수요곡선은 그 재화 한 단위에 대한 한계효용(MU: Marginal Utility)으로 해석이 가능하다.

공급곡선의 경우도 마찬가지이다. 만일 y축의 시각에서 바라본다면 주어진 가격에 대해서 상품을 얼마나 생산할 것인가의 의사를 나타낸 것이고, x축의 시각에서 바라본다면 공급곡선은 비용곡선을 의미하게 된다. 따라서 주어진 상품의 한 단위를 생산하는 데 투입되는 비용을 나타내기 때문에 공급자의 입장에서는 최소한 얼마를 받아야겠다는 금액을 의미하는 것이라 할 수 있다. 즉 한계비용(MC: Marginal Cost)의 의미이다.

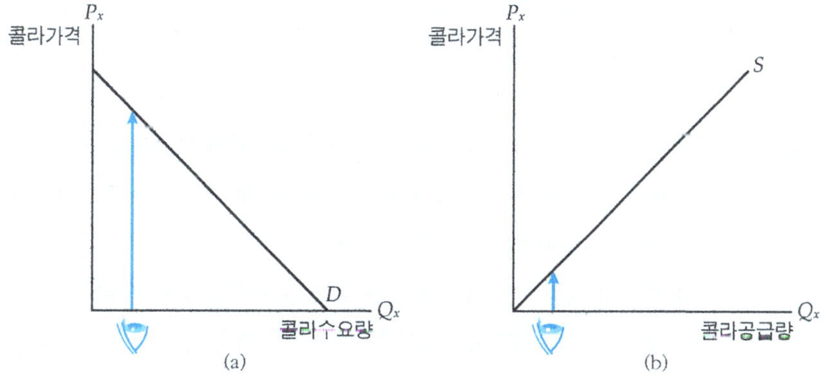

밑에서 바라본 수요곡선과 공급곡선의 의미

(a) 수요곡선의 의미
콜라 한 병에 대해 최대한 지불하고자 하는 의사(willingness) = 소비자가 지불하고자 하는 최대한의 금액

(b) 공급곡선의 의미
콜라 한 병을 생산하는 데 들어가는 최소한의 비용 = 공급자가 받고자 하는 최소한의 가격

4. 수요와 공급의 균형

4.1. 시장균형이란

시장에서 가격이 어떻게 결정되는가를 알기 위해서는 소비자와 생산자의 욕구를 나타

내는 수요와 공급의 계획이 일치해야 한다. 자유시장에서 거래량과 가격은 일반적으로 우하향하는 수요곡선과 우상향하는 공급곡선의 교차점에서 이루어지게 된다. 이 교차점을 **균형**(Equilibrium)이라고 하는데, 균형이란 일단 어떤 상태가 달성되면 새로운 교란요인이 없는 한 내재적으로 변화할 유인이 없이(have no incentive to change) 그대로 유지되려는 경향이 있는 상태를 말한다.

균형
일단 어떤 상태가 달성되면 새로운 교란요인이 없는 한 내재적으로 변화할 유인이 없이 (have no incentive to change) 그대로 유지되려는 경향이 있는 상태

예를 들어 중앙에 멈추어 있는 시계추를 생각해보자. 사람의 손과 같은 외부적인 힘을 가하지 않는 한 시계추는 원래의 장소에서 그대로 머물러 있을 것이다. 왼쪽으로 움직이려는 힘과 오른쪽으로 움직이려는 힘이 정확하게 일치하는 경우에 이를 균형이라고 한다. 만일 시계추에 힘을 가하게 되면 이 균형은 깨지고 시계추는 움직이게 된다. 이때 한쪽으로 최대한 올라가다가 어느 순간이 되면 일시적으로 시계추는 멈추게 된다. 그러나 이 수준은 균형상태가 아니다. 왜냐하면 중력이 시계추를 다시 아래로 끌어당기기 때문이다. 그리고 어떤 균형상태가 이탈되었을 때 다시 원상태로 회복되는 경우를 안정적인 균형이라고 한다.

시계의 추가 계속 움직이는 것처럼, 시장에서의 가격과 거래량도 마찬가지이다. 시장에 외부적인 충격이 있더라도 수요와 공급의 힘에 의해서 시장이 다시 균형상태로 돌아오는 것을 현실에서 많이 볼 수 있다.

4.2. 균형의 3요소

균형은 경제학의 분석방법을 사용하는 데 있어 매우 중요한 개념이다. 따라서 균형과 관련해 알아두어야 할 것은 먼저 균형이 과연 존재하는지, 만약 존재한다면 그 균형은 유일한지 혹은 여러 개의 복수의 균형이 존재할 수 있는지, 더 나아가서 존재하는 균형은 안정적인지 불안정적인지의 판단이다.

(1) 균형의 존재성

〈그림 2-6〉은 균형이 존재하지 않는 경우를 수요-공급 곡선을 통해서 설명하고 있다. 경제학에서 균형은 수요곡선과 공급곡선이 교차하는 점에서 이루어지나, 두 곡선이 교차하지 않으면 균형은 존재하지 않게 된다.

그림 2-6

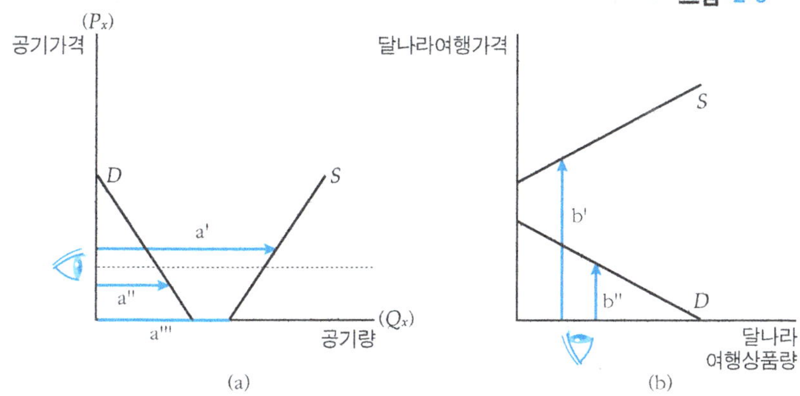

시장균형이 존재하지 않는 경우

(a) 공기시장
a': 주어진 가격에서 공기 공급량, a'': 주어진 가격에서 공기 수요량, a''': 가격을 0으로 낮추어도 수요보다 공급이 큼
(b) 달나라 여행
b': 주어진 상품을 공급하는 데 들어가는 비용, b'': 최대한 지불하고자 하는 금액

먼저 〈그림 2-6(a)〉는 숨을 쉬고 살아가는 데 필요한 공기와 같이 공급이 너무 많아서 주어진 가격에 대해서 거의 0의 값을 부여해도 필요한 수요를 다 충족시키고도 남는 경우이다. 반면에 〈그림 2-6(b)〉는 '수요곡선과 공급곡선의 비밀'에서 설명한 바와 같이 밑에서 올려다보면 주어진 상품을 생산하는 비용은 매우 많이 드는 데 반해서 그 상품의 수요로 인해 얻게 되는 편익이 상대적으로 작은 경우이다. 달나라 여행 상품이 존재한다면 그런 상품의 경우, 한 번 우주선을 타는 데 드는 비용은 매우 크지만 달나라 여행을 통해 얻는 편익은 매우 작다. 왜냐하면 여행의 위험과 더불어 달나라에 옥토끼가 없다는 사실을 이미 우리는 알고 있어서 별로 신기하지도 않기 때문이다. 이 두 경우는 균형이 존재하지 않는 경우라고 할 수 있다.

(2) 균형의 유일성

균형은 한 개 존재할 수도 있고, 여러 개 존재할 수도 있다. 일반적인 경우에는 균형이 한 개 존재하지만 〈그림 2-7 (b)〉와 같이 수요곡선이나 공급곡선이 휘어 있는 경우는 한 개 이상이 존재할 수도 있다.

그림 2-7

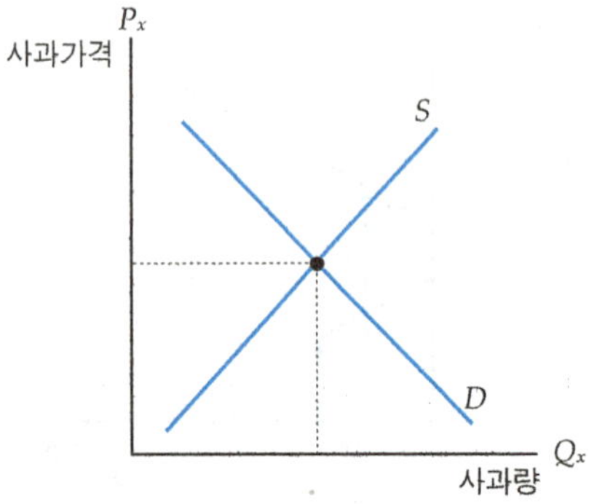

(a)

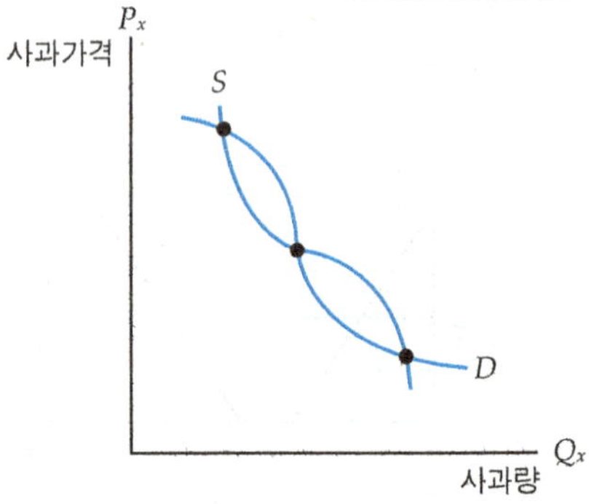

(b)

시장균형이 한 개인 경우와 여러 개인 경우

(a) 시장균형이 한 개인 경우
(b) 시장균형이 여러 개인 경우

(3) 균형의 안정성

균형이 존재하고, 하나의 균형이 존재하는 경우에 우리의 다음 관심사는 과연 그 균형이 안정적인지 불안정적인지 하는 것이다. 〈그림 2-8〉에서 알 수 있듯이 (A)공과 (B)공은 모두 균형상태이다. 외부적인 충격이 없다면 그 상태를 계속해서 유지하기 때문이다.

그림 2-8

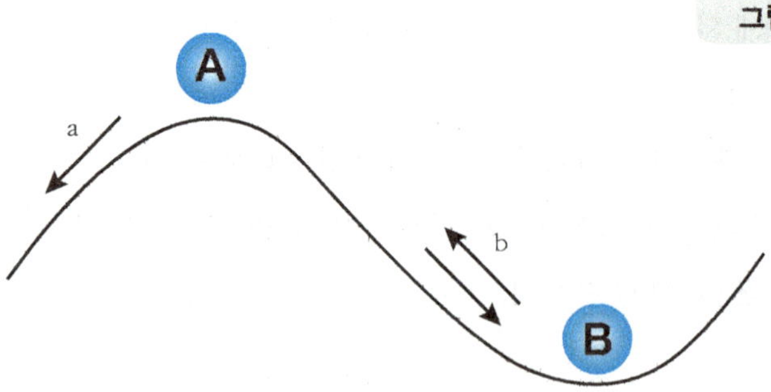

안정적 균형과 불안정적 균형

A: 불안정적 균형
B: 안정적 균형
a: 균형상태가 깨지면 다시 원상태로 회복하지 않고 계속 내려감
b: 균형상태가 깨지면 다시 원상태로 복귀하려는 힘이 있음

그런데 외부에서 힘이 가해져서 균형상태가 깨진다면 (A)공의 경우는 다시 되돌아오지 않지만 (B)공의 경우는 다시 되돌아오는 성질을 가지고 있다.

이처럼 한 번 균형상태가 깨지는 경우 다시 원상태로 복귀하는 균형을 안정적(stable) 균형이라고 하고, 다시 원상태로 복귀하지 않는 균형을 불안정적(unstable) 균형이라고 한다.

4.3. 가격 조정과 균형

시장에서의 보이지 않는 손은 바로 가격 메커니즘이다. 가격은 수요와 공급이 일치하도록 상하로 움직이면서 균형을 찾아간다. 〈그림 2-9〉는 균형상태에서 이탈하게 되면 어떻게 되는지를 수요곡선과 공급곡선의 모양을 통해서 설명해준다. 〈그림 2-9(a)〉는 가격이 상승하여 균형상태에서 벗어나면 공급이 수요보다 많아 결국에는 다시 이전의 균형상태로 원상 복귀하려는 힘을 지닌 경우이며, 〈그림 2-9(b)〉는 우상향하는 수요곡선과 우하향하는 공급곡선의 경우 균형상태를 벗어나면 다시 원상태로 복귀하지 않는

그림 2-9

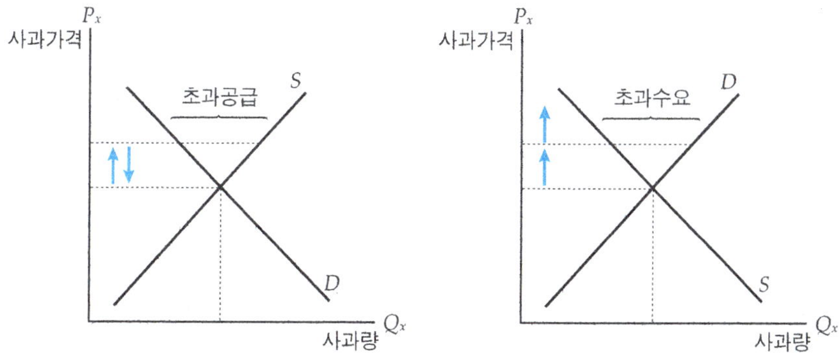

(a) (b)

초과공급시장과 초과수요시장

(a) 초과공급시장

$D<S$, 공급이 수요보다 커서 가격이 다시 하락하려는 압력을 받음

(b) 초과수요시장

$D>S$, 수요가 공급보다 커서 가격은 더욱 상승하려는 압력을 받음

경우이다. 오히려 가격이 상승했음에도 공급보다 수요가 많기 때문에 가격은 더욱 상승하게 된다.

5. 수요-공급이론의 응용

지금까지 배운 수요-공급곡선은 경제현상을 이해하는 데 매우 편리한 도구이다. 왜냐하면 경제학적인 시각으로 이해하려는 노력과 시도는 합리적인 선택을 하는 데 많은 도움을 줄 것이기 때문이다. 현실에서 흔히 볼 수 있는 경제적 현상을 수요-공급곡선을 이용해서 분석하는 연습을 몇 가지 사례로 더 살펴볼 것이다. 그림을 통해서 이해해보려는 습관을 들이는 것이 처음에는 어려울 수 있지만 점차 익숙해지면 비경제학자들이 보지 못하는 현상에 내재한 이면의 원리를 이해할 수 있을 것이다.

◈ 임대료 규제는 왜 임대아파트시장의 질을 떨어뜨릴까?

시장에서 자율적으로 결정되는 임대아파트의 가격이 너무 높다고 생각하는 경우 정부는 부동산시장의 가격상승을 막고 무주택 서민들의 어려움을 덜어주기 위해서 임대료의 가격상한선을 정해서 어느 수준 이상으로 올리지 못하도록 통제할 수 있다. 이러한 규제를 최고가격제(maximum prices)라고 한다.

최고가격제
가격의 상한선을 정해서 어느 수준 이상으로 올리지 못하도록 통제하는 제도

이것을 수요공급곡선을 이용해서 분석하면, 최고가격하에서는 공급보다 수요가 큰 초

참고 **세일하면 명품이 아니다?**

명품이 바겐세일을 하지 않는 이유는 무엇일까? 그것은 최상류 계층 5%의 단골 고객을 유지하기 위해서이다. 바겐세일을 해서 상위 10%나 20%의 계층도 명품을 가지게 되면 기존 단골들이 등을 돌리게 되기 때문이다. 명품은 가질 수 있는 사람보다 갖고 싶어 하는 사람의 수가 훨씬 많을 때 명품의 대접을 받는다. 따라서 아주 비싼 가격을 책정하게 되는데 이러한 가격전략을 '프리미엄 가격전략(premium price strategy)'이라고 한다. 사람들이 명품에 목매는 모습을 보면 가격이 오르는데도 일부 계층의 과시욕으로 인해 수요가 줄지 않는 현상을 발견할 수 있는데, 이러한 현상을 '베블렌 효과'라고 한다. 부가 새로운 신분 상징이 되면서 사람들은 심리적인 만족감을 얻기 위해서 명품을 찾게 된다.

과수요현상이 발생한다. 공급자들은 이익이 줄기 때문에 공급을 줄이려고 할 것이고 수요자들은 이때가 기회라고 보고 수요를 증가시킬 것이기 때문이다(앞에서 배운 x축과 y축을 기준으로 해석을 해보면 재미있을 것이다). 이때 공급자들은 임대아파트의 품질이 낮아도 집을 구하고자 하는 사람들이 많기 때문에 오히려 큰소리를 칠 것이다. 급기야는 아파트의 시설이 나빠도 구하고자 하는 사람들이 뇌물이나 웃돈을 주고라도 구입하고자 하여 암시장(black market)이 형성될 것이다. 이러한 현상은 정부가 월드컵 결승전 때 티켓값이 너무 높으면 청소년들이 볼 수 없다고 생각해 10만원으로 책정하려던 것을 2만원으로 낮추었을 때 서로 사고자 하면서 암표가 등장하는 것과 마찬가지이다. 현재의 취업시장에서 취업하려는 사람들은 많고 채용의사를 밝힌 기업은 별로 없어 기업의 콧대가 매우 높아지는 것도 같은 맥락으로 이해할 수 있다.

그림 2-10

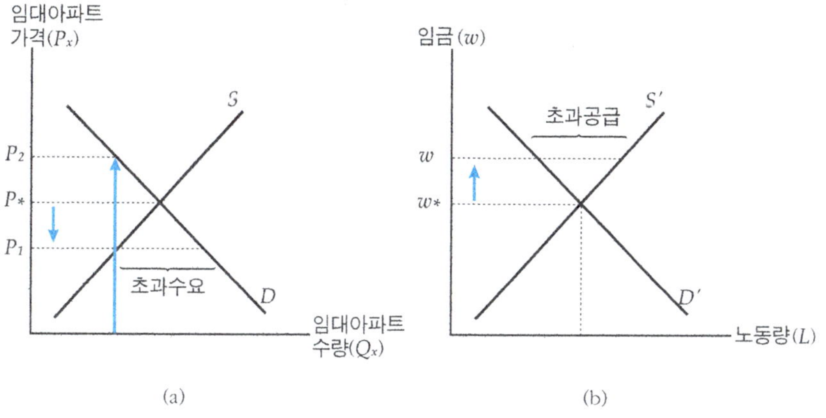

수요-공급곡선의 응용

(a) 임대아파트시장

S: 임대아파트 공급곡선, D: 임대아파트 수요곡선, P_1: 최고가격수준, P_2: 수요자들이 최대한 지불하고자 하는 금액

(b) 노동시장

S': 노동공급곡선, D': 노동수요곡선, w: 최저임금 수준

◈ 패스트푸드점의 최저임금제 실시는 항상 좋은가?

정부는 패스트푸드점과 같은 곳에서 아르바이트를 하는 사람들의 임금이 너무 낮아 인간다운 생활을 하지 못하는 경우를 막기 위해서 최소한의 임금 수준을 법적으로 강제한다. 이것을 최저임금제라고 하는데 현재는 시간급 5,580원(2015년)으로 책정하고 있다.

최저임금제는 시장에서 형성된 노동시장의 균형임금이 너무 낮다고 생각해 최소한의 가이드라인을 제시한 것이다. 만약 균형임금보다 높게 설정되면, 이 수준에서 노동을 제공하려는 사람이 많아지는 데 반해서, 높은 임금을 주고 고용하려는 회사는 줄어들게 된다. 그 결과 노동시장의 초과공급이 발생한다. 이때의 초과공급은 주어진 가격에 일하고자 하여도 일자리를 구하지 못하는 실업상태를 유발하는데, 일자리는 별로 없고 일하고자 하는 사람들이 많은 경우이다. 회사의 입장에서는 정규직으로 채용하기를 꺼려해 비정규직을 늘리려고 할 것이고, 고학력자나 기술자가 몰려들어 노약자나 기술이 없는 사람들은 오히려 더 심한 차별을 받게 되는 문제가 발생하는 것이다. 왜냐하면 낮은 임금에서라도 일하고 싶은데 아예 일할 기회조차 박탈당하기 때문이다.

◈ 레이저 프린터 토너의 값이 내리면 레이저 프린터의 균형가격과 균형거래량은 어떻게 될까?

레이저 프린터는 토너 가격에 영향을 받는 상호 의존관계에 있다. 커피와 프림처럼 함께 사용하여야 그 효과가 더욱 높아지는 것과 같다. 이러한 경우 레이저 프린터의 수요는 토너의 가격에 의해서도 영향을 받는다. 직관적으로 알 수 있듯이 토너의 가격이 하락하면 보다 많은 사람들이 프린터를 구입하려고 할 것이고, 그 결과 수요는 증가하게 된다. 즉 프린터의 수요곡선은 오른쪽으로 이동하게 된다. 따라서 균형거래량이 늘어나지만 균형가격도 상승한다.

◈ 서울시가 공무원의 월급을 대폭 인상하면 서울시 아파트 전세값이 지방보다 높아지는 이유는?

커피가게의 임대료는 아파트의 임대료와 마찬가지로 생활에 편리한 곳에 위치할수록 높아진다. 서울시가 공무원의 임금을 대폭 인상하면, 많은 공무원들은 출퇴근하기 편리한 곳으로 이동하게 된다. 월급이 낮아서 수도권에서 힘들게 출퇴근하는 공무원은 직장에 가깝게 위치한 곳으로 이동하기 위해 증가한 소득의 일부를 기꺼이 지불하려 할 것이다. 따라서 아파트 전세시장의 수요곡선이 오른쪽으로 이동하고, 서울에 가깝게 위치한 아파트의 전세값은 더욱 높아질 것이다.

◈ 10년 전보다 기말 리포트를 더 자주 쉽게 수정할 수 있는 이유는?

컴퓨터가 그다지 보급되지 않았던 시절에는 기말 리포트를 손이나 워드프로세서를 이용해서 제출하였다. 이 경우는 수정하는 것도 매우 힘들고 어려웠다. 즉 수정에 따른 기회비용이 매우 높았던 것이다. 그러나 컴퓨터의 보급으로 한 번 수정하는 데 들어가는 노력이나 비용이 대폭 감소하게 되었고, 그 결과 수정 횟수는 증가하게 되었다. 기말 리포트 작성시장이 있다고 가정하고 수요-공급곡선으로 설명하면, 새로운 기술의 등장으로 인한 비용의 감소로 공급곡선이 오른쪽(아래쪽)으로 이동하게 된다.

◈ 여름철에 제주도행 항공권은 비싸지는 반면에 수박은 제철인데도 왜 값싸질까?

여행의 성수기인 여름휴가철에는 비행기를 타고 더위를 피해 떠나려는 사람들이 많아진다. 이러한 경우 제주도에 가고자 하는 사람들 즉 수요자가 많아지고, 그 결과 수요곡선은 오른쪽(위쪽)으로 이동하게 된다. 비행기 항공권시장을 그림으로 나타낼 때 x축과 y축은 비행기 티켓의 수요량과 가격이라고 할 수 있는데, 여름철에 수요가 증가하기 때문에 y축을 기준으로 보면 주어진 가격에서 더 많은 비행기 티켓을 얻고자 하는 것이고 x축을 기준으로 보면 주어진 비행기 티켓에 대해서 더 높은 가격을 지불할 의사를 지닌다는 것을 의미한다. 따라서 수요곡선이 오른쪽으로 이동하여 비행기 항공권의 가격은 상승하게 된다.

반면에 수박의 가격은 계절적인 요인에 큰 영향을 받는데 여름이 제철이기 때문에 수박에 대한 공급의 증가로 공급곡선이 오른쪽(아래쪽)으로 이동하기 때문에 가격은 내폭적으로 하락하게 되는 것이다.

6. 소비자잉여와 생산자잉여

6.1. 소비자잉여

소비자잉여
소비자가 지불하고자 하는 금액보다 더 싼 금액으로 구입했을 때 그 차액
유보가격
소비자가 구입 전에 마음먹은 가격

소비자잉여(consumer surplus)란 소비자가 지불하고자 하는 금액보다 더 싼 금액으로 구입을 했을 때 그 차액을 말한다. 즉 소비자가 어떤 재화를 구입하기 위해서 지불할 의사가 있는 최대한의 금액과 실제 지불한 금액의 차이라고 할 수 있다. 이때 소비자가 구입 전에 마음먹은 가격을 유보가격(reserved price)이라고 한다. 수요곡선의 높이가 바로 그 수준에서 1단위 추가로 재화를 구입할 때 최대한 지불하려고 하는 가격이라는 점을 이용하면 쉽게 이해할 수 있다. 〈그림 2-11〉에서 Q_0를 구입한다면 면적 (A+B)만큼이 지불할 의사가 있는 최대금액이 된다. 그런데 시장에서 결정된 재화의 가격이 P_0라면 실제 지불한 금액은 면적 B가 된다. 따라서 시장의 교환을 통해서 소비자가 얻는 이득의 크기인 A가 소비자잉여이다.

6.2. 생산자잉여

생산자잉여
생산자가 어떤 재화를 판매할 때 최소한 받고자 하는 금액보다 실제로 더 높은 금액을 받게 되었을 때 그 차액

생산자잉여(producer surplus)란 생산자가 어떤 재화를 판매할 때 최소한 받고자 하는 금액보다 실제로 더 높은 금액을 받게 되었을 때 그 차액을 말한다. 공급곡선의 높이가 생산자가 최소한 받아야겠다는 가격임을 떠올리면 Q_0만큼의 재화를 판매할 때 최소한 받고자 마음먹은 금액은 면적 D가 된다. 그런데 시장에서 가격이 P_0로 주어진 경우 실제 받는 금액은 면적 (C+D)가 된다. 따라서 시장의 교환을 통해 생산자가 얻는 이득의 크기인 C가 생산자잉여이다.

6.3. 사회 총잉여

소비자와 생산자만 시장에 존재한다고 할 때 시장전체의 총잉여는 소비자잉여와 생산자잉여를 합한 면적 (A+C)로 나타낼 수 있다. 뒤에서 살펴보겠지만 시장이 완전경쟁적

그림 2-11

소비자잉여와 생산자잉여

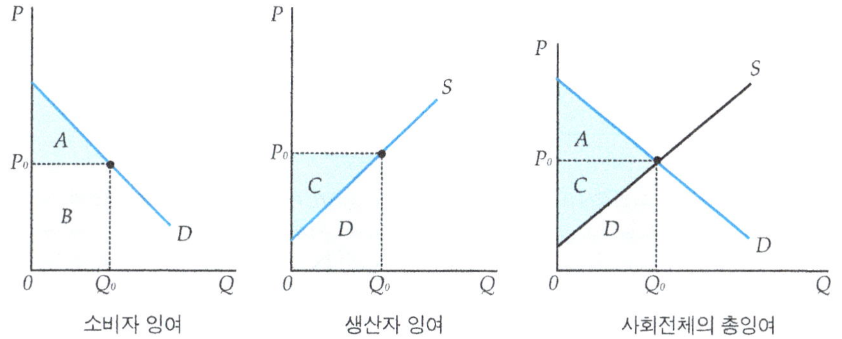

인 경우에 사회전체적인 총잉여가 극대화된다. 그리고 균형점을 중심으로 수요곡선의 기울기가 완만할수록 소비자잉여의 크기는 작아지고, 기울기가 가파를수록 소비자잉여의 크기는 커진다.

예제 2-3 **소비자잉여**

소비자잉여에 대한 다음의 설명 중 옳은 것은?

① 공급이 감소하여 가격이 상승한 경우 소비자잉여는 감소한다.
② 수요가 증가하여 가격이 상승한 경우 소비자잉여는 감소한다.
③ 수요의 탄력성이 클수록 소비자잉여도 크다.
④ 공급의 탄력성이 클수록 소비자잉여도 크다.
⑤ 소비자잉여를 늘리는 정책은 자원배분의 효율성도 제고한다.

정답과 해설 ①

소비자잉여란 소비자가 최대한 지불하고자 하는 금액(수요곡선 아래의 면적)에서 실제로 지불하게 된 금액을 뺀 크기를 말한다.

① 공급이 감소하게 되면 공급곡선이 상방이동하여 소비자가 지불하는 가격이 상승하여 소비자잉여는 감소하게 된다.
② 수요증가로 수요곡선이 상방이동하게 되면 소비자잉여는 증가한다.
③ 수요의 탄력성이 커지면 수요곡선은 완만하게 되고, 그 결과 수요곡선의 아래 면적은 작아져 소비자잉여는 작아진다.
④ 공급의 탄력성이 커져도 소비자잉여는 변함없다.
⑤ 자원배분의 효율성은 소비자잉여와 생산자잉여의 합인 사회 총잉여가 커지는 경우를 말한다. 따라서 소비자잉여를 늘리는 정책이 생산자잉여를 줄여 사회 총잉여가 감소하게 된다면 효율성이 떨어지게 된다.

① A부분만큼 소비자잉여 감소

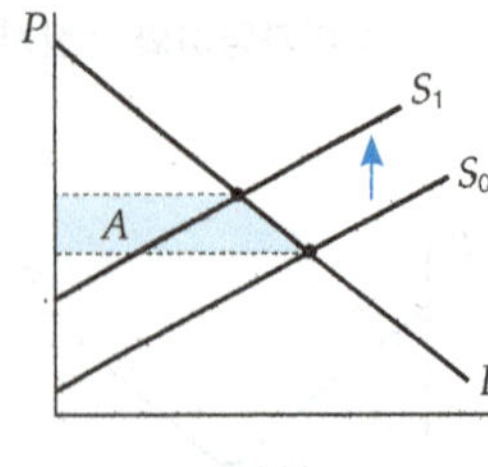

② A 부분이 수요증가 이전 소비자잉여
B 부분이 수요증가 이후 소비자잉여

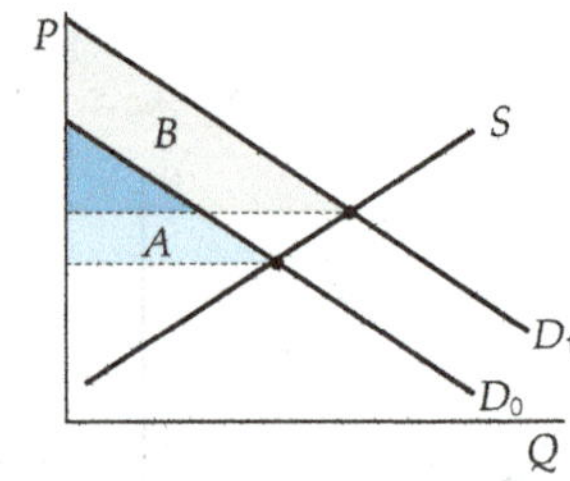

③ D_0에서 D_1으로 변경시 A 부분만큼
소비자잉여 감소

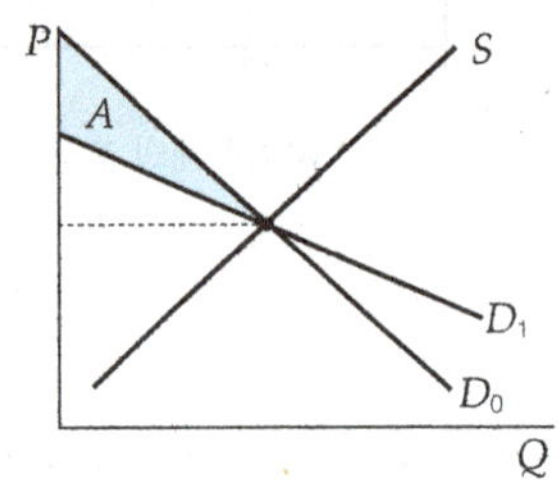

④ A 부분이 소비자잉여로 공급곡선의
기울기에 영향을 미치지 않음

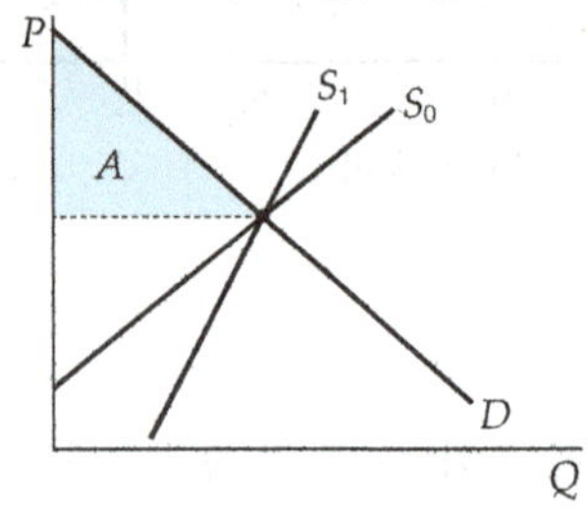

7. 조세부과의 경제적 효과

7.1. 조세의 전가와 귀착

정부가 생산자에게 조세를 부과하게 되면 생산자는 이를 다 부담하지 않고 소비자가격을 인상해서 소비자에게 일부 혹은 전부를 떠넘길 수 있다. 이처럼 조세가 부과되었을 때 조세부담을 다른 사람에게 떠넘기는 것을 **조세의 전가**(tax shifting)라고 한다. 조세의 전가에는 생산과정의 가치창출 흐름을 기준으로 전전과 후전으로 나눌 수 있다. 만일 생산자에게 조세를 부과했을 경우에 소비자에게 떠넘기면 전전(forward shifting)이라고 하고, 생산요소 공급자에게 떠넘기면 후전(backward shifting)이라고 한다.

조세의 전가
조세부담을 다른 사람에게 떠넘기는 것

조세부담의 전가가 완료되어 실질적으로 누가 조세부담을 지게 되는가의 문제를 **조세의 귀착**(tax incidence)이라고 한다. 법적으로 누구에게 과세하는가의 문제를 법적 귀착

조세의 귀착
조세부담의 전가가 완료되어 실질적으로 누가 조세부담을 지게 되는가의 문제

그림 2-12

조세 전가의 유형

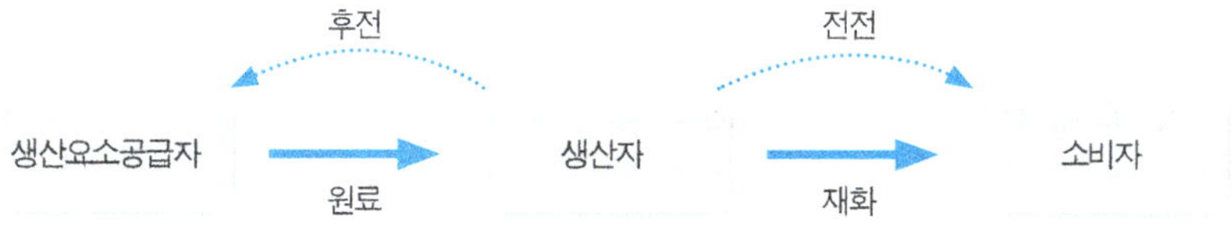

혹은 형식적 귀착이라고 하고, 조세의 전가를 통해서 실제로 누가 조세를 부담하는가의 문제를 경제적 귀착 혹은 실질적 귀착이라고 한다.

7.2. 종량세와 종가세

종량세는 재화의 수량에 따라 일정한 크기의 조세를 부과하는 것을 말하고, 종가세는 주어진 가격에 일정한 세율(%)의 조세를 부과하는 것을 말한다. 종량세는 가격과 상관없이 결정되므로 생산자에게 종량세를 부과하게 되면 공급곡선이 단위당 조세액만큼

그림 2-13

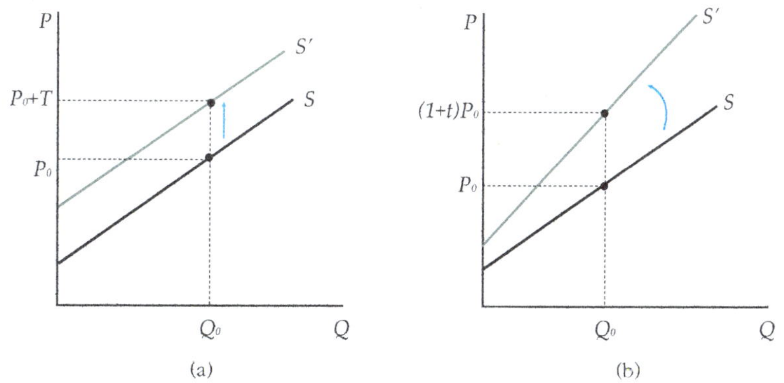

종량세와 종가세 부과로 인한 공급곡선 이동

(a) 종량세: 단위당 조세액만큼 상방으로 평행이동
(b) 종가세: 회전하면서 상방으로 이동

상방으로 이동하게 되지만, 종가세의 경우는 가격이 높을수록 단위당 조세액이 증가하므로 공급곡선이 시계반대방향으로 회전하면서 상방으로 이동하게 된다.

7.3. 조세부과와 사중손실

〈그림 2-14〉에서 보듯이, 생산자에게 법적으로 단위당 T원의 조세를 부과하면 공급곡선은 상방으로 T만큼 이동하게 되고 균형점이 e_0에서 e_1로 이동하게 된다. 이때 재화의 가격은 상승하게 되는데 원래의 가격 P_0보다 높은 가격 P_1은 소비자가 지불하는 가격이 되고, P_1에서 T를 뺀 P_2는 생산자가 받게 되는 가격이 된다. T의 크기는 정확하게 P_1과 P_2의 차이와 같다. 이때 소비자잉여와 생산자잉여가 조세부과 전과 후에 어떻게 변했는지, 그리고 사회전체적인 후생은 어떻게 변했는지 살펴보자.

사중손실(자중손실)
조세부과로 인해 사회적으로 발생한 손실의 크기

그림의 $(E+F)$는 소비자와 생산자, 정부 중 어느 누구도 가져가지 못하고 조세부과로 인해 사회적으로 발생한 손실의 크기가 되는데 이를 **사중손실**(DWL: Dead Weight Loss) 혹은 **자중손실**이라고 한다. 사중손실의 크기는 수요곡선의 기울기와 공급곡선의 기울기가 완만할수록 커진다. 기울기가 완만하다는 말은 좀 더 가격탄력적이란 의미인데, 수요와 공급이 탄력적일수록 조세 부과로 인한 가격 상승이 거래량을 크게 감소시키게 된다.

그림 2-14

조세가 후생에 미치는 영향

	조세부과 전	조세부과 후
소비자잉여	A+B+E	A
생산자잉여	C+D+F	D
정부 세수		B+C
사회총잉여	A+B+C+D+E+F	A+B+C+D

(E+F → 사중손실)

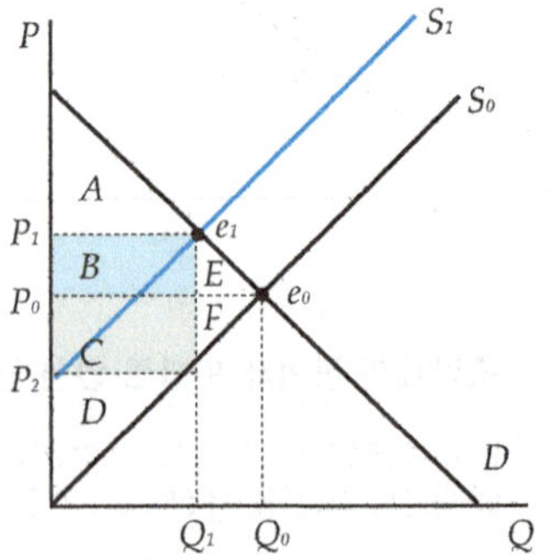

7.4. 조세의 상대적 부담의 크기

조세를 부과하게 되면 다른 사람에게 일부를 전가할 수 있기 때문에 실제 부담은 달라진다. 이때 소비자와 생산자 중에서 누가 더 많이 부담하게 되는가의 여부는 조세부과시 이를 얼마나 잘 회피할 수 있는가에 달려 있다. 조세라는 폭탄을 잘 회피할 수 있다는 말은 다른 사람에게 쉽게 떠넘길 수 있다는 것을 의미한다. 소비자와 생산자 중에서 누가 더 큰 협상력(bargaining power)을 가지고 있는가에 따라서 조세부담의 크기가 결정되는데, 이는 수요곡선과 공급곡선의 기울기와 관련 있다.

〈그림 2-15〉에서 보듯이 수요곡선의 기울기가 완만한 경우에 조세부과로 인한 소비자

그림 2-15

가격탄력성과 조세부담

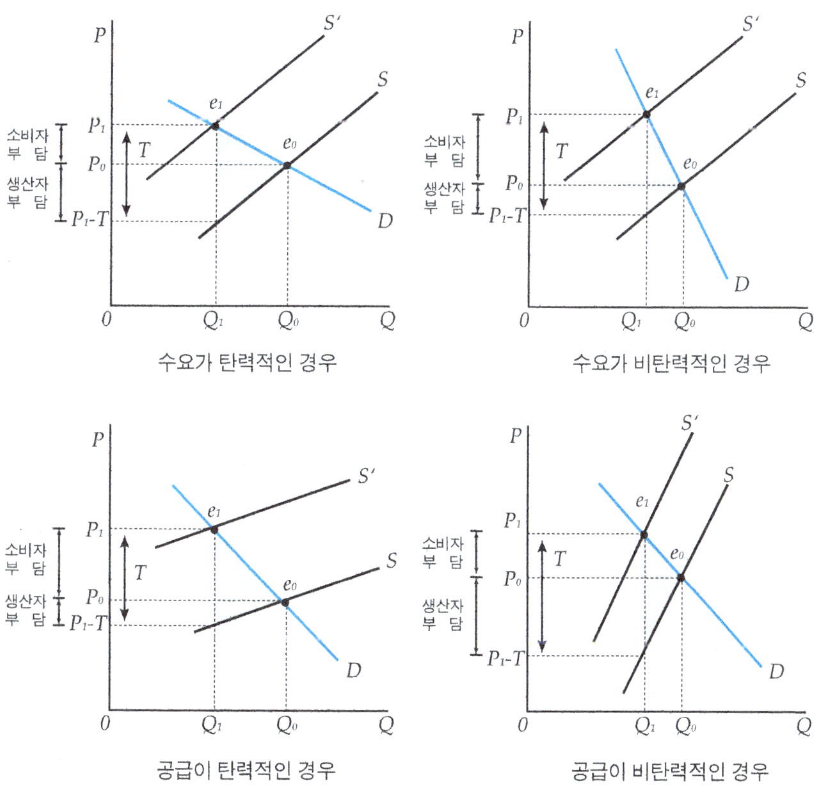

참고 코끼리 밀렵 방지와 화형식

얼마 전 밀렵자들로부터 압수한 코끼리의 상아 더미에 불을 지르는 케냐 대통령의 사진이 크게 실린 신문기사를 보았다. 기사에 의하면, 이 화형식은 전 세계의 밀렵군들에게 상아 교역을 중지할 것을 설득하기 위한 상징적인 표현으로 행해진 것이다. 이 화형식이 전 세계의 밀렵꾼들에게 커다란 경종으로 받아들여졌는지는 모르지만 경제적인 측면에서 보면 그 효과는 미지수이다. 오히려 전 세계적으로 상아 공급량이 줄어들어 상아의 가격이 오르고, 더불어 코끼리 밀렵의 이익은 더 커지게 되어, 처음에 케냐 정부가 의도했던 바와 달리 밀렵을 더욱 부추기는 결과로 이어질 수도 있다.

의 부담은 생산자의 부담보다 상대적으로 작아지고, 수요곡선의 기울기가 가파른 경우에 소비자 부담은 상대적으로 커진다. 수요곡선의 기울기가 완만하다는 것은 가격의 변화에 대해서 수요량이 크게 변한다는 것을 의미하며 이는, 부록에서 다루겠지만, 수요의 가격탄력성이 크다고 표현할 수 있다. 공급곡선의 경우도 그대로 적용할 수 있다.

정리하면 수요의 가격탄력성이 공급의 가격탄력성보다 크다는 것은 소비자가 판매자보다 협상력이 더 크다는 것을 의미한다. 그 결과 조세부과로 인한 부담은 소비자보다 판매자가 더 크게 된다. 만일 수요가 완전비탄력적이면 공급 측면과 상관없이 소비자가 힘이 전혀 없기 때문에 조세를 전부 부담하게 된다. 반대로 수요가 완전탄력적이면 공급 측면과 상관없이 소비자의 힘이 무한대이므로 조세를 판매자에게 전부 떠넘길 수 있게 된다.

예제 2-4 **물품세 부과 효과**

물품세 부과가 미치는 효과로서 옳지 않은 것은?

① 공급의 탄력성이 수요의 탄력성보다 큰 재화에 물품세가 부과되면, 구매자가 판매자보다 더 큰 몫의 세금을 부담한다.

② 물품세가 판매자와 구매자 중 누구에게 부과되더라도 판매자와 구매자에게 미치는 조세부담의 효과 면에서는 차이가 없다.

③ 물품세 부과는 소비자잉여와 생산자잉여를 감소시키며 따라서 소비자잉여와 생산자잉여의 감소분만큼의 후생손실을 가져온다.

④ 물품세가 부과되는 재화의 공급탄력성이 작을수록 물품세 부과로 인한 후생손실은 작아진다.

⑤ 수요곡선과 공급곡선의 가격탄력성이 비탄력적일 때는, 탄력적인 경우보다 소비세 부과로 인한 후생순손실(deadweight loss)은 적어진다.

정답과 해설 ③

① 공급의 탄력성이 수요의 탄력성보다 크다는 의미는 판매자(생산자)가 구매자(소비자)보다 협상력이 세다는 것을 의미한다. 따라서 판매자보다 구매자가 더 큰 조세부담을 지게 된다.

② 형식적(법적) 조세귀착과 실질적(경제적) 조세귀착이 차이가 나는 것은 조세의 전가 때문이다. 따라서 조세의 전가가 가능한 상황에서는 물품세가 판매자와 구매자 중에 누구에게 부과되는가는 아무런 문제가 되지 않는다.

③ 물품세를 부과하면 소비자잉여와 생산자잉여는 감소하고 정부 조세수입은 증가하지만, 소비자잉여와 생산자잉여의 감소분이 정부 조세수입의 증가분보다 크기 때문에(여기서 초과부담이란 말이 나옴), 사회적 후생손실이라는 초과부담이 발생한다.

④, ⑤ 공급탄력성이 작을수록 공급곡선이 수직에 가깝게 되므로, 조세부과시 발생하는 후생손실은 작아지게 된다. 조세부과로 인한 후생순손실(초과부담)이 발생하는 이유는 바람직한 효율적인 생산량보다 조세부과로 인해 거래량이 감소하기 때문인데, 비탄력적일수록 감소하는 크기가 작아지므로 후생순손실이 적어진다.

예제 2-5 조세부과 효과

타이어에 대한 수요함수(Q_D)와 공급함수(Q_S)가 각각 $Q_D=700-P$와 $Q_S=200+4P$로 주어져 있다. 정부가 소비자에게 타이어 1개당 10원의 세금을 부과한다면, 공급자가 받는 가격과 소비자가 지불하는 가격은 각각 얼마인가?

① $P_S=98,\ P_D=108$

② $P_S=100,\ P_D=110$

③ $P_S=108,\ P_D=98$

④ $P_S=110,\ P_D=100$

⑤ $P_S=108,\ P_D=100$

정답과 해설 ①

타이어 시장에서 수요와 공급이 균형인 경우를 구하면 $Q_D=Q_S$에서 $P=100,\ Q=600$이 된다. 타이어에 대한 세금을 소비자에게 부과하게 되면 수요곡선이 하방으로 이동하게 된다. 그러나 실질적으로 공급곡선을 상방으로 이동한 것과 동일하기 때문에 공급자에게 10원 부과한 것으로 바꾸어 푸는 것도 하나의 팁이다. 세금부과 후 공급곡선은 상방으로 이동하게 되는데 이때 주의해야 할 점은 공급곡선을 그릴 때 P로 정리해서 10을 더해야 한다는 점이다. 따라서 조세 부과 후 공급곡선은 $P=\frac{1}{4}Q_S-50$에서 $P_T=\frac{1}{4}Q_S-40$이 된다. 이를 수요곡선과 같아지는 점을 연결하게 되면 균형거래량은 $Q_1=592$가 되고, 소비자가 지불하는 가격은 $P_D=108$, 생산자가 받는 가격은 $P_S=98$이 된다. 이를 그림으로 나타내면 다음과 같다.

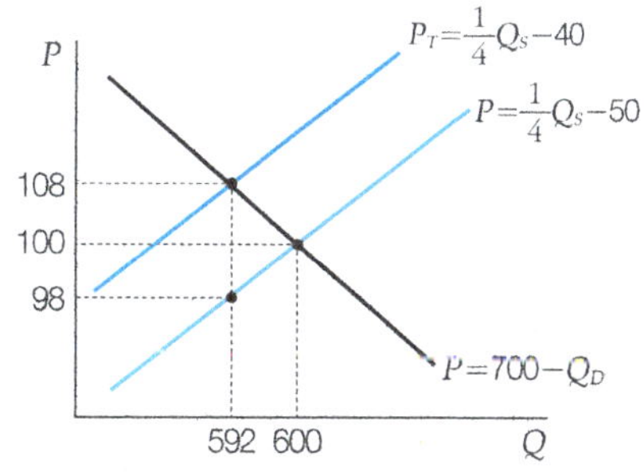

예제 2-6 **조세부과 효과**

어떤 완전경쟁시장에서 수요와 공급이 각각 다음과 같다.

> (수요) $Q_D=300-5P$
> (공급) $Q_S=10P$
> (Q_D: 수요량, Q_S: 공급량, P: 가격)

만약 정부가 공급자에게 생산물 1단위당 3만큼의 물품세를 부과한다면 이 시장에서 정부의 조세수입(A)과 조세부과에 따른 후생손실(B) 그리고 전체 조세수입 중 소비자가 부담하는 부분(C)은 각각 얼마인가?

① (A) 570, (B) 15, (C) 380
② (A) 570, (B) 15, (C) 390
③ (A) 570, (B) 30, (C) 285
④ (A) 630, (B) 15, (C) 380
⑤ (A) 630, (B) 30, (C) 190

정답과 해설 ①

조세부과 이전의 균형가격과 균형거래량을 구하면 $P=20$, $Q=200$이 된다. 이때 정부가 공급자에게 생산물 단위당 3만큼의 조세를 부과하게 되면 공급곡선이 상방으로 평행하게 3만큼 이동하게 된다. 이것을 그림으로 나타내 풀기 위해서는 공급곡선을 P로 정리해서 조세부과시 3만큼 더해야 한다. 따라서 조세부과 이전 $P=\frac{1}{10}Q$에서 조세부과 이후에는 $P_T=\frac{1}{10}Q+3$이 된다. 이때 새로운 균형점은 $P_1=22$, $Q_1=190$이 된다.
그림을 통해서 보면 정부의 조세수입($A+B=190\times3$)은 570이고, 후생손실($C+D=\frac{1}{2}\times10\times3$)은 15이다. 그리고 전체 조세수입 중에서 소비자가 부담하게 되는 부분($A=190\times2$)은 380이다.

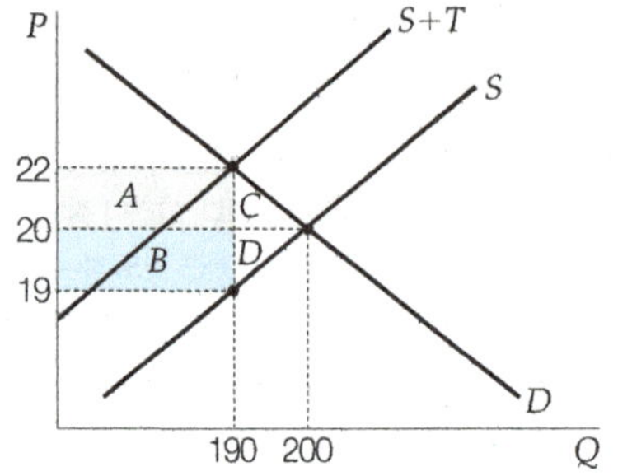

부록 탄력성과 응용

1. 탄력성과 일상생활

탄력성은 경제학에서 매우 중요한 개념이다. 어떤 공이 탄력적이라고 하는 경우, 또는 용수철이 탄력적이라고 하는 경우를 생각하면 쉽게 그 개념을 이해할 수 있을 것이다. 수업을 듣는 친구의 옆구리를 갑자기 찔러보자. 그때 크게 반응하는 사람이 있고 별로 반응하지 않는 사람이 있을 것이다. 이 경우 크게 반응하는 사람은 보다 탄력적이고, 별로 반응하지 않는 사람은 비탄력적이라고 할 수 있다. 선생님이 떠든 학생을 혼내는 경우에 크게 반발하는 학생은 선생님의 꾸지람에 크게 반응하는 탄력적인 학생이라고 할 수 있다.

2. 탄력성의 개념과 구하기

탄력성은 가만히 있는 균형상태에 어떤 외부적인 충격을 주었을 때 얼마나 반응 하는가를 나타내는 민감도(sensitivity)라고 할 수 있다. 거시경제학에서 배울 승수효과도 사실은 탄력성과 같은 맥락이다. 사과의 가격이 변화했을 때 사과의 수요량이 얼마나 변화하는가를 이용해 탄력성을 구하면 다음과 같다.

$$\varepsilon_P = \frac{\text{사과의 수요량 변화율}}{\text{사과의 가격 변화율}} = \frac{\dfrac{\Delta Q_x^d}{Q_x^d}}{\dfrac{\Delta P_x}{P_x}}$$

이 식을 정리하면 다음과 같이 나타낼 수 있다.

(1) (2)

$$\varepsilon = \frac{\Delta Q_x}{\Delta P_x} \cdot \frac{P_x}{Q_x}$$

(2) → 가격과 수요량이 어디에 위치했는가가 중요함

(1) → 가격이 변화했을 때 수요량이 얼마나 변화했는가를 의미함 (Q를 P로 미분한 값이며, 기울기의 역수)

위 식에서 (1) 부분과 (2) 부분을 살펴보면, (1)은 가격이 변화했을 때 수요량이 얼마나 변화했는가를 나타내는 미분의 개념으로 기울기의 역수이다. (2)는 주어진 가격과 수요량을 나타낸다. 결국 탄력성의 크기는 (1)과 (2)의 영향을 받는다고 할 수 있다.

◈ (2) 부분이 고정되어 있을 때

(2)가 고정되어 있다고 가정해보자. 그렇다면 탄력성값에 영향을 주는 요인은 (1)만 있을 것이다. (1)은 x재의 수요량을 x재의 가격으로 나눈 미분의 개념으로 기울기의 역수가 된다. 따라서 기울기가 가파를수록 탄력성값은 작아지고, 기울기가 완만할수록 탄력성값은 커진다.

◈ (1) 부분이 고정되어 있을 때

그림 2-16

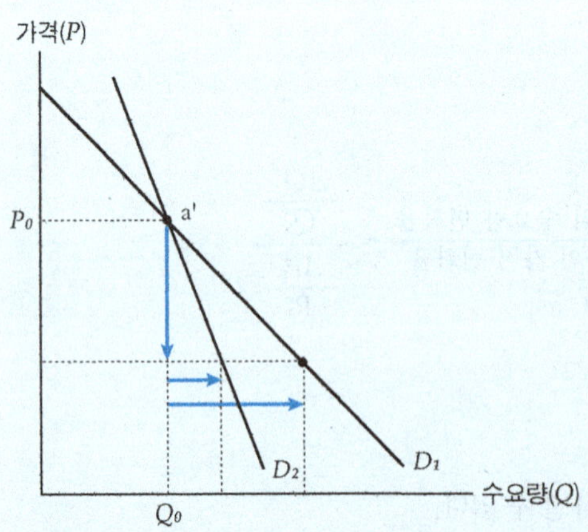

D_1: 기울기가 완만해서 가격변화에 민감하게 반응함

D_2: 기울기가 가파르고 가격변화에 별로 민감하게 반응하지 않음

a': 공통된 (사과의) 가격과 수요량값으로 (2) 부분의 고정을 의미함

그림 2-17

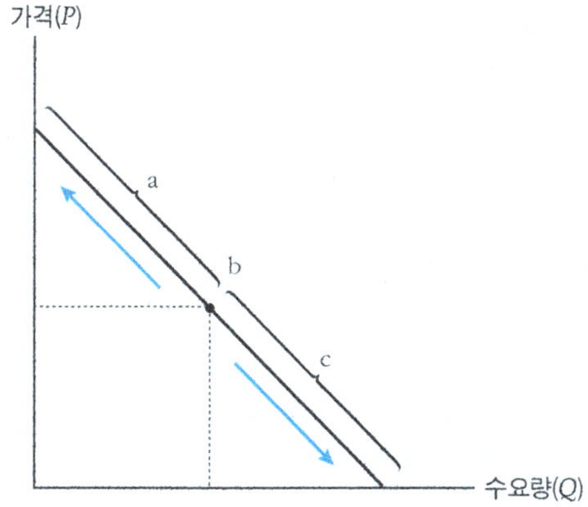

동일한 수요곡선 위에서 탄력성

수요곡선의 기울기는 일정함, (1) 부분의 고정을 의미함
a: 탄력성 > 1, 탄력성값이 점점 커짐
b: 탄력성 = 1
c: 탄력성 < 1, 탄력성값이 점점 작아짐

이번에는 탄력성에 영향을 미치는 (1)의 값이 고정되어 있는 경우를 가정해보자. 이때는 수요곡선의 기울기가 일정하다는 것을 의미하기 때문에 탄력성값은 수요곡선의 어느 곳에 위치해 있는가에 따라서 P_x와 Q_x가 달라지고 (2)의 값도 달라진다. 즉 P_x가 높아지고 Q_x가 작아질수록 탄력성값은 커진다. 수요곡선을 따라서 왼쪽으로 올라가면 탄력성값은 커지게 된다.

3. 탄력성과 기업의 판매수입

탄력성은 기업의 판매수입에 커다란 영향을 미친다. 기업의 판매수입은 $P \times Q$로 나타낼 수 있다. 즉 가격과 수요량의 두 값이 영향을 주게 된다. 어느 가게가 사과의 가격을 낮추었을 때 판매수입은 증가할 것인가 아니면 감소할 것인가의 문제를 고민하고 있다고 하자. 이때 우리는 가격의 변화에 대한 수요량의 변화가 어떻게 되는가를 알아야 한다. 다시 말해 탄력성을 알면 사과가게의 고민은 쉽게 해결이 가능하다.

만일 사과의 가격이 2배 낮아졌는데 사과의 수요량이 2배 이상 증가하면 가게의 판매수입은 증가하게 될 것이다. 가격하락으로 인한 손실을 판매량이 크게 증가해 만회할 수 있는 것이다. 박리다매가 바로 이 경우에 해당한다. 반대로 수요량이 2배보다 작게 증가하면 가격하락으로 인한 손실을 수요량의 증가로 상쇄할 수 없기 때문에 판매수입은 감소하게 된다.

판매수입 = P × Q

(1) P ↓ ⇨ Q ↑ : 판매수입(P × Q) ↑

(2) P ↓ ⇨ Q ↑ : 판매수입(P × Q) ↓

4. 탄력성의 응용

앞에서 설명한 사과를 예로 들면 사과의 수요에 영향을 미치는 요인들이 많이 있다. 즉, 사과의 가격, 소득, 다른 재화(배, 바나나)의 가격, 기호, 인구 등이다. 이때 우리의 관심사가 되는 하나의 요인만 변하고 다른 요인들은 일정하다고 가정하는 것이 경제학의 기본 접근법이라고 설명한 바 있다. 사과의 수요에 영향을 미치는 요인들 중에서 사과의 가격이 변화했을 때 사과 수요량이 얼마나 변화하는가를 보는 것을 (사과의 수요량에 대한) 가격탄력성이라고 한다. 마찬가지로 소득이 변화했을 때는 소득탄력성, 다른 재화의 가격이 변화했을 때는 대체탄력성이라고 한다.

◈ 가격탄력성

가격의 변화율에 따른 수요량의 변화율이 1보다 크면 탄력적이라고 하고, 1보다 작으면 비탄력적이라고 한다. 비탄력적인 경우로 보통 쌀과 소금과 같은 필수재가 있고, 탄력적인 경우로는 골프채와 같은 사치재가 있다. 홈쇼핑에서 골프채를 절반 값으로 할인하면 우리의 눈은 휘둥그레질 것이다. 그러나 쌀이 절반 값으로 싸졌다고 하면 안심할지언정 하루에 밥을 3끼에서 5끼로 더 많이 먹지는 않을 것이다.

◈ 소득탄력성

소득의 변화도 수요량에 영향을 미친다. 소득이 증가했을 때 구매력이 커지기 때문에 수요량도 커지는 경우가 일반적인데, 여기에 해당하는 재화를 정상재라고 한다. 반대로 소득이 증가하면 오히려 수요량이 줄어드는 경우가 있는데, 이러한 재화를 열등재라고 한다. 열등재의 경우로는 선풍기, 검정 고무신, 연탄, 버스 등이 있다. 소득이 2배로 증가했다고 하여 버스를 더 많이 여러 번 타는 사람은 없을 것이다. 오히려 자가용을 하나 구입하는 게 일반적이다. 여기서 주의해야 할 것은 소득이 증가했을 때 수요량이 감소하는 것은 처음부터가 아니라 일정수준의 소득이 증가한 이후라는 점이다. 예를 들어 소득의 증가함에 따라서 연탄을 더 많이 사용하게 되는 것이 당연하지만, 어느 일정수준의 소득을 넘어서면 그때에는 연탄에 대한 수요량이 감소하게 된다.

◈ 소득에서 그 재화의 구입금액이 차지하는 비중

어떤 재화에 대한 탄력성은 사람들의 소득에 따라 다르다. 어떤 곳에 10만원짜리 수표가 떨어져 있다고 할 때, 솔깃해하는 사람들은 그 돈이 매우 크다고 생각하는 사람이지만 빌 게이츠 같은 부자들은 별로 신경 쓰지 않을 것이다. 다시 말해서 사치재인 골프채의 가격이 변화했을 때 소득에서 그 재화의 구입금액이 차지하는 비중이 큰 일반사람들은 매우 민감하게 반응하지만, 빌 게이츠 같은 부자들은 별로 신경 쓰지 않을 것이다.

◈ 대체탄력성

사과의 수요는 다른 재화인 배나 바나나의 가격이 변화했을 때도 영향을 받는다. 사과를 구입하러 시장에 갔는데 배의 가격이 절반으로 내렸다면, 사과를 구입하려는 사람의 입장에서는 상대적으로 사과의 가격이 2배 증가한 것으로 인식할 것이다. 따라서 더 비싸진 사과는 다음으로 미루고 배를 구입하기 때문에 사과에 대한 수요는 줄어들게 된다. 이처럼 다른 재화의 가격의 변화로 인해서 그 재화의 수요량이 변하는 정도를 대체탄력성이라고 한다.

대체탄력성은 대체할 만한 상품이 얼마나 많이 있는가에 달려 있다. 담배와 같은 기호품은 대체할 만한 상품이 없어 대체탄력성이 작고, 콜라와 같은 탄산음료는 환타, 사이다 등 대체할 만한 상품이 많아서 대체탄력성이 크다. 이 논리를 응용하면 여성의 마음을 잘 끄는 카사노바의 경우는 여성에 대한 대체탄력성이 매우 크다. 대체할 만한 여성이 많다고 생각하기 때문에 조금이라도 귀찮게 하는 여성은 금방 멀리하는 것이다. 그러나 일편단심 민들레의 남성은 여성이 귀찮게 하여도 그녀를 대체할 만한 다른 여성이 없다고 생각해 별로 크게 반응하지 않고 잘 받아준다.

예제 2-7 **탄력성의 기본개념**

탄력성에 대한 설명으로 옳은 것은?

① 가격이 1% 상승할 때 수요량이 4% 감소했다면 수요의 가격탄력성은 1이다.

② 소득이 5% 상승할 때 수요가 1%밖에 증가하지 않았다면 이 상품은 기펜재이다.

③ 잉크젯 프린터와 잉크 카트리지 간의 수요의 교차탄력성은 0보다 작다.

④ 수요의 소득탄력성은 항상 0보다 작다.

⑤ 가격이 상승했을 때 시간이 경과할수록 적응이 되기 때문에 수요의 가격탄력성은 작아진다.

정답과 해설 ③

① 탄력성은 %단위로 나타내 단위의 문제를 제거한다. 가격이 1% 상승했을 때 수요량이 4% 감소했다면 수요의 가격탄력성은 4가 된다.

② 기펜재는 열등재 중에서 소득효과가 대체효과보다 더 큰 재화를 말한다. (자세한 논의는 뒤의 소비자선택이론에서 자세하게 배운다.) 따라서 기펜재는 열등재에 속해 있게 되고, 열등재는 수요의 소득탄력성이 0보다 작은 경우를 말한다. 문제에서는 소득이 5% 상승할 때 수요량이 1%만 증가했다고 했으므로 소득탄력성은 0.2가 되어 정상재이다.

③ 잉크젯 프린터와 잉크 카트리지는 보완재 성격을 지니고 있으므로 수요의 교차탄력성은 0보다 작다.

④ 수요의 소득탄력성은 0보다 작을 수도 있다. 소득이 증가할 때 소비량이 감소하는 열등재의 경우가 해당한다.

⑤ 일반적으로 탄력성은 장기가 단기보다 더 크다.

Chapter 03

소비자선택이론

1. 한계효용이론

1.1. 효용이론과 소비자선택이론의 전개

(1) 소비자의 효용

효용이란 소비자가 재화나 서비스를 소비하면서 얻게 되는 주관적인 만족의 크기를 말한다. 이를 측정하는 것은 불가능하지만 처음에는 효용의 크기를 측정 가능하다고 가정하고 논의를 전개하였다.

(2) 기수적 효용과 서수적 효용

기수적 효용은 양적으로 측정할 수 있는 효용을 말한다. 사과 1개를 먹었을 때 얻게 되는 효용은 4이고, 배 1개를 먹었을 때 효용은 2라고 하는 것처럼 측정이 가능하다.

한편 서수적 효용은 크기의 순서만 알 수 있는 경우를 말한다. 사과 1개를 먹었을 때 효용이 배 1개를 먹었을 때 효용보다 크다라는 정도의 정보만 제공해준다. 예를 들어 두 형제 A와 B가 있는데 A가 형이고 B가 동생이라는 정보만 알 수 있다면 서수적이라고 하고, A의 나이가 10세이고 B의 나이가 5세인 경우로 그 차이가 5세라는 정보까지 알 수 있으면 기수적이라고 한다. A의 나이가 6세이고 B의 나이가 5세인 경우에도 서수적인 경우에는 형과 동생의 순서가 바뀌는 것은 아니다. 그러나 기수적인 측면에서는 나이 차이가 5세에서 1세로 줄어든다.

(3) 소비자선택이론의 전개

◈ 한계효용이론

1870년대부터 1880년대에 걸쳐 제본스(W.S. Jevons), 멩거(C. Menger), 왈라스(M.E.L. Walras) 등 한계효용학파에 의해서 발전된 이론으로 기수적 효용을 가정하고 있다.

◈ 무차별곡선이론

한계효용이론의 기수적 효용 대신 서수적 효용 개념을 도입하였다. 1920년대 파레토(V. Pareto), 슬러츠키(E. Slutsky), 힉스(J.R. Hicks), 알렌(R.G.D. Allen) 등이 무차별곡선을 이용하여 현대 소비자선택이론의 중심이 되었다.

◈ 현시선호이론

효용이란 기수적으로든 서수적으로든 측정할 수 없다는 효용불가측성을 전제로 하여 시장에서 소비자의 객관적인 소비행동이라는 선택의 결과를 기반으로 수요의 법칙을 설명한다. 1960년대 새뮤얼슨(P.A. Samuelson), 하우데커(H.S. Houthakker) 등이 무차별곡선을 단순화, 객관화하고 현시선호이론으로 발전시켰다.

◈ 기대효용이론

1940년대 폰 노이만(J. von Neumann)과 모르겐슈테른(O. Morgenstern)은 소비자선택이론을 미래의 불확실한 상황으로 확장시켜 소비자의 선택은 기대소득이 아닌 기대효용에 의존한다는 이론을 전개했다. 이 이론은 복권과 도박, 보험시장에 폭넓게 응용되고 있다.

1.2. 한계효용이론

(1) 효용함수

효용함수란 일정기간에 한 상품의 소비량과 그로부터 얻어지는 총효용의 관계를 나타낸 것을 말한다. X와 Y의 두 재화가 존재한다고 가정할 때, 이를 소비할 때의 총효용(U)과 관계를 나타내면 다음과 같은 효용함수를 얻을 수 있다.

$$U = f(X, Y)$$

(2) 주요 효용개념

◈ 총효용

총효용(TU: total utility)이란 일정기간 동안 소비자가 일정량의 상품을 소비함으로써 얻을 수 있는 주관적인 만족의 총량을 말한다. 상품소비량이 증가할수록 총효용은 체증

그림 3-1

총효용과 한계효용

콜라소비량(작은 잔)	총효용$(U)_n$	평균효용$(AU)_n$	한계효용$(MU)_n$
0	0	0	0
1	1	1	1
2	3	1.5	2
3	6	2	3
4	8	2	2
5	9	1.8	1
6	9	1.5	0
7	8	1.14	-1
8	6	0.75	-2

주: 1) 상품 n단위의 총효용은 n단위까지의 각 단위의 한계효용을 모두 합한 것과 같다.
2) 한계효용이론에서 중요한 개념은 총효용과 한계효용뿐이며 평균효용은 의미가 없다.

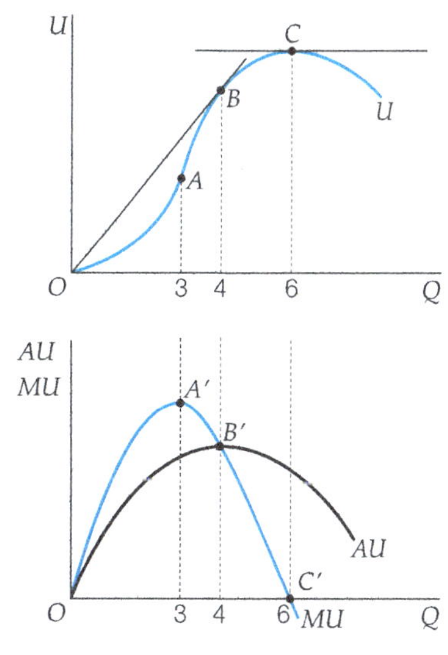

적으로 증가 → 체감적으로 증가 → 극대 → 감소의 과정을 거친다.

◈ 평균효용

평균효용(AU: average utility)이란 소비되는 상품의 한 단위당 효용을 의미하는 것으로 총효용을 소비량을 나눈 값이다. 평균효용을 그림에서 나타내면 각 소비량에 대응하는 총효용(U)곡선상의 각 점과 원점을 연결하는 직선의 기울기가 된다.

◈ 한계효용

한계효용(MU: marginal utility)이란 상품 소비량이 1단위 추가적으로 증가할 때 변화하는 총효용의 증가분을 말한다. 총효용을 소비량으로 미분한 값이다. 한계효용을 그림에서 나타내면 총효용(U)곡선상의 각 점에서의 접선의 기울기가 된다.

(3) 여러 효용의 관계

◈ 총효용과 한계효용 관계

총효용이 증가하면 $MU>0$이 되고, 반대로 총효용이 감소하면 $MU<0$이 된다. 따라서 총효용이 증가하더라도 체증적으로 증가하거나 체감적으로 증가해도 $MU>0$이 된다. 또한 총효용이 극대가 되어 만족이 포화점에 도달하는 경우에는 $MU=0$이 된다.

◈ 평균효용과 한계효용 관계

한계효용이 평균효용보다 크면($MU>AU$) 평균효용은 증가하고, 반대로 한계효용이 평균효용보다 작으면($MU<AU$) 평균효용은 감소한다. 평균효용이 극대일 때는 평균효용과 한계효용은 같게 된다.

◈ 한계효용체감의 법칙

한계효용체감의 법칙이란 다른 상품의 소비량이 고정되어 있는 상황에서 한 상품의 소비량이 증가한다면 그 상품의 한계효용은 결국 감소한다는 것을 말한다. 효용함수가

그림 3-2

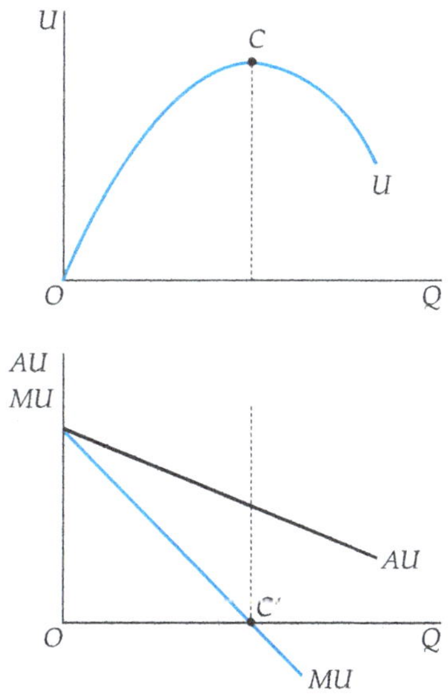

역U자 형태를 지닌 경우에 평균효용과 한계효용을 그리면 〈그림 3-2〉와 같다.[1]

예제 3-1 **효용의 특성**

효용에 대한 다음 설명 중 옳지 않은 것은?

① 한계효용이 0이라는 것은 총효용의 증가분이 0이라는 것이고, 이는 총효용이 최대에 이르렀음을 의미한다.

② 음의 한계효용도 존재한다.

③ X재 1원어치에 대한 한계효용이 Y재 1원어치에 대한 한계효용보다 클 때, X재를 더 구매하면 효용이 증가할 것이다.

④ 총효용이 증가했다는 것은 한계효용이 증가했다는 것을 의미한다.

1 한계효용이론에서는 합리적인 소비자라면 총효용이 감소하는 수준까지 한 상품의 소비량을 증가시키지 않을 것이라고 가정한다. 즉 한계효용이 음(−)이 되는 값은 분석대상에서 제외한다. 이렇게 음(−)의 한계효용을 주는 재화로는 쓰레기나 매연과 같은 것이 있으며, 이것은 소비할수록 효용을 감소시키기 때문에 비재화(bads)라고 한다.

정답과 해설 ④

그림에서 알 수 있듯이, 한계효용이 0보다 큰 경우에는 총효용이 증가할 수 있다. 따라서 한계효용이 감소할지라도 총효용은 증가할 수 있다.

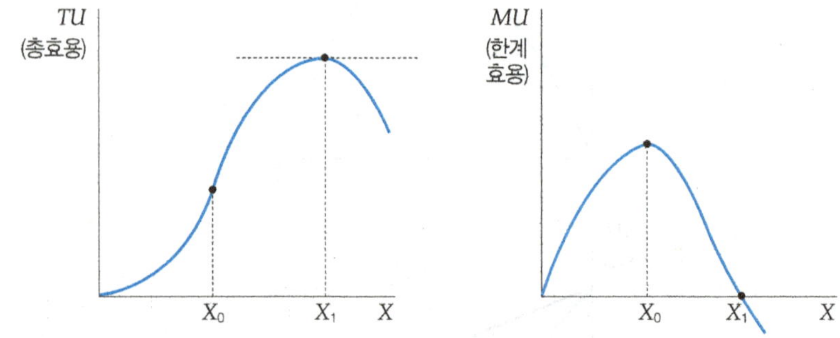

1.3. 한계효용이론과 가치의 역설

(1) 가치의 역설

애덤 스미스(A. Smith)는 『국부론』(1776)에서 물은 인간생활에 없어서는 안 되는 아주 유용한 재화인데 시장에서는 값이 아주 싸고, 다이아몬드는 생활하는 데 꼭 필요한 것은 아님에도 불구하고 시장에서 가격이 매우 비싼데 그 이유는 무엇인가 하고 의문을 제기하였다. 즉 재화의 사용가치와 교환가치가 일치되지 않는 사실에 부딪쳤던 것인데, 이를 '물과 다이아몬드의 역설'이라고 한다.

결국 가치의 역설이란 물은 사용가치가 크지만 교환가치는 작은 반면에 다이아몬드는 사용가치가 작음에도 불구하고 교환가치가 큰, 가치의 이율배반적인 현상을 의미한다.

(2) 한계효용학파의 해석

한계효용학파는 물과 다이아몬드의 역설에 대해서 이는 역설이 아닌 합리적인 현상이라고 주장하였다. 상품의 가격에 영향을 미치는 것은 총효용이 아닌 한계효용이라는 근거에서였다. 어떤 상품의 한계효용은 그 상품의 소비량이 많아질수록 작아지기 때문에 물과 같이 사용량이 많은 상품은 한계효용이 작게 된다.

정리를 하면 앞서 언급한 일상생활에 필요한 사용가치는 총효용과 관련이 있으나, 시

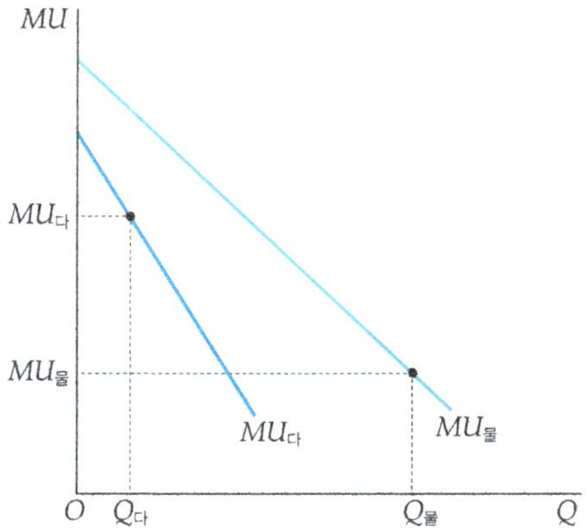

그림 3-3

물과 다이아몬드의 역설

장에서 평가되는 교환가치는 한계효용과 관련이 있다. 〈그림 3-3〉에서 보면 소비량이 똑같을 때는 물은 다이아몬드보다 인간생활에 더 유용하기 때문에 물의 한계효용곡선은 다이아몬드의 한계효용곡선보다 항상 위에 위치한다. 그러나 물의 소비량은 다이아몬드의 소비량보다 훨씬 많기 때문에 물의 한계효용 및 가격은 다이아몬드의 한계효용 및 가격보다 훨씬 낮아지게 된다.

1.4. 한계효용이론의 공헌과 한계

(1) 한계효용이론의 공헌

한계효용이론은 과거 고전학파 경제학자들이 주장한 객관적 노동가치설[2]을 정면으로 부정하고, 주관적인 효용가치설[3]을 제기함으로써 소비자선택이론을 처음으로 발전시켰다. 특히 한계효용학파의 뒤를 이은 마샬(A. Marshall)은 고전학파의 객관적 가치설을 이용해 시장공급곡선을 도출하고, 한계효용학파의 주관적 가치설을 이용해 시장수요곡선을 도출해 시장가격결정에 수요-공급이라는 통합적인 시각을 제시하였다.

2 객관적 노동가치설은 한 상품의 가격은 그 상품의 생산에 객관적으로 투입된 노동량 또는 생산비에 의해서 결정된다는 주장이다.

3 주관적 효용가치설은 한 상품의 가격은 그 상품의 마지막 1단위 소비에서 얻은 주관적인 한계효용에 의해서 결정된다는 주장이다.

(2) 한계효용이론의 한계

한계효용이론은 소비자의 주관적인 효용을 객관적이고 기수적으로 측정할 수 있다고 가정하여 현실적으로는 도입하기 어려운 이론이다. 따라서 무차별곡선이론이라는 서수적 효용이론이 등장하게 되었다.

2. 무차별곡선이론

2.1. 무차별곡선이론의 개요

(1) 무차별곡선이론과 한계효용이론의 차이점

무차별곡선이론은 기수적 효용을 전제로 하는 한계효용이론과 달리 서수적 효용인 크기의 순서로만 측정된 효용을 전제로 소비자의 최적소비행태를 분석한다. 각 상품을 따로따로 떼어내어 총효용을 독자적으로 계산하는 한계효용이론과 달리, 무차별곡선이론은 두 가지 재화의 상품묶음을 중심으로 효용의 크기를 비교하는 방법이다.

(2) 무차별곡선이론에서 효용극대화조건

무차별곡선이론은 서수적인 효용은 무차별곡선으로, 소득제약조건은 예산선으로 나타내어 무차별곡선과 예산선이 접하는 점에서 소비자의 효용극대화가 이루어진다고 가정한다.

소비자의 효용극대화는 소비자가 평가하는 상품의 주관적 가치와 시장에서 평가하는 상품의 객관적인 가치가 일치할 때 이루어진다.

2.2. 상품묶음과 소비자의 선호체계

(1) 상품묶음

우리는 시장에 가서 무엇을 구입할 때 하나를 사는 경우도 있지만 보통은 상품묶음으로 구입하는 경우가 많다. A라는 상품묶음(장바구니로 생각하면 이해가 쉽다)에는 사과

3개와 배 2개가 있고, B라는 상품묶음에는 사과 5개와 배 1개가 있다. 이 상품묶음을 간단하게 표시하면 A(3,2), B(5,1)과 같이 앞에는 사과, 뒤에는 배의 순서대로 바구니에 담긴 상품의 양으로 표시할 수 있다. 일반적으로 상품이 많이 담겨져 있는 바구니를 선택하면 '다다익선(the more, the better)'의 원리에 의해서 효용은 증가하게 된다. 경제학에서는 일상생활의 수많은 상품을 모두 고려할 수 있지만, 쉽게 설명을 하기 위해서 또한 x축과 y축에 그래프로 나타내기 위해서 2개의 상품만 존재한다고 가정한다.

(2) 선호체계의 개념

선호체계란 소비자가 상품묶음을 구입하면서 얻을 수 있는 주관적인 만족을 나타내는 일련의 체계를 말한다. 두 가지 상품의 묶음을 서로 비교하여 어떤 상품묶음이 더 높은 만족을 주는지 판단할 수 있는 관계를 말한다.

(3) 선호체계의 공리

① 완전성: A와 B 중에서 어느 것을 더 선호하거나 선호의 차이가 없다는 것을 비교할 수 있어야 한다는 것이다.

② 이행성: $A>B$이고 $B>C$라면 $A>C$가 성립되는 것으로, 선호에 일관성이 있어야 함을 말한다.

③ 연속성: 소비자의 선호는 연속적으로 변화하고 갑자기 변화하지는 않는다.

④ 강단조성: 상품이 효용재인 경우에 그 상품을 많이 가질수록 더 큰 만족을 얻는다.

⑤ 볼록성: 소비자는 한 가지 상품만 구입하는 극단적인 상품묶음보다는 두 상품이 골고루 섞여 있는 다양한 구성의 상품묶음을 더 선호한다는 것을 말한다.

2.3. 효용함수와 무차별곡선

(1) 무차별곡선 개념

무차별곡선(indifference curve)이란 동일한 효용을 주는 두 상품의 여러 가지 조합들을 연결한 곡선을 말한다. 소비자의 선호가 일정불변이라면 무차별곡선은 이동하거나 교차하지 않고 무차별지도 형태로 주어지게 된다. 따라서 소비자는 무차별곡선상의 모든 재화결합점에 대해서 무차별적인, 즉 똑같은 선호를 갖는다.

(2) 효용함수와 무차별곡선

지도상에 산의 형태와 높이를 〈그림 3-4(a)〉와 같이 나타낸다면 현실감은 있지만 2차원의 평면에 나타내는 데 제약을 받을 수밖에 없다. 인간이 발명한 도르래, 수레, 계단, 망원경 등 많은 편리한 도구처럼 지도에 쉽게 표현하여 많은 정보를 제공하는 것이 등고선이다. 등고선이란 말 그대로 동일한 높이를 연결한 선이다. 〈그림 3-4(b)〉는 왼쪽의 입체적인 3차원 형태를 2차원으로 한 차원 낮추어 그린 것이다. 등고선을 읽는 방법만 익히면 오른쪽 평면상의 그림을 통해서 왼쪽의 입체적인 그림을 쉽게 떠올릴 수 있다.

사과(x)와 배(y)가 들어 있는 상품묶음을 선택해서 얻게 되는 효용(U)이 다음과 같이 함수 형태로 주어져 있다고 하자.

$$\text{효용함수: } U(x, y) = xy$$

이 경우 사과 1개와 배 1개가 담겨 있는 상품묶음을 구입했을 때 얻게 되는 효용은 1(=1×1)이 된다. 만일 사과 2개와 배 2개가 담겨 있는 상품묶음인 경우는 효용은 4(=2×

그림 3-4

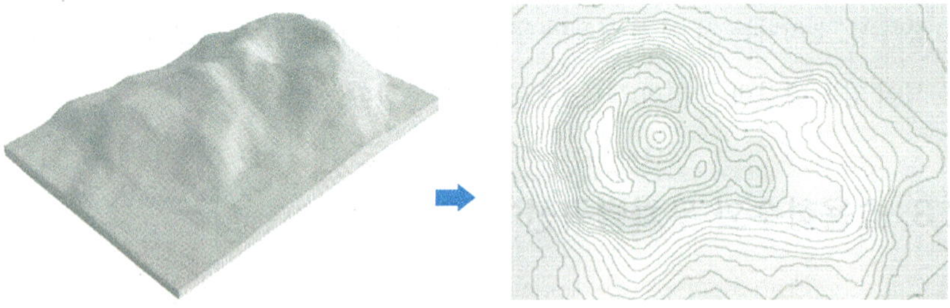

(a) (b)

3차원의 산의 형태와 2차원의 등고선

(a) 3차원의 형태
(b) 2차원의 형태

참고 에덴동산 세상과 경제학

경제학을 공부하다 보면 항상 예로서 에덴동산의 아담과 이브, 난파되어 무인도에 머물게 된 로빈슨 크루소와 프라이데이와 같이 꼭 2명의 사람만이 존재한다고 가정한다. 또한 생산요소도 노동(L)과 자본(K)만 있다고 가정하고, 국가도 한국과 외국(미국)만 존재하는 상황을 가정한다. 그래서 혹자는 경제학은 지나치게 제한된 모형으로 인해서 현실적으로 설명력이 떨어진다고 지적한다. 사실 경제학에서 2개의 국가(자국과 타국), 2명의 사람(A와 B), 2개의 상품(x재와 y재), 2개의 생산요소(노동과 자본)를 가정하는 것은 경제원리를 보다 쉽게 설명하기 위한 눈물겨운 시도에서 나온 것이다. 평면에 그래프를 그리기 위해서는 2차원의 제약을 받을 수밖에 없기 때문인데, 이러한 가정을 사용하더라도 현실로의 일반화를 유도하는 데는 별 지장이 없다.

2)가 될 것이다. 이렇게 상품묶음들로 얻게 되는 효용함수들을 연결하여 〈그림 3-5(a)〉에서와 같이 3차원의 효용곡면을 도출할 수 있다. 그림에서 x축은 사과를 y축은 배를 나타내고 수직선의 축은 효용(U)의 크기를 나타낸다.

이때 3차원의 효용곡면은 우리가 분석을 하기에 다소 복잡하다. 뿐만 아니라 소비자의 합리적 선택의 문제에서는 얼마나 효용을 얻게 되는가의 정도가 아닌 가장 높은 효용을 가져다주는 상품묶음(x, y)을 선택하는 것이 목적이다. 일례로 대학교는 그해 지원한 학생들 중에서 어떻게 하면 가장 우수한 학생을 선발할 수 있는가의 문제로 고민을 하지 선발된 학생들의 점수가 얼마인가의 문제는 중요하지 않다. 또한 상대평가로 학점을 부여하는 경우 학생들의 절대점수가 얼마인가보다 다양한 평가방법을 활용해서 1등부터 순서대로 나열하여 부여하는 상대점수가 중요한 것도 같은 맥락이다. 즉 무차별곡선은 효용의 기수적 측정 가능성에 의거하지 않고, 단순히 각 재화결합에 대한 소비자의 선호 순위에만 의거하여 소비자선택이론을 전개할 목적으로 도입되었다.

따라서 〈그림 3-5(b)〉에서 보여주는 바와 같이 2차원의 무차별곡선으로 표현하는 것이 분석에 용이하다. 〈그림 3-5〉는 〈그림 3-4〉에서 설명한 것과 동일한데, 무차별곡선은 효용곡면을 2차원 평면에 옮긴 것이다.

무차별곡선은 등고선과 같이 위에서 내려다보면서 그림을 그린 것이기 때문에 효용곡면과 동일한 특성을 가지고 있다. 영심이라는 여학생을 그릴 때 앞에서 본 모습과 옆에서 본 모습, 그리고 위에서 내려다본 모습의 그림은 다른 형태를 지니지만 모두 영심이

그림 3-5

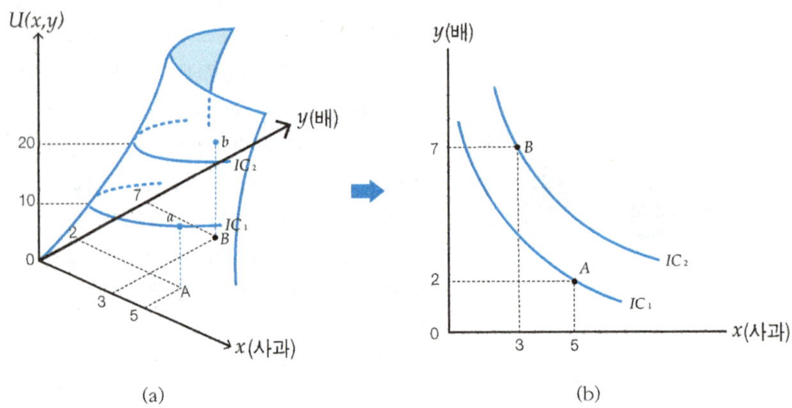

효용곡면과 무차별곡선

(a) 효용곡면: 사과(x)와 배(y)가 담긴 상품묶음과 효용
(b) 무차별곡선

를 그린 것이라고 생각하면 쉽게 이해할 수 있을 것이다.

(3) 무차별곡선의 예

만일 사과(x)와 배(y)를 구입하여 얻게 되는 효용이 효용함수 $U = xy$로 주어져 있다고 하자. 이때 효용수준 $U = 20$인 무차별곡선을 그린다면 어떻게 그릴 것인가?

무차별곡선
동일한 효용을 가져다주는 상품묶음의 궤적

먼저 **무차별곡선**이란 동일한 효용을 가져다주는 x, y의 상품묶음의 궤적이다. 따라서 주어진 효용수준 20을 만족시키는 상품묶음은 다음의 식을 만족한다.

$$\bar{U} = 20 = xy$$

여기서 상품묶음 (x, y)에는 $A(1,20)$, $B(2,10)$, $C(4,5)$, $D(5,4)$, $E(10,2)$, $F(20,1)$ 등이 있다. 이것은 특정한 상품묶음 중 몇 개만 표시한 것이고, 만일 상품을 잘게 쪼갤 수 있다면 두 수의 곱이 20을 만족하는 상품묶음은 무수할 것이다. 이것을 그림으로 나타내면 〈그림 3-6〉과 같다.

그림 3-6

무차별곡선의 예

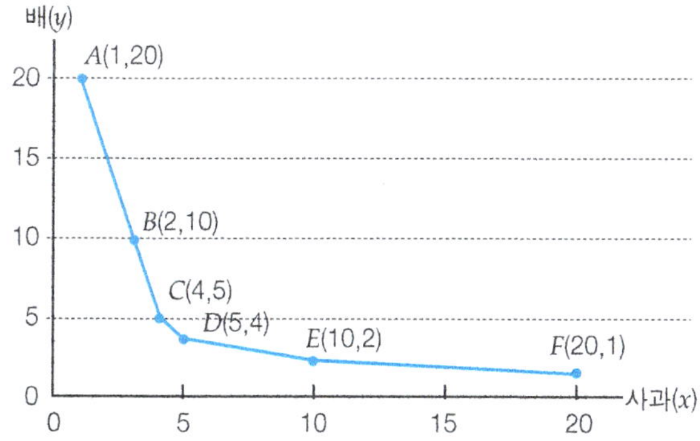

(4) 무차별곡선의 형태

소비자에게 동일한 만족을 주는 두 재화 X재와 Y재의 조합표를 이용하여 무차별곡선을 그리면 다음과 같다. 무차별곡선의 집합을 무차별지도라고 하는데 우상방에 위치한 무차별곡선일수록 높은 만족수준을 나타낸다.

	A	B	C	D
X재의 수량	1	2	3	4
Y재의 수량	12	8	5	3

그림 3-7

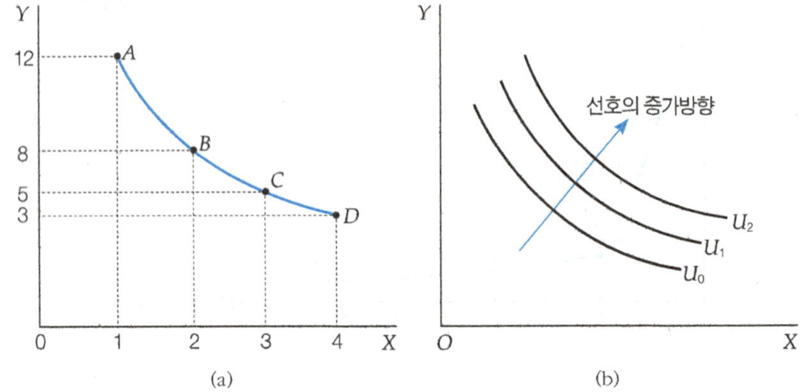

무차별곡선과 선호

(a) 무차별곡선
(b) 선호의 증가방향

(5) 무차별곡선의 성질

효용곡면의 형태를 위에서 내려다보고 그린 무차별곡선은 일반적으로 다음과 같은 특성을 갖는다.

◈ 원점에서 멀리 떨어진 곡선일수록 더 큰 효용

일반적으로 무차별곡선은 원점에서 멀리 떨어질수록 효용수준이 높다. 왜냐하면 〈그림 3-8(b)〉에서 화살표 부분에 관심을 두면 원점에서 멀어지면서 산의 중심으로 갈수록 x재와 y재를 더 많이 소비하게 되므로 효용수준은 높아지게 된다.

◈ 우하향하는 모양

무차별곡선은 우하향하는 형태를 지닌다. 경제의 기본 원리 중에서 "공짜 점심은 없다"는 것을 기억할 것이다. 어느 것을 얻고자 하면 다른 무엇인가를 포기해야 한다는 교훈이다. 무차별곡선이란 동일한 효용수준을 가져다주는 상품묶음들의 집합이기 때문에, 만일 사과(x)를 하나 더 얻고자 하면 배(y)를 포기해야만 한다. 그래야 사과를 더 가지게 되어 증가한 효용이 감소되고 이전과 동일한 효용수준을 유지하게 되는 것이다.

그림 3-8

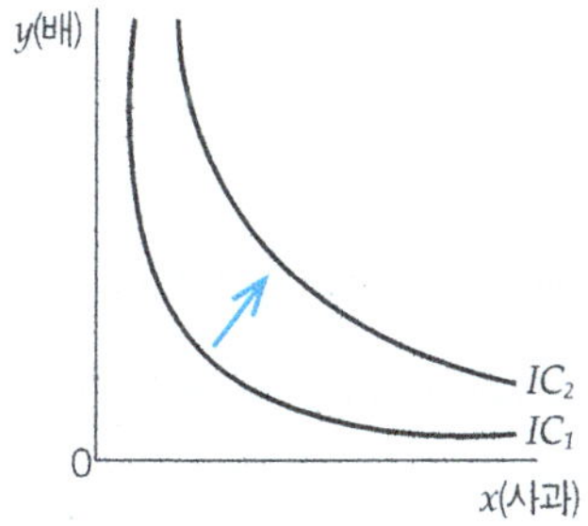

(a)

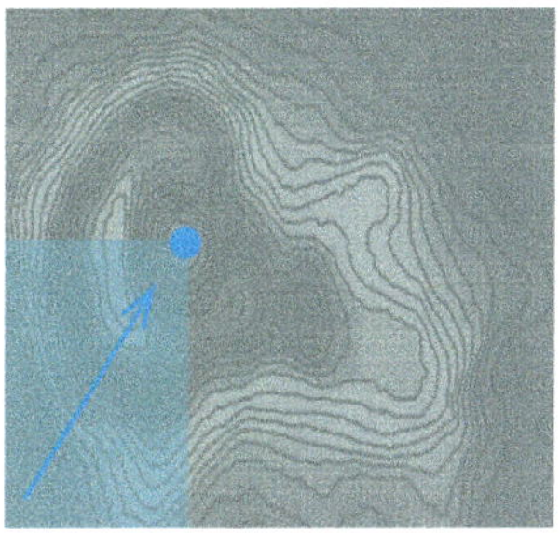

(b)

무차별곡선과 다다익선

(a) IC_2 〉 IC_1: 화살표는 효용의 증가방향을 나타냄
(b) 등고선: 화살표가 정상을 향할수록 해발고도는 높아짐

그림 3-9

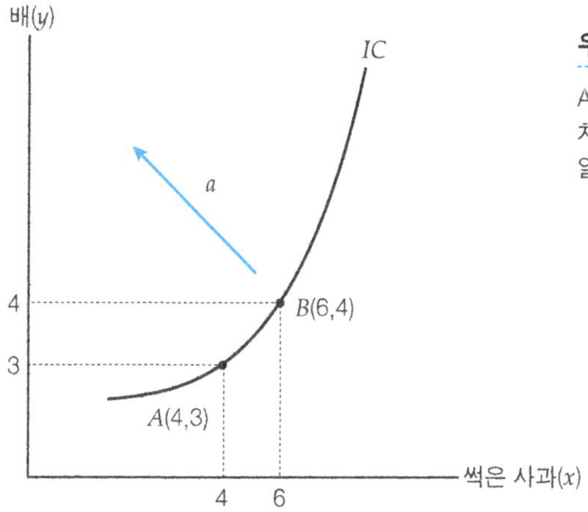

우상향하는 무차별곡선

A상품묶음과 B상품묶음은 동일한 무차별곡선상에 있기 때문에 효용이 동일함. a: 효용 증가방향

반면에 〈그림 3-9〉와 같이 우상향하는 무차별곡선의 경우는 상품묶음 $A(4,3)$과 상품묶음 $B(6,4)$가 동일한 효용을 준다. 왜냐하면 동일한 무차별곡선상에 있기 때문이다. 그러나 상품묶음 B는 A보다 x재인 사과와 y재인 배를 더 많이 소비하기 때문에 더 많이 가질수록 좋다는 인간의 기본적인 효용의 원리를 위배한 것이 된다. 따라서 일반적인 무차별곡선은 우하향하는 것이다. 물론 x재나 y재 중에서 x재가 썩은 사과와 같은 '쓰레기

(bad goods)'인 경우에는 썩은 사과를 더 가지면 배로 보상받아야 하므로 우상향할 수도 있다.

◈ 무차별곡선은 서로 교차하지 않음

무차별곡선은 동일한 높이의 선을 이은 등고선과 마찬가지로 효용의 정도에 따라서 무수히 존재한다. 그렇지만 우리가 명심해야 할 것은 무차별곡선끼리 절대로 교차해서는 안 된다는 점이다. 만일 교차하게 되면 우리가 분석하고자 하는 합리적인 인간이 아닌 이상한 사람이 되고 만다. 예를 들어 원빈이 현빈보다 좋다는 영심이가 있다고 하자. 영심이는 현빈을 싸이보다 좋아한다. 그렇다면 당연히 영심이는 싸이보다 원빈을 좋아한다고 생각할 수 있다. 즉, '원빈>현빈, 그리고 현빈>싸이'의 관계가 성립하게 되고, '원빈>싸이'가 연역적인 논리에 의해서 성립하게 된다. 그러나 무차별곡선이 교차하게 되면 이러한 관계가 성립되지 않는다.

◈ 원점에 대해 볼록

그림으로 나타낸 무차별곡선의 형태를 말로 설명하는 것은 쉽지 않은 일이다. 따라서 우리는 볼록과 오목이란 말을 통해서 형태를 설명한다. 〈그림 3-10〉에서와 같이 볼록과

그림 3-10

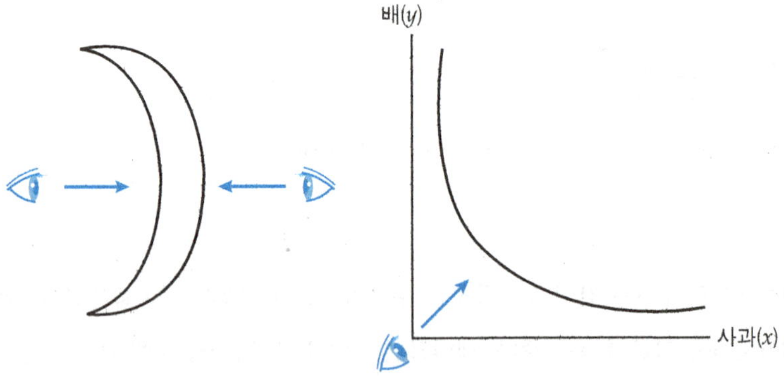

원점에 대해서 볼록한 무차별곡선

Q: 렌즈는 볼록한가, 오목한가?
A: 왼쪽에서 보면 오목렌즈라고 할 수 있고, 오른쪽에서 보면 볼록렌즈라고 할 수 있음

오목이란 어느 관점에서 보는가에 따라서 달라질 수 있는 모양이다. 이럴 때는 기준이 있어야 하는데 무차별곡선의 경우 '원점'이 된다. 일반적인 무차별곡선의 형태는 원점에 대해서 볼록하다고 표현하는데, 볼록하다는 것이 가지는 의미는 다음에서 배울 한계대체율에서 설명하고자 한다.

예제 3-1 **무차별곡선 특성**

무차별곡선이론에 대한 설명으로 옳지 않은 것은?

① 효용의 주관적 측정 가능성을 전제한다.
② 무차별곡선과 예산제약선을 이용하여 소비자균형을 설명한다.
③ 무차별곡선의 기울기는 한계기술대체율이다.
④ 무차별곡선은 우하향하며 원점에 대해 볼록하다.
⑤ 무차별곡선은 일반적으로 원점에서 멀어질수록 효용이 증가한다.

정답과 해설 ③

무차별곡선의 접선의 기울기는 한계대체율을 의미한다.

2.4. 한계대체율

(1) 한계대체율의 개념

한계대체율(MRS_{XY}: marginal rate of substitution)이란 X재 소비를 한 단위 증가시킬 때 이전과 동일한 효용을 유지하기 위해서 감소시켜야 하는 Y재의 수량을 말한다. 만일 X재와 Y재가 대체관계에 있다면 $\frac{\Delta Y}{\Delta X}$는 음(−)의 값을 가지게 되나, 교환비율이 관심사이기 때문에 절대값으로 표시하거나 (−)부호를 앞에 추가해 표현한다.

$$MRS_{XY} = -\frac{\Delta Y}{\Delta X}\Big|_{\overline{u}} = \frac{MU_X}{MU_Y}$$

MRS_{XY}의 의미를 다른 말로 표현하면 X재 1단위에 대한 Y재의 주관적인 교환비율로 소비자가 X재 1단위를 더 얻기 위해서 기꺼이 지불하고자 하는 한계지불성향으로 X재 1단위의 중요도를 Y재의 수량으로 평가한 값이라고 할 수 있다. 그래프로 표현하면 〈그림 3-11〉과 같이 무차별곡선의 한 점에서 접선의 기울기를 의미한다.

그림 3-11

한계대체율

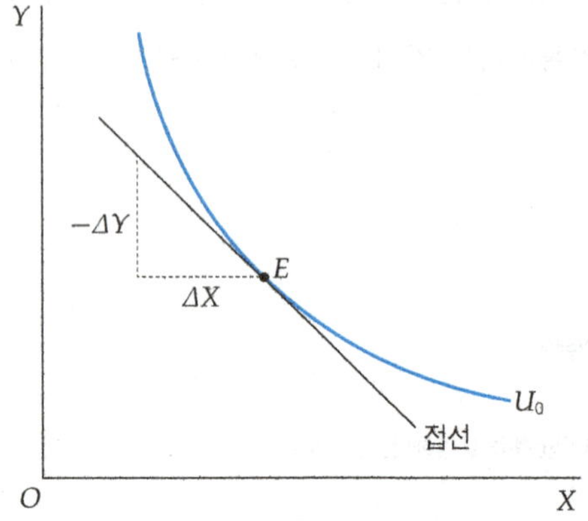

예제 3-2 **한계대체율 계산**

두 재화(X, Y)를 소비하는 갑의 효용함수가 $U(X, Y)=(X+1)(Y+2)$이고, Y재로 표시한 X재의 한계대체율(MRS_{XY})이 2일 때 갑의 X재 소비량이 10이었다면 Y재 소비량은 얼마인가? (단 $X>0$, $Y>0$)

① 5
② 10
③ 15
④ 20
⑤ 25

정답과 해설 ④

한계대체율 MRS_{XY}를 구하면 $U(X, Y)=(X+1)(Y+2)=XY+2X+Y$에서 $MU_X=Y+2$, $MU_Y=X+1$이 되어 $MRS_{XY}=\frac{MU_X}{MU_Y}=\frac{Y+2}{X+1}$이다. $MRS_{XY}=2$, $X=10$을 대입하면 $Y=20$이 된다.

(2) 한계대체율체감의 법칙

한계대체율체감의 법칙이란 동일한 효용수준을 유지하면서 Y재를 X재로 대체해감에 따라서 MRS_{XY}가 점점 감소하는 현상을 말한다. 〈그림 3-12〉에서 $A \rightarrow B \rightarrow C \rightarrow D$로 이동하면서 X재를 1단위씩 늘려나갈 때 포기할 용의가 있는 Y재의 수량은 처음에는 4단위에서 3단위, 2단위로 점차 감소하게 된다. 이렇게 한계대체율이 체감하게 되면 무차별곡선은 원점에 대하여 볼록한 형태를 지니게 된다.

그림 3-12

한계대체율 체감
= 원점에 볼록한 무차별곡선

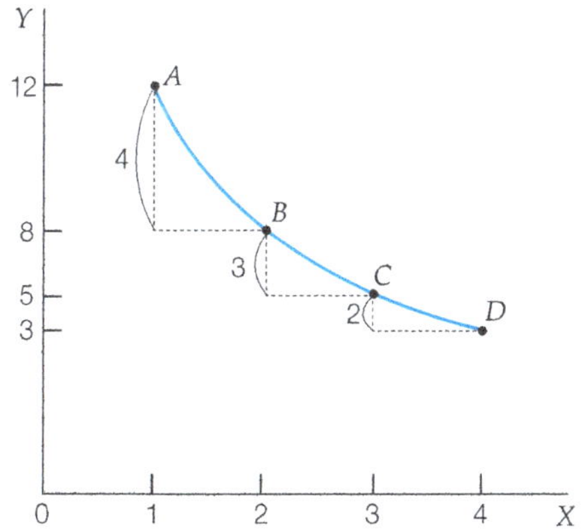

표 3-1 한계대체율체감의 법칙과 한계효용체감의 법칙의 비교

한계대체율체감의 법칙	한계효용체감의 법칙
① 무차별곡선이론의 주요가정이다. ② 두 가지 상품의 대체적인 소비관계에서 나타나는 현상이다. ③ 두 상품이 모두 재화이고, 대체관계에 있을 때만 나타난다. ④ 무차별곡선의 기울기의 절대값으로 측정된다.	① 한계효용이론의 주요가정이다. ② 다른 상품의 소비량은 고정시킨 채 한 가지 상품의 소비량만 증가시킬 때 나타나는 현상이다. ③ 대부분의 상품 소비에서 나타난다. ④ 총효용곡선의 기울기로 측정된다.

예제 3-3 한계대체율체감의 법칙 응용

사과와 배로 구성된 소비묶음을 가지고 무차별곡선을 그릴 때, 무차별곡선이 원점에 대해 볼록하게 그려지는 이유로 가장 가까운 것은?

① 사과 2개와 배 10개보다는 사과 3개와 배 11개를 더 선호한다.

② 사과 2개와 배 10개보다는 사과 3개와 배 9개를 더 선호한다.

③ 사과 2개, 배 10개와 사과 2개, 배 11개의 선호가 같다.

④ 사과 2개와 배 10개보다는 사과 1개와 배 9개를 더 선호한다.

정답과 해설 ②

무차별곡선이 원점에 대해 볼록한 이유는 한계대체율체감의 법칙 때문이다. 한계대체율이란 A와 B의 두 가지 재화가 있다고 할 때, B재화 한 단위를 얻기 위해 포기해야 하는 A재화의 양(A재화의 감소량/B재화 한 단위)이다. 이 문제에서는 배가 A재화, 사과가 B재화에 해당한다. 사과 1개를 얻으려면 배를 1개보다 더 많이 줄여야 무차별곡선상에 존재할 수 있다..

2.5. 특수한 형태의 무차별곡선

<table>
<tr><th>특수한 경우</th><th>무차별곡선</th><th>특징</th></tr>
<tr><td>(1) 두 상품이 완전대체재인 경우</td><td>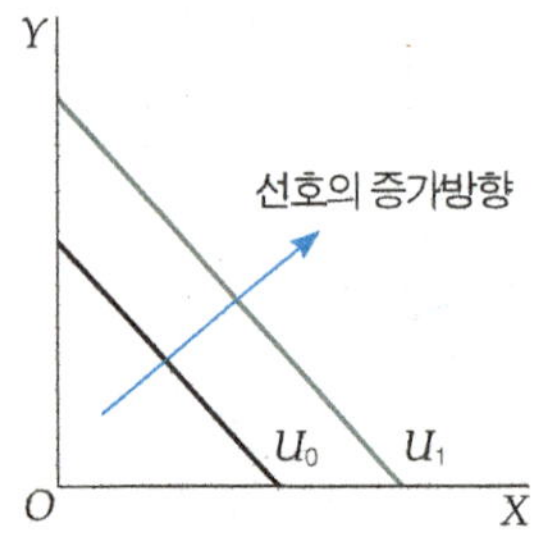
(예) 1,000원짜리 지폐 1장과 500원짜리 동전 2개</td><td>① $U=\alpha X+\beta Y$
② MRS_{XY} 일정</td></tr>
<tr><td>(2) 두 상품이 완전보완재인 경우</td><td>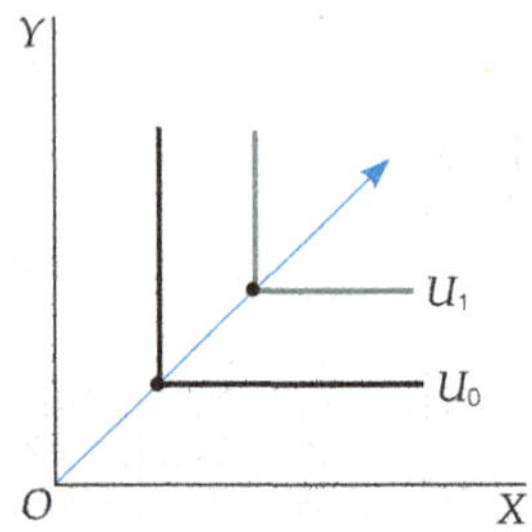
(예) 왼쪽 장갑과 오른쪽 장갑</td><td>① $U=\min(\frac{X}{\alpha}, \frac{Y}{\beta})$
② 수직선 구간에서 $MRS_{XY}=\infty$
수평선 구간에서 $MRS_{XY}=0$</td></tr>
<tr><td>(3) X재가 비효용재인 경우</td><td>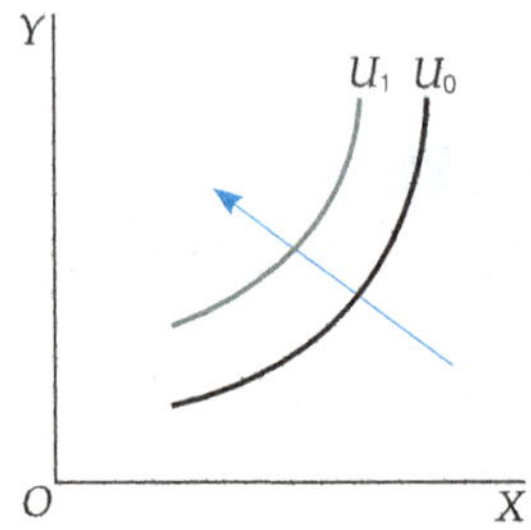
(예) 쓰레기와 식빵</td><td>① $U=Y-X^2$
② $MRS_{XY}<0$</td></tr>
<tr><td>(4) Y재가 비효용재인 경우</td><td>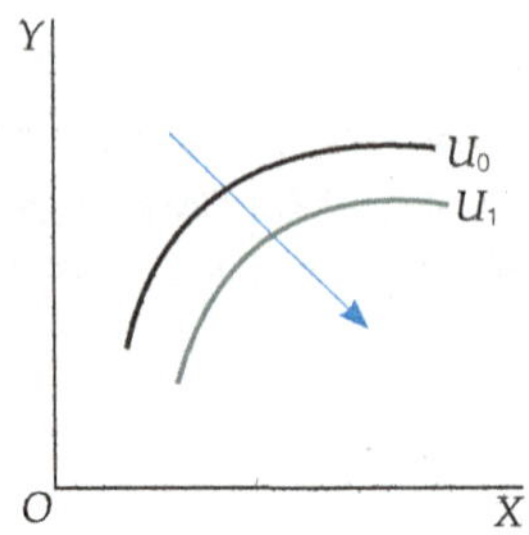
(예) 식빵과 쓰레기</td><td>① $U=X-Y^2$
② $MRS_{XY}<0$</td></tr>
</table>

특수한 경우	무차별곡선	특징
(5) 두 상품이 모두 효용재이지만 한 상품만 극단적으로 선호하는 경우	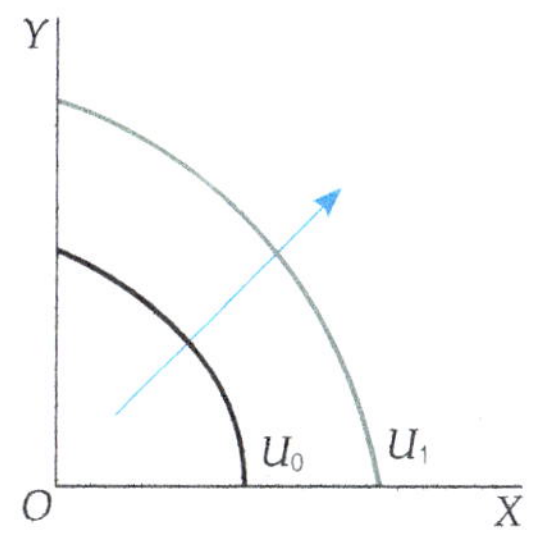 (예) 수면제와 각성제	① $U=X^2+Y^2$ ② MRS_{XY} 체증
(6) 두 상품이 모두 비효용재인 경우	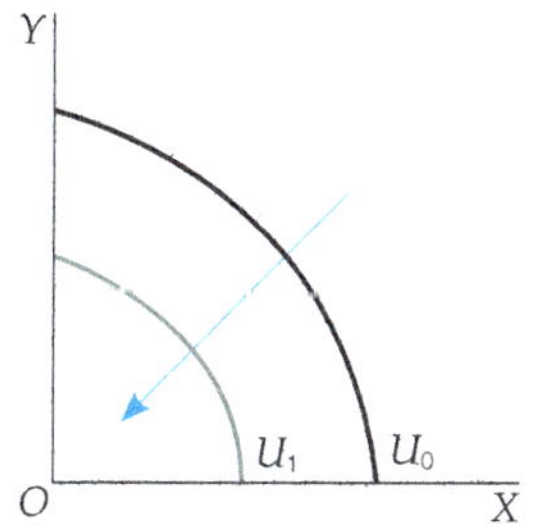 (예) 쓰레기와 매연	① $U=\frac{1}{X^2+Y^2}$ ② MRS_{XY} 체증
(7) X재가 중립재인 경우	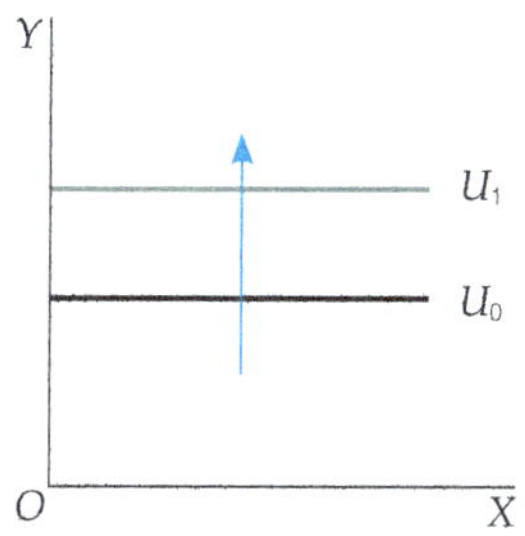 (예) 헌옷과 새옷	① $U-Y$ ② $MRS_{XY}=0$
(8) Y재가 중립재인 경우	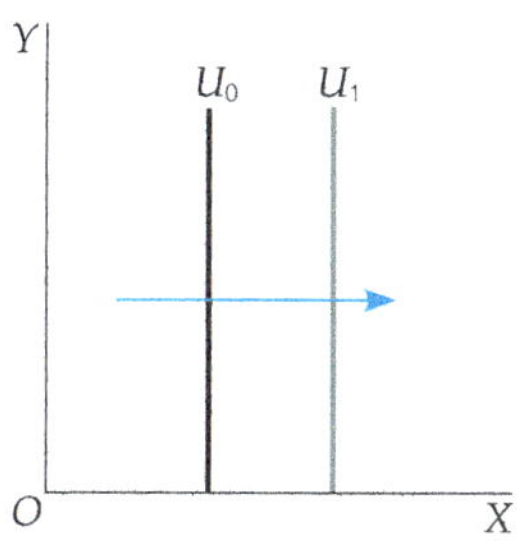 (예) 새옷과 헌옷	① $U=X$ ② $MRS_{XY}=\infty$

특수한 경우	무차별곡선	특징
(9) 두 상품이 포만점 (A)에 있는 경우	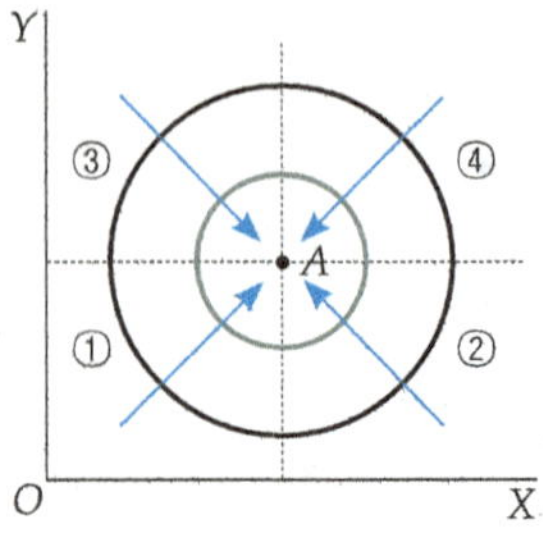	① 두 상품이 모두 효용재인 영역 ② X재가 비효용재인 영역 ③ Y재가 비효용재인 영역 ④ 두 상품이 모두 비효용재인 영역

예제 3-4 **무차별곡선 형태**

A는 사과주스 한 잔과 당근주스 한 잔을 서로 맞바꾸어 마셔도 동일한 만족을 얻는 반면, B는 사과주스와 당근주스는 반드시 1:1로 섞어 마셔야 만족한다. 다음 설명 중 옳은 것은?

① A에게 당근주스와 사과주스는 완전보완재이다.

② A에게 당근주스와 사과주스의 한계대체율은 1이다.

③ A의 무차별곡선은 수평선이다.

④ B의 무차별곡선은 수평선이다.

⑤ B에게 당근주스와 사과주스의 한계대체율은 -1이다.

정답과 해설 ②

A에게 사과주스 한 잔과 당근주스 한 잔은 동일한 가치를 가진다. 따라서 두 재화는 완전대체제 관계에 있고, 무차별곡선은 우하향하는 직선으로 한계대체율은 1로 일정하다. 반면에 B는 두 재화를 반드시 1:1로 결합해서 소비해야 효용을 누린다고 하므로 완전보완재 관계에 있다. 이 경우 무차별곡선은 L자 형태가 된다. 무차별곡선이 L자 형태인 경우는 수평인 구간에서는 한계대체율이 0이고, 수직인 구간에서는 무한대가 된다.

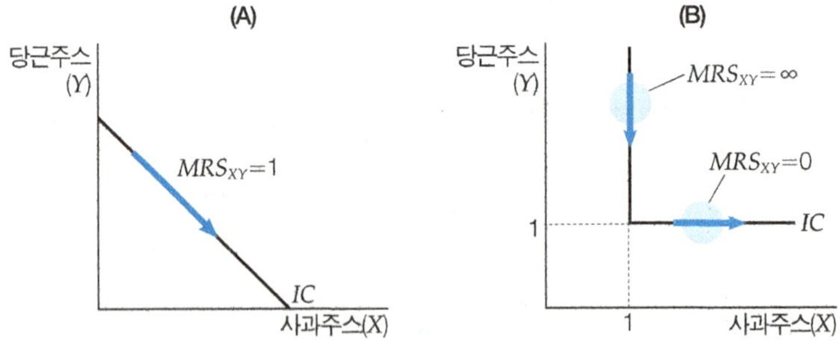

3. 예산선: 객관적 제약조건

3.1. 예산선의 개념과 형태

(1) 예산선의 개념

예산선이란 주어진 소득 또는 예산을 전부 사용해서 구입할 수 있는 상품의 여러 가지 조합을 나타내는 직선을 말한다. 예산선은 소비자의 구매능력인 소득제약조건을 의미한다.

(2) 예산선의 형태

소비자가 주어진 소득(I)과 가격조건(P_X, P_Y)하에서 X재와 Y재를 구입한다면 소득제약조건인 예산선은 다음과 같이 쓸 수 있다.

$$I = P_X X + P_Y Y$$

그림으로 나타내기 위해서 Y로 정리하면 $Y = -\frac{P_X}{P_Y}X + \frac{I}{P_Y}$가 되고, 기울기는 $-\frac{P_X}{P_Y}$가 되고, 수직축 절편은 $\frac{I}{P_Y}$가 된다. 〈그림 3-13〉과 같이 우하향하는 직선으로 표현된 예산

그림 3-13

예산선과 예산집합

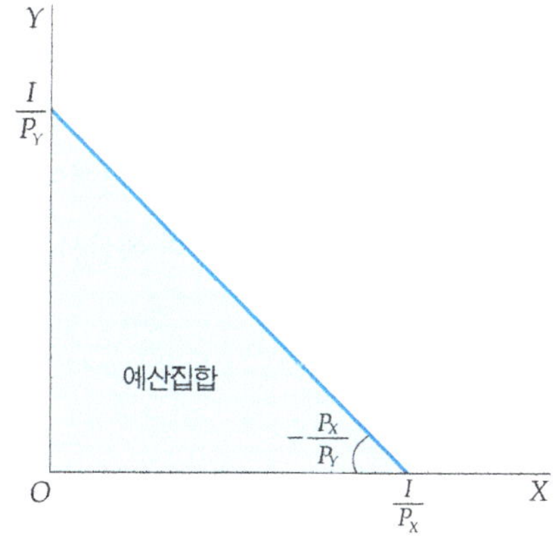

선 밑의 음영처리 된 삼각형은 소비자가 주어진 소득을 가지고 구입할 수 있는 모든 상품묶음의 집합을 나타낸다.

(3) 예산선 기울기의 의미

예산선 기울기의 절대값인 $\frac{P_X}{P_Y}$는 두 상품의 가격비율인 객관적 상대가격을 의미한다. 객관적 상대가격인 $\frac{P_X}{P_Y}$는 시장에서 X재 한 단위와 교환되는 Y재의 수량을 의미한다.

3.2. 예산선의 이동

(1) 예산선 이동의 원인

소비자가 직면하는 예산선 $I=P_XX+P_YY$에서 소득과 두 상품의 가격은 시장에서 이미 결정되어 있는 외생변수라고 할 수 있다. 따라서 소득이나 두 상품의 가격이 변화하면 예산선은 이동하게 된다.

(2) 소득의 증가

소득은 증가하고 두 재화의 상대가격은 변함이 없다면, 예산선은 우측으로 평행이동한다.

(3) P_X의 하락

P_X만 하락하고 소득(I)과 다른 재화의 가격(P_Y)이 불변이면 예산선은 Y축 절편은 고정된 채 완만한 기울기인 오른쪽으로 회전이동한다. 그러나 만일 소득은 일정한데 두 상품의 가격이 동시에 같은 비율로 하락하게 되면 예산선은 오른쪽으로 평행이동한다.

한편 소득과 두 상품의 가격이 동시에 같은 비율로 상승하게 되면 예산선은 그대로 변하지 않게 된다. 이를 '0차 동차성'이라고 한다.

그림 3-14

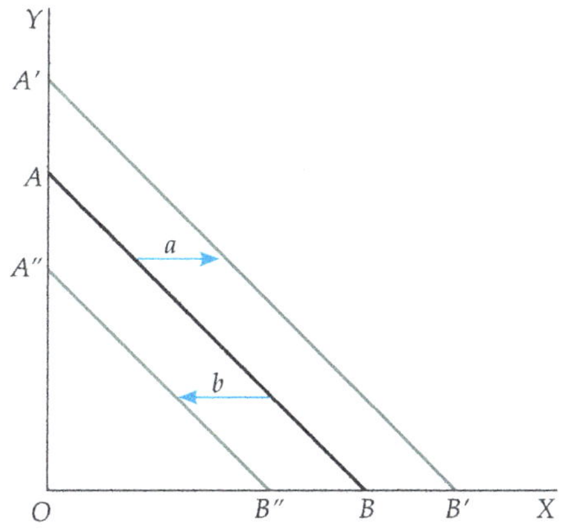

예산선의 이동: 소득 변화

a: 소득의 증가
b: 소득의 감소

그림 3-15

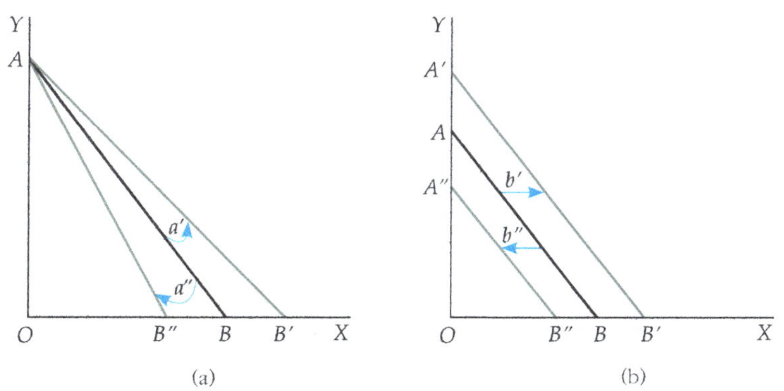

예산선의 이동: 가격 변화

(a) P_X만 하락하고 소득과 다른 재화 가격이 불변
a': X재의 가격하락　　a'': X재의 가격상승
(b) 소득은 일정한데 두 상품의 가격이 하락
b': 두 상품가격 동시 하락　　b'': 두 상품가격 동시 상승

3.3. 특수한 형태의 예산선

특수한 경우	예산선
(1) 배급제의 실시로 X재의 구입량이 X_0로 제한되는 경우	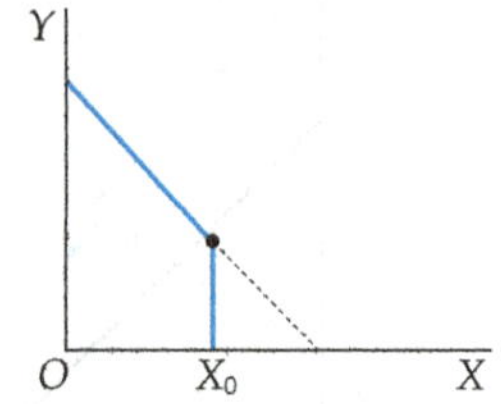
(2) 배급제의 실시로 Y재의 구입량이 Y_0로 제한되는 경우	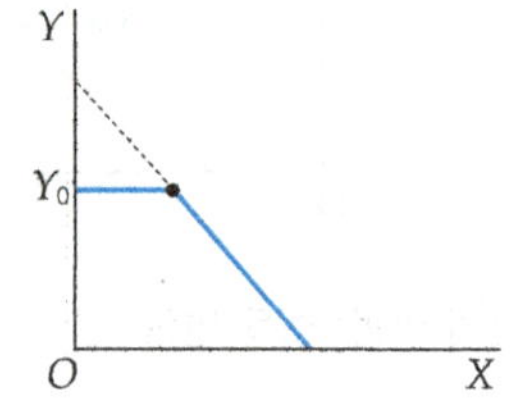
(3) X재의 구입량이 X_0를 초과하면 초과분의 가격이 할인되는 경우	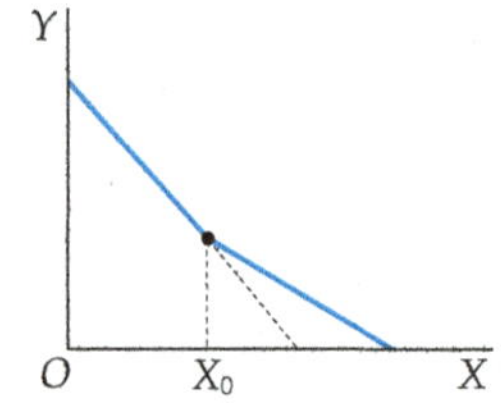
(4) Y재의 구입량이 Y_0를 초과하면 초과분의 가격이 할인되는 경우	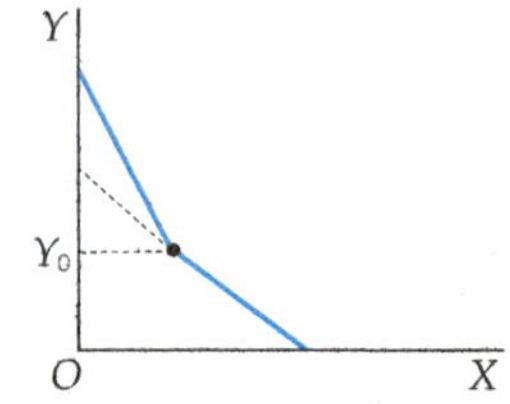
(5) 정부가 영세민에게 X_0만큼의 X재를 무료로 지급하는 경우	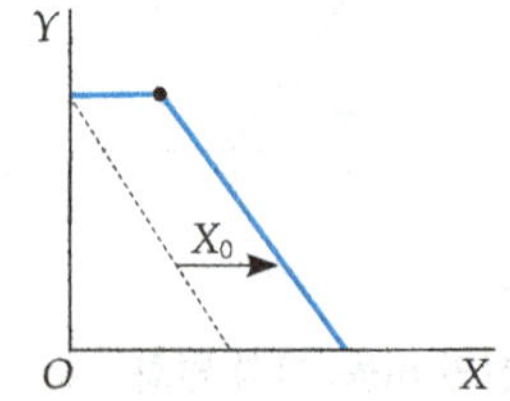
(6) 정부가 영세민에게 Y_0만큼의 Y재를 무료로 지급하는 경우	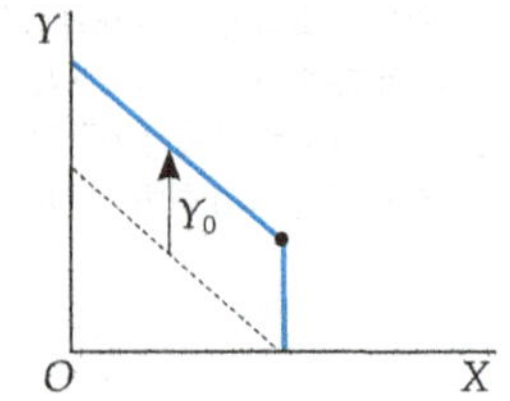

특수한 경우	예산선
(7) 소득제약조건 이외에 다른 제약조건이 추가되는 경우	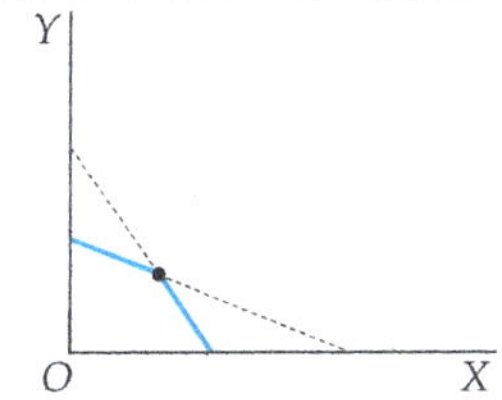

예제 3-5 **예산선**

두 재화만이 존재하는 경제에서 두 재화의 가격과 소비자 갑의 소득은 양(+)이다. 만약 두 재화의 가격이 각각 3배 상승하고 갑의 소득도 2배 증가하였다면 다음 설명 중 옳은 것은?

① 예산제약선의 기울기는 가파르게 변하고 안쪽으로 이동한다.
② 예산제약선의 기울기는 가파르게 변하고 바깥쪽으로 이동한다.
③ 예산제약선의 기울기는 변하지 않고 안쪽으로 이동한다.
④ 예산제약선의 기울기는 변하지 않고 바깥쪽으로 이동한다.
⑤ 예산제약선의 기울기는 완만하게 변하고 안쪽으로 이동한다.

정답과 해설 ③

두 재화만이 존재하는 경우에 예산선은 $M=P_XX+P_YY$가 된다. 문제에서 소득이 2배 증가하고 두 재화의 가격이 3배 증가한다고 하였으므로, 예산선이 소득증가로 밖으로 이동하는 크기보다 가격상승으로 예산선이 안쪽으로 이동하는 크기가 더 크게 되어 결국에는 예산선이 안쪽으로 이동하게 된다.

4. 소비자의 최적선택

소비자는 자신의 효용을 극대화하는 상품묶음을 선택한다. 문제는 자신의 주머니에 돈이 제한되어 있다는 것이다. 즉 소비자는 희소한 자원의 제약 속에서 효용을 극대화하는 선택을 하는 것이다. 앞에서 우리는 소비자가 얻게 되는 효용은 무차별곡선에 반영되어 있고, 희소한 자원은 바로 예산선에 반영되어 있음을 배웠다. 결국 소비자의 합리적 선택 문제는 무차별곡선과 예산선을 이용하여 해결할 수 있다.

〈그림 3-16〉에서 설명하는 것처럼, 일반적으로 우하향하는 무차별곡선은 원점에서 멀어질수록 더 높은 효용을 누리게 된다. 단, 주어진 예산선을 감안해야 한다. 예산선의 밖은 소비자가 선택할 수 없는 영역이기 때문이다. 따라서 IC_3는 더 높은 효용을 가져다주

그림 3-16

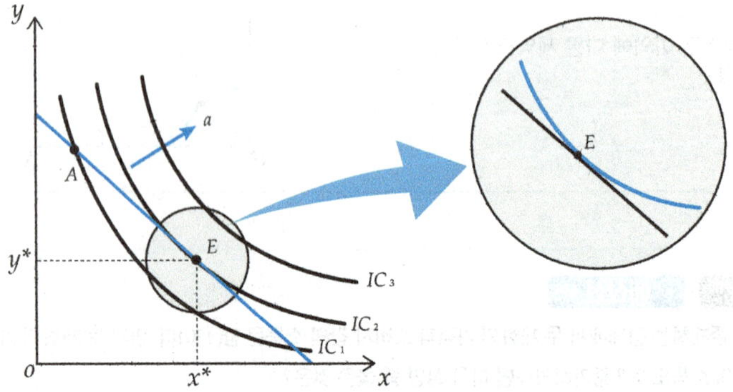

소비자의 최적선택

E: 예산선의 기울기 = 무차별곡선의 접선의 기울기($\frac{P_x}{P_y} = \frac{MU_x}{MU_y}$)
효용은 a방향으로 증가함

지만 선택의 영역에서는 배제된다.

그렇다면 예산선 내부에서 어떤 선택을 해야 할 것인가? 예를 들어 A와 E점 중에서 어느 점이 보다 최적의 선택이 될지를 살펴보자. 만일 A점을 선택한다면 그때 누리는 효용수준은 IC_1가 될 것이고, E점을 선택한다면 그때 누리는 효용수준은 IC_2가 될 것이다. IC_2는 IC_1보다 원점에서 더 멀리 위치해 있기 때문에 더 높은 효용을 가져다준다. 결국 예산선의 내부에서 소비자에게 최대의 효용을 가져다주는 상품묶음은 E점이 된다.

효용극대화를 가져다주는 E점의 특징을 확대해서 잘 살펴보자. 예산선과 무차별곡선이 서로 접해 있다는 것을 알 수 있다. 여기서 서로 접했다는 것을 수리적으로 다시 표현하면 예산선의 기울기와 무차별곡선의 기울기가 같다라고 할 수 있다. 따라서 소비자의 최적선택은 다음과 같다.

$$\frac{P_x}{P_y} = \frac{MU_x}{MU_y} = MRS_{xy}$$

예제 3-6 **소비자의 효용극대화**

1 () 다음 그림에 관한 설명으로 옳지 않은 것은? (단, I_1과 I_2는 일반적인 특성을 갖는 무차별곡선이고, 우하향하는 선분은 예산선을 나타낸다.)

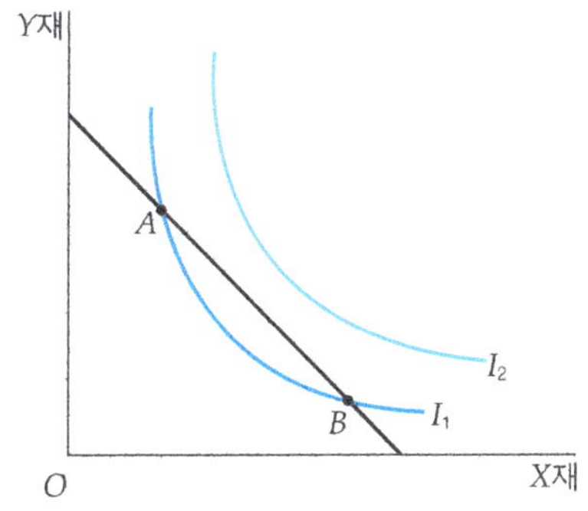

① Y재로 표시한 X재의 한계대체율이 B점보다 A점에서 크다.

② 무차별곡선 I_1에서의 상품 묶음이 I_2에서의 어떤 상품묶음보다도 효용이 작다.

③ 소비자가 A점에서 얻는 총효용의 크기가 B점에서 얻는 총효용의 크기와 같다.

④ A점에서 X재의 1원당 한계효용은 Y재의 1원당 한계효용보다 작다.

⑤ B점에서 소비하는 경우, 효용을 극대화하기 위해서는 X재의 소비를 감소시키고 Y재의 소비를 증가시켜야 한다.

정답과 해설 ①

① 한계대체율은 무차별곡선의 접선의 기울기를 의미한다. 따라서 A점에서의 한계대체율이 B점에서의 한계대체율보다 크다.

② 무차별곡선은 원점에서 멀리 떨어져 있을수록 효용이 높다. 따라서 I_2가 I_1보다 효용수준이 높다고 할 수 있다.

③ 무차별곡선이란 동일한 효용을 주는 상품 묶음들을 의미한다. 따라서 A, B는 동일한 무차별곡선 I_1에 있기 때문에 효용의 크기가 같다.

④ A점에서는 $MRS_{XY} > \frac{P_X}{P_Y}$가 된다. $MRS_{XY} = \frac{MU_X}{MU_Y}$이므로 1원당 한계효용으로 다시 표현하면 $\frac{MU_X}{P_X} > \frac{MU_Y}{P_Y}$가 되어 1원으로 표현한 X재의 한계효용이 1원으로 표현한 Y재의 한계효용보다 크게 된다.

⑤ B점에서는 $MRS_{XY} < \frac{P_X}{P_Y}$이므로, 효용을 극대화하기 위해서는 X재를 감소시키고 Y재를 증가시켜야 한다.

예제 3-7 **소비자의 효용극대화**

어떤 소비자가 주어진 예산 범위 내에서 X, Y 두 재화를 구매하였다. X재화의 가격이 단위당 10원, Y재화의 가격이 단위당 20원이고 현재 한계대체율(X재화의 한계효용/Y재화의 한계효용)은 3이다. 다음 서술 중 옳은 것은? (단, 모서리해는 없다고 가정한다.)

① 현재 상태에서 소비자의 효용은 극대화되고 있다.

② X재화의 소비를 늘리고 Y재화의 소비를 줄여야 효용이 극대화된다.

③ X재화의 소비를 줄이고 Y재화의 소비를 늘려야 효용이 극대화된다.

④ 각 재화에 지출한 돈의 마지막 1원어치의 한계효용은 X재화가 Y재화에 비해 작다.

⑤ 현재 소비점에서 무차별곡선의 기울기와 예산선의 기울기는 일치한다.

정답과 해설 ②

문제에서 주어진 상황을 고려하면 $MRS_{XY}=3>\frac{P_X}{P_Y}=\frac{1}{2}$이 된다. 따라서 X재 1단위에 대해서 애지중지하게 생각하는 정도가 객관적 교환비율인 X재 한 3단위를 얻기 위해서 지불해야 하는 비용보다 크기 때문에 X재를 증가시키고, Y재를 줄여야만 한다.

예제 3-8 **소비자의 최적선택**

어떤 소비자의 효용함수는 $U(X, Y)=2XY$이다. 이 소비자는 X재와 Y재의 소비에 100만원을 지출하기로 결정하였다. X재의 가격은 1만원이고, Y재의 가격은 2만원일 때 최적 소비량과 이때의 MRS_{XY}는?

① $X=50,\ Y=25,\ MRS_{XY}=1/2$

② $X=25,\ Y=50,\ MRS_{XY}=2$

③ $X=50,\ Y=25,\ MRS_{XY}=2$

④ $X=25,\ Y=50,\ MRS_{XY}=1/2$

⑤ $X=20,\ Y=40,\ MRS_{XY}=2$

정답과 해설 ①

목적식과 제약식을 나타내면 다음과 같다.

(목적식) $U(X, Y)=2XY$

(제약식) $100=X+2Y$

효용극대화를 추구하는 경우 $MRS_{XY}=\frac{MU_X}{MU_Y}=\frac{Y}{X}=\frac{P_X}{P_Y}=\frac{1}{2}$에서 $Y=\frac{1}{2}X$가 된다. 이를 예산식 $100=X+2Y$에 대입하게 되면 $X=50,\ Y=25$가 된다.

예제 3-9 **소비자의 최적선택**

두 상품 X재와 Y재를 소비하는 홍길동의 효용함수는 $U(X, Y)=XY+3$이다. 홍길동의 소득이 10,000원이고 X재와 Y재의 가격이 각각 1,000원과 500원일 때, 홍길동의 효용을 극대화하는 X재와 Y재의 소비량은? (단, X재와 Y재의 소비량은 0보다 크다.)

① (2, 16)

② (5, 10)

③ (6, 8)

④ (8, 4)

⑤ (6, 4)

정답과 해설 ②

목적식과 제약식을 나타내면 다음과 같다.

(목적식) $U(X, Y)=XY+3$

(제약식) $10,000=1,000X+500Y$

효용극대화를 추구하는 경우 $MRS_{XY}=\frac{MU_X}{MU_Y}=\frac{Y}{X}=\frac{P_X}{P_Y}=\frac{1,00}{500}$에서 $Y=2X$가 된다. 이를 예산식에 대입하게 되면 $X=5,\ Y=10$이 된다. 참고로 이때 효용수준은 53이 된다.

5. 대체효과와 소득효과

5.1. 가격효과 = 대체효과 + 소득효과

(1) 개념

가격효과는 한 상품의 가격변동과 그 상품의 수요량의 변동의 관계를 나타낸 것으로 대체효과와 소득효과로 나눈다.

대체효과란 한 상품의 가격이 변동하게 되면 상품 사이의 상대가격의 변화로 인해 상대적으로 싸진 상품은 더 많이 수요하고 상대적으로 더 비싸진 상품은 덜 수요하게 되는 것을 말한다. 즉 대체효과는 실질소득이 불변인 상태에서 이루어지는 소비자의 소비조정과정을 나타낸다.

소득효과는 한 상품의 가격변동으로 인해서 소비자의 실질소득이 변화하게 되어 실질소득의 변화로 인해서 그 상품의 소비량에 미치는 영향을 말한다. 소득효과는 두 상품간의 상대가격이 일정하다는 전제하에서 실질소득의 변화로 인해 발생하는 소비자의 소비조정과정을 나타낸다.

(2) 분배방법

X재의 가격이 하락하게 되면 상대가격이 변할 뿐만 아니라 그로 인해서 실질소득도 변하게 된다. 이때 실질소득의 변화로 인해서 발생하는 소득효과 부분을 어떻게 제거하는가에 따라서 힉스(Hicks) 방법과 슬러츠키(Slutsky) 방법으로 나눈다.

힉스는 실질소득의 증가로 인한 소득효과를 제거하기 위해서 새로운 예산선(AB')과 평행이면서 원래의 무차별곡선(IC_0)과 접하는 가상적인 예산선(CD)를 그려야 한다고 주장하였다. 다시 말해 종전과 동일한 효용수준을 유지하면서 증가된 실질소득을 감소시켜야 한다는 것이다.

한편 슬러츠키는 소득효과를 제거하기 위해서 새로운 예산선(AB')과 평행이면서 원래 이 균형점(E_0)을 지날 때까지 가상적인 예산선(FI)을 그려야 한다고 주장하였다. 다시 말해 종전의 소비수준을 그대로 유지할 수 있는 정도까지만 증가된 실질소득을 감소

그림 3-17

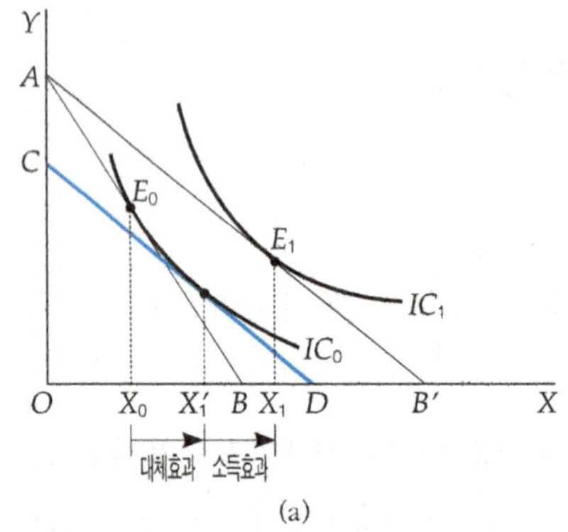

힉스 분해방법과 슬러츠키 분해방법

(a) 힉스 분해방법
(b) 슬러츠키 분해방법

시켜야 한다는 것이다. 지금부터는 특별한 언급이 없는 한 힉스 방법을 기준으로 설명한다.

표 3-2 힉스 분해방법과 슬러츠키 분해방법의 비교

	힉스 분해방법	슬러츠키 분해방법
가격효과	동일하다.	
대체효과	실질소득이 일정한 상태이다.	
	동일한 효용수준을 누린다.	동일한 소비수준을 유지한다.
	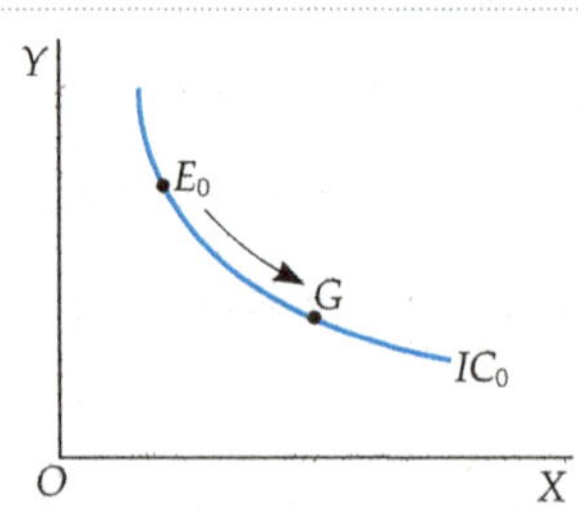	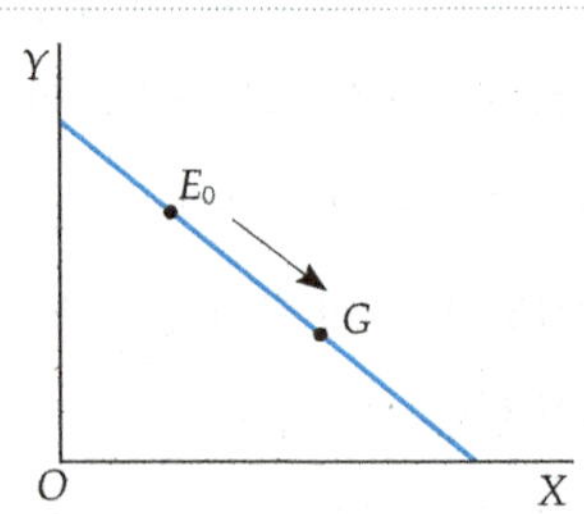
	만약 가격변화가 아주 작다면 양자의 차이는 거의 없다.	
사용	주관적인 효용을 중시하는 무차별곡선이론에서 주로 사용된다.	객관적인 구매력을 중시하는 현시선호이론에서 주로 사용된다.

5.2. 정상재의 경우 대체효과와 소득효과

(1) 가격효과

처음에는 예산선 AB와 무차별곡선 IC_0의 접점 E_0에서 소비자가 균형상태에 있다고 하자. 이제 소득과 Y재의 가격은 불변($\overline{I}$, $\overline{P_Y}$)인데, X재의 가격만 P_0에서 P_1으로 하락한 경우에 예산선은 회전이동하여 AB에서 AB'가 된다. 이때 균형점은 E_0에서 E_1으로 변동한다. 이때 X재의 수요량은 X_0에서 X_1만큼 증가하게 되는데 이를 가격효과라고 한다. 이러한 가격효과를 대체효과와 소득효과로 분리해본다.

(2) 대체효과

대체효과만을 측정하기 위해서 X재 가격하락에 따른 실질소득을 제거해야 한다. 이

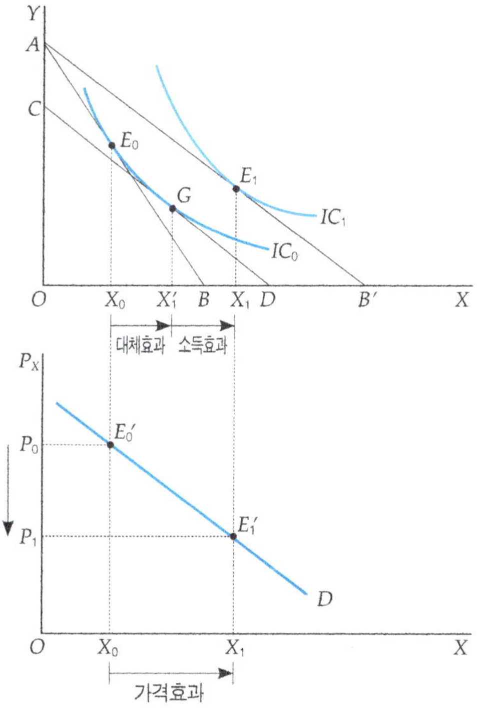

그림 3-18

가격효과와 수요곡선 도출

를 위해서 힉스 방법에 입각하여 새로운 예산선 AB'와 평행이면서 원래의 무차별곡선 IC_0와 접하는 가상적인 예산선 CD를 그리면 된다. 결국 대체효과의 크기는 E_0에서 G로 이동한 것을 말하고, X재를 기준으로 설명하면 X_0X_1'라고 할 수 있다.

(3) 소득효과

X재 가격하락으로 인한 실질소득 증가효과인 소득효과를 분리해본다. 소득효과는 새로운 상대가격수준에서 예산선이 CD에서 AB'로 평행이동하고, 균형점이 G에서 E_1으로 이동하는 것으로 나타낸다. 결국 X재 가격하락에 따른 $X_1'X_1$만큼의 X재 수요량 증가가 소득효과가 된다.

5.3. 열등재의 경우 대체효과와 소득효과

열등재란 소득이 증가할 경우 수요가 감소하는 재화를 말한다. 따라서 X재의 가격하락으로 인해서 실질소득이 증가하게 되면 X재의 소비량은 오히려 감소하게 된다. 〈그림 3-19〉에서 보면 X재의 가격이 하락하면 그로 인한 가격효과는 X_0X_1이고, 대체효과는 X_0X_1'이며, 소득효과는 $X_1'X_1$이 된다. 이때 대체효과가 소득효과보다 크게 되면 총효과인 가격효과는 X재 증가로 나타나고, 수요곡선은 우하향하는 형태가 된다.

반대로 대체효과가 소득효과보다 작게 되면, 즉 소득효과가 대체효과보다 큰 경우에는 총효과인 가격효과는 X재 감소로 나타난다. 이때 수요곡선은 우상향하는 형태가 되고 이를 기펜재라고 한다. 정리하면 기펜재는 열등재 중에서 '대체효과 < 소득효과'인 경우라고 할 수 있다.

5.4. 상품종류별 대체효과와 소득효과

해당상품의 종류에 따라서 대체효과와 소득효과를 분류하면 다음과 같이 정리할 수 있다. 정상재의 경우 대체효과와 소득효과는 모두 음(−)이고, 이 두 효과를 합한 가격효과도 음(−)이 된다. 이를 간단하게 정리하면 〈그림 3-20〉과 같이 나타낼 수 있다.

한편 열등재의 경우는 대체효과는 음(−)인데 소득효과는 양(+)이 된다. 그러나 일반

그림 3-19

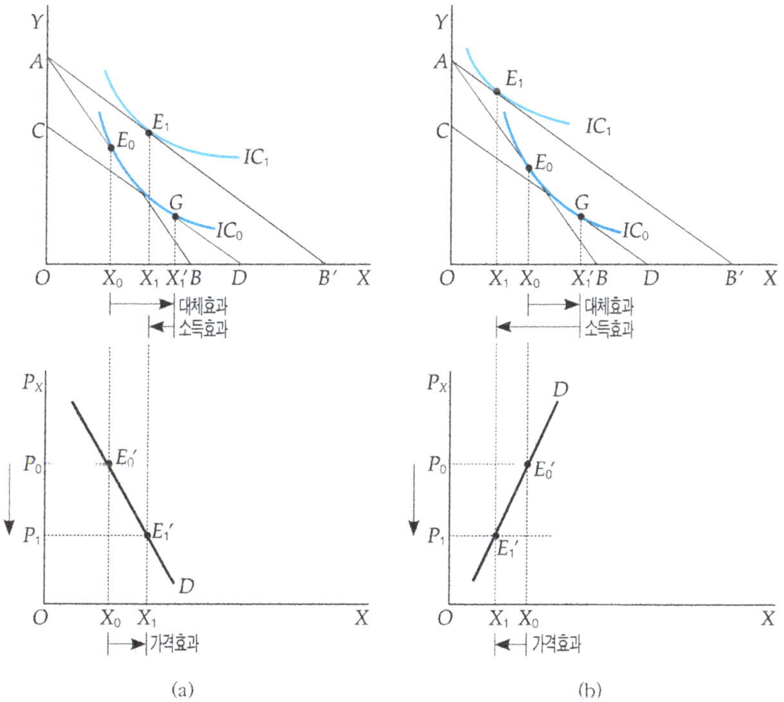

열등재의 경우 대체효과와 소득효과

(a) 열등재 (대체효과 > 소득효과)

(b) 열등재 중 기펜재 (대체효과 < 소득효과)

그림 3-20

대체효과와 소득효과

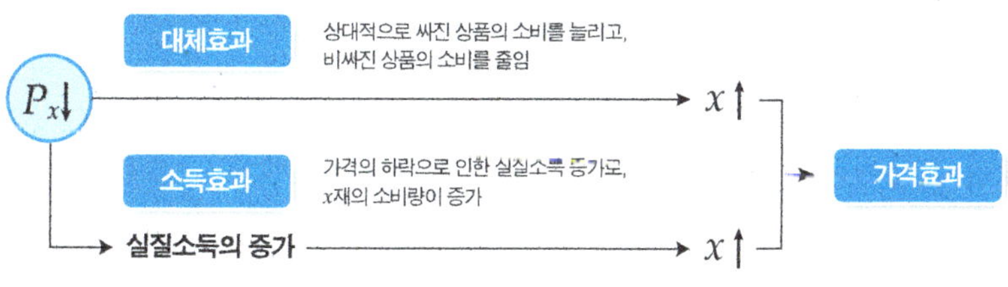

적으로 음(−)의 대체효과가 양(+)의 소득효과보다 큰 경우는 가격효과는 정상재와 마찬가지로 음(−)이 된다. 그러나 열등재 가운데서 기펜재의 경우는 음(−)의 대체효과보다 양(+)의 소득효과가 더 크기 때문에 이 둘을 합친 총효과인 가격효과는 양(+)이 된다.

수요곡선은 가격효과를 반영하여 도출하므로, 정상재와 기펜재가 아닌 열등재의 경우는 우하향하는 정상적인 수요곡선을 얻을 수 있으나, 열등재 중에서 기펜재의 경우는 우상향하는 수요곡선을 도출하게 된다.

표 3-3 정상재, 열등재, 기펜재의 가격효과 분해

상품	대체효과	소득효과	가격효과
정상재	−	−	−
열등재	−	+	−
기펜재	−	+	+

부록 미분의 기초 개념

1. 수학과 일상생활

미분의 개념은 경제학에서 매우 중요하기 때문에 기초적인 내용을 알아두는 것이 좋다.

그림 3-21

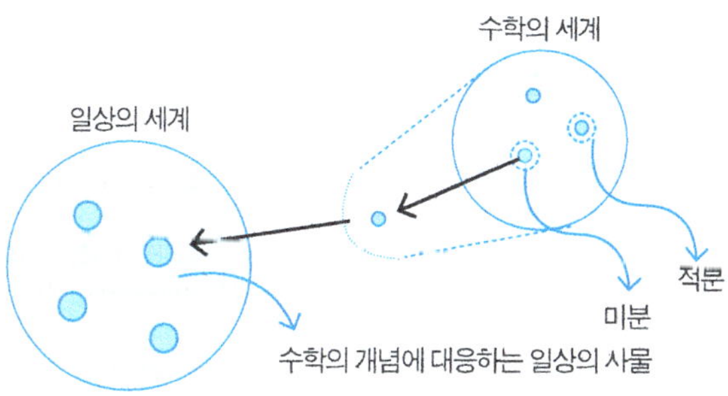

대학생 영심이는 매달 부모님이 주는 용돈과 아르바이트로 생활하고 있다. 이번 달은 동아리 행사 등으로 인해서 지출이 늘어 남은 돈이 5만원밖에 없다. 용돈과 아르바이트비가 들어오기까지는 2주를 기다려야 한다.

〈영심이의 관심사〉 1. 지갑에서 행사 때마다 얼마나 나갔는가?
2. 지출 후 지갑 속에 얼마나 남아 있는가?

2. 미분과 적분의 관계

그림 3-22

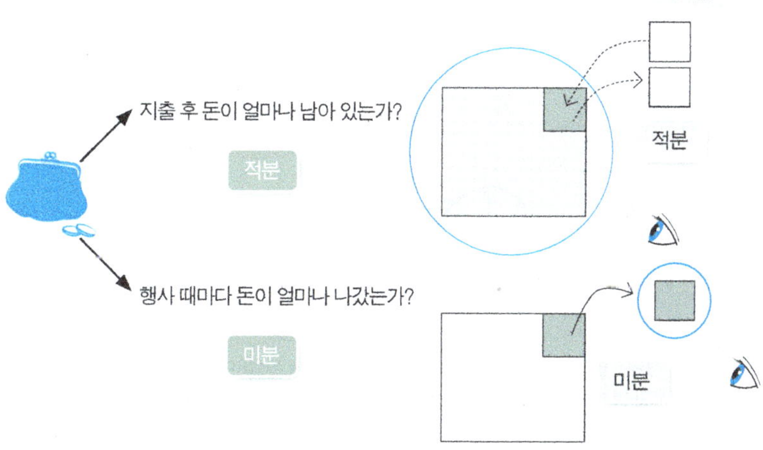

3. 함수와 미분계수

그림 3-23

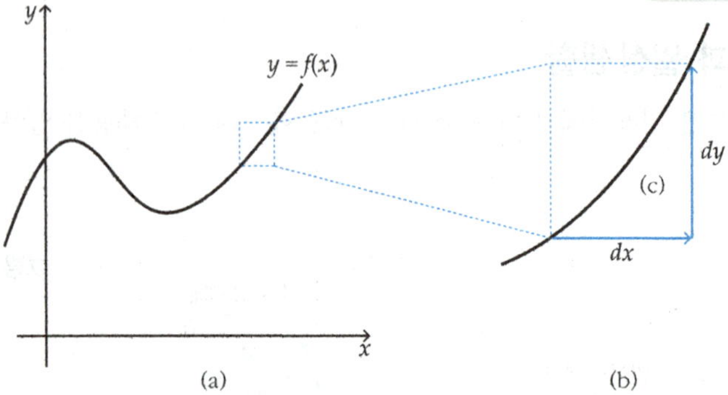

(a) 함수: 어떤 수 x가 변함에 따라 다른 수 y도 변할 때 x와 y의 대응관계를 의미함. x와 y의 대응관계가 연속해서 만들어낸 곡선의 형태를 나타내기도 함

(b) 미분: 곡선의 일부에 주목한다는 것이 미분임. 미분은 그것을 구성하는 x성분 dx와 y성분 dy의 두 가지로 분해되어 표현됨. 미분계수 dy/dx는 미분의 y성분 dy와 x성분 dx의 비율이라고 할 수 있음, $dy = (dy/dx)dx$

(c) 미분계수(dy/dx): 미분 dy를 만들어내기 위해 미분 dx에 곱한 수로 x의 값에 따라 변화함. y가 x의 함수인 것처럼 dy/dx 역시 x의 함수라고 할 수 있기 때문에 dy/dx는 $y = f(x)$의 도함수 즉 함수 $y = f(x)$에서 이끌어낸 새로운 함수라고 할 수 있음

4. sin함수의 미분

그림 3-24

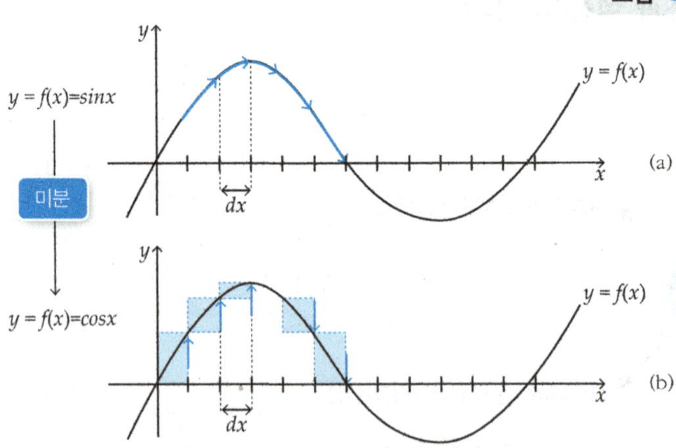

(a) $y = sinx$의 그래프를 그린 다음에 x축 구간을 dx로 동일하게 분할하고 일부를 잘라냄

(b) 잘라낸 곡선의 일부(미분)를 x성분 dx와 y성분 dy로 분해함(x축은 동일하게 분할했기 때문에 dx는 일정함)

5. 미분의 기본 공식

경제학에서는 기초적인 미분의 개념과 다음의 공식만 이해하면 충분하다. 보다 자세한 내용은 경제수학 책을 참조한다.

① 상수함수의 미분: $f(x) = c$: $\dfrac{dc}{dx} = 0$

② 일반함수 미분: $f(x) = x^n$: $\dfrac{d}{dx} f(x) = nx^{n-1}$

③ 상수배 공식: $\dfrac{d}{dx}[cf(x)] = c\dfrac{d}{dx} f(x)$

④ 합의 공식: $\dfrac{d}{dx}[f(x) + g(x)] = \dfrac{d}{dx} f(x) + \dfrac{d}{dx} g(x)$

⑤ 차의 공식: $\dfrac{d}{dx}[f(x) - g(x)] = \dfrac{d}{dx} f(x) - \dfrac{d}{dx} g(x)$

⑥ 곱의 공식: $\dfrac{d}{dx}[f(x)g(x)] = g(x)\dfrac{d}{dx} f(x) + f(x)\dfrac{d}{dx} g(x)$

⑦ 나눗셈의 공식: $\dfrac{d}{dx}\left[\dfrac{f(x)}{g(x)}\right] = \dfrac{g(x)\dfrac{d}{dx}f(x) - f(x)\dfrac{d}{dx}g(x)}{[g(x)]^2}$

〈예제〉 다음을 미분하라.

(1) $y = 11$

(2) $y = x^7$

(3) $y = 3x^7$

(4) $y = 4x^3 + 2x^2 + 1$

(5) $y = 4x^3 - 2x^2 + 1$

(6) $y = 2x^3(x^2 + 1)$

(7) $y = \dfrac{2x^2}{x^3}$

답

(1) $y' = \dfrac{dy}{dx} = 0$

(2) $y' = \dfrac{dy}{dx} = 7x^6$

(3) $y' = \dfrac{dy}{dx} = 21x^6$

(4) $y' = \dfrac{dy}{dx} = 12x^2 + 4x$

(5) $y' = \dfrac{dy}{dx} = 12x^2 - 4x$

(6) $y' = \dfrac{dy}{dx} = 10x^4 + 6x^2$

(7) $y' = \dfrac{dy}{dx} = -\dfrac{2}{x^2}$

Chapter 04

기업과 이윤극대화

1. 기업과 생산기술

1.1. 기업

(1) 기업의 개념

시장에서 거래되는 수많은 상품들을 생산하는 주체가 바로 기업(firm)이다. 현대 경제에서 기업은 생산요소를 적절하게 결합해서 상품을 생산하고 이를 시장에 판매하는 역할을 한다. 개인이 직접 생산을 할 수도 있지만 기업을 조직하여 생산하는 이유는 무엇일까? 만일 자동차를 개인이 생산한다고 하면 수많은 부품과 조립을 감당하기 어려울 것이다. 시장에서 일일이 필요한 부품을 구입하는 것도 어렵다. 따라서 조직적으로 팀을 형성하면 보다 쉽게 비용을 줄이면서 생산의 효율성을 높일 수 있다.

(2) 기업의 다양한 이해관계자

기업은 다양한 개인 또는 조직과 거래한다. 기업은 가계, 정부, 다른 기업과의 관계를 통해서 생산요소를 투입하여 상품과 서비스를 생산한다.

그림 4-1

기업의 다양한 이해관계자

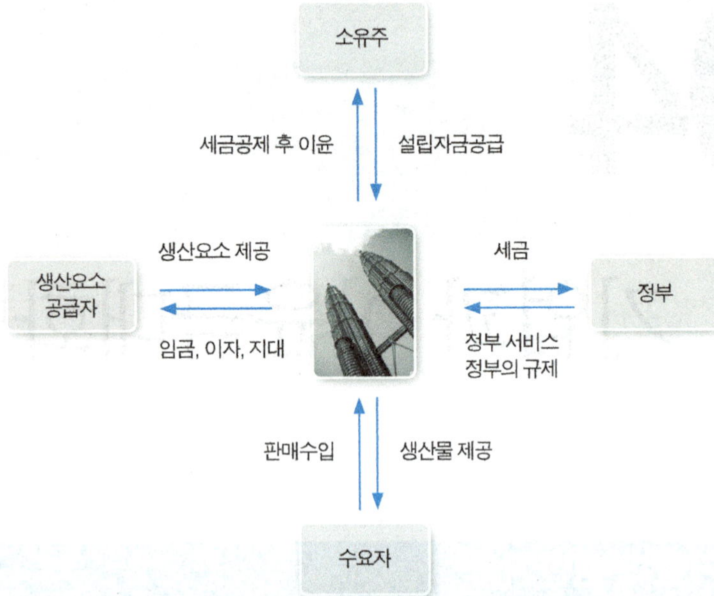

(3) 기업의 유형

◈ 개인기업, 합자회사

기업은 보통 개인기업, 합자회사, 주식회사로 크게 나눌 수 있다. 개인기업은 개인이 소유한 기업으로 소규모이지만, 일부는 매출액, 종업원의 수, 이윤으로 볼 때 큰 규모도 있다. **합자회사**(partnership)는 2인 혹은 그 이상의 사람들에 의해서 소유되는 기업이다. 대부분의 법률자문회사나 회계법인이 여기에 속한다.

합자회사
2인 혹은 그 이상의 사람들에 의해서 소유되는 기업

개인기업과 합자회사는 소유자에게 무한책임이 부여된다. 무한책임은 회사 소유자의 개인자산과 회사의 자산이 법적으로 구별되지 않는다는 것을 의미한다. 기업이 도산하면 개인이 무한책임을 지게 된다. 기업의 부채에 대해서 그 소유자가 책임을 지는 것은 당연하다고 생각할 수 있지만, 이러한 부담이 투자자로부터 자금을 끌어들이는 데 큰 장애가 된다. 왜냐하면 개인의 자산을 잃을 위험을 감수하면서 투자하기를 꺼리기 때문이다.

◈ 유한책임과 주식회사의 등장

19세기에는 주식회사의 설립을 허용하는 법안이 통과되어 기업의 소유자들은 유한책임만 지고 자신이 투자한 이상의 손실을 피할 수 있게 되었다. 법적으로 주식회사는 소유자들과 분리되기 때문에, 주식 발행을 통해서 자금을 조달하는 것이 가능하다. 만일 내가 구글(Google)의 주식을 매입했다면 그 주식을 소유한 비율만큼 소유권을 가지게 되고 구글이 파산을 하더라도 그 주식을 구입한 금액 이상의 손해를 보지 않는다. 따라서 주식회사는 대규모의 자금을 조달할 수 있지만, 회사의 조직과 운영이 쉽지 않다는 단점이 있다.

주식회사
소유와 경영이 분리되어 주식 발행을 통해서 자금을 조달하는 기업

표 4-1 기업의 유형에 따른 차이점

	개인기업	합자회사	주식회사
장점	소유자에 의한 경영	일의 분담	유한책임
	경영진 불필요	위험부담 분담	자금조달능력
단점	무한책임	무한책임	조직운영비용
	자금조달능력 제한	제한된 자금조달능력	

(4) 기업의 지배구조

◈ 기업의 지배구조

기업지배구조(corporate governance)는 주식회사가 어떻게 조직되어 있느냐는 것으로, 기업구조는 기업의 행위와 성과에 영향을 미치게 된다. 주식회사는 법적으로 주식을 보유하고 있는 주주(shareholder)가 소유한다. 가족기업(family business)과 달리 주주들은 기업을 직접 경영하지 않는다. 대신 이사회(board of directors)를 통해서 자신의 견해를 밝히고, 최고경영자(CEO: Chief Executive Officer)와 최고재무관리자(CFO: Chief Financial Officer)를 임명한다. 최고경영진 중 일부가 이사회의 일원인 경우 내부이사(inside director)라고 하고, 이사회의 일원이지만 경영에 관여하지 않는 경우를 사외이사(outside director)라고 한다.

기업지배구조
주식회사가 어떻게 조직되어 있느냐는 것으로, 기업의 행위와 성과에 영향을 줌

◈ 소유와 경영의 분리와 주인-대리인 문제

주식회사의 최고경영진은 일반적으로 주식을 많이 보유하고 있지 않다. 주주들이 기업을 소유하고 회사의 경영은 전문경영진을 선출하여 맡기는 경우가 대부분이다. 주식회사의 주주는 주인으로서 대리인인 최고경영진을 구성하지만, 주인과 대리인의 목표가 다르기 때문에 문제가 발생할 수 있다. 주인은 이윤을 많이 거두어 큰 배당을 기대하지만, 대리인인 경영진은 보다 큰 사무실, 값비싼 휴양지에서의 회의 개최, 전용 자동차의 구입 등 기업 이윤 측면에서는 바람직하지 않은 행동을 할 유인이 있다. 이렇게 기업의 소유(ownership)와 경영(management)이 분리되어 발생하는 경영자의 이익과 소유자의 이익이 상충하는 문제를 '주인-대리인 문제(principal-agent problem)'라고 한다.

(5) 기업의 자금 조달방법과 재무제표

◈ 직접금융과 간접금융

기업은 외부의 투자자로부터 자금을 공급받아야 한다. 보통 금융시장을 통해서 직접적으로 혹은 은행과 같은 금융중개기관을 통해서 간접적으로 자금을 공급받는다. 직접 자금을 조달하는 방법을 직접금융(direct finance)이라고 하는데, 유가증권을 이용한 채권(bond)과 주식(stock)이 있다. 그리고 은행을 통해서 자금이 풍부한 사람으로부터 자금이 부족한 기업으로 간접적으로 이전되는 것을 간접금융(indirect finance)이라고 한다.

◈ 채권

채권
일정한 금액을 상환하겠다는 약속을 나타내는 유가증권(financial security)

기업은 외부의 자금을 조달하기 위해서 증권거래소를 통해 채권이나 주식을 발행할 수도 있다. **채권**(bond)이란 일정한 금액을 상환하겠다는 약속을 나타내는 유가증권(financial security)이다. 채권에 만기일을 두어 만기일에는 원금을 상환하고, 만기일까지는 매년 일정한 이자를 지불하겠다는 것을 약속한다. 채권의 이자율은 보통 차입금에 대한 비율로서 자금차입에 대한 비용이다. 연간 이자지불액(coupon)을 채권 액면가에 대한 비율로 나타내면 이것이 채권에 대한 이자율 다시 말해 '표면이자율(coupon rate)'이 된다. 예를 들어 삼성전자가 액면가 100만원 하는 채권을 발행해 매년 이자를 6만원씩

참고 채권가격과 현재가치

오늘의 1,000원은 1년 후의 1,000원과 가치가 같지 않다. 오늘의 1,000원이 내년의 1,100원과 동일한 가치를 가진다고 하면, 오늘 1,000원을 빌려주었을 때 내년에는 10%의 이자율을 추가하여 돌려받게 된다. 미래에 받게 될 화폐의 가치는 현재의 화폐가치에 (1+이자율)을 곱한 것과 같다. 즉 1,100=1,000(1+0.1)이다. 이 식을 정리하면 $1{,}000 = \frac{1{,}100}{(1+0.1)}$ 로, 결국 다음의 공식이 성립할 수 있다.

$$\text{현재가치} = \frac{\text{미래가치}}{(1+r)}$$

만일 1,000원을 2년간 10%의 이자율로 빌려주었다고 했을 때 2년 후에 받게 될 금액은 1년 후에 1,000(1+0.1)=1,100원이 되고, 2년 후에는 1,100원에 다시 이자율 10%가 붙기 때문에 $1{,}000(1+0.1)(1+0.1)=1{,}000(1+0.1)^2=1{,}210$원이 된다. 이러한 논리를 활용하면 현재의 1,000원과 동등한 가치를 가지는 2년 후의 금액은 1,210원이다. 정리를 해보면,

$$1{,}210 = 1{,}000(1+0.1)^2$$
$$1{,}000 = \frac{1{,}210}{(1+0.1)^2}$$

이 식을 일반화하면,

$$\text{현재가치} = \frac{\text{n년 후 받을 미래가치}}{(1+r)^n}$$

현재가치의 접근법을 채권에 적용해보자. 가령 삼성전자가 2010년이 만기이고 이자현금흐름이 8만원인 100만원짜리 채권을 발행했다고 하자. 2008년 현재 이 채권을 매입하면, 2년 후인 2010년에 원금 100만원과 2년간 이자액을 합한 금액을 받게 된다. 이자율이 10%라고 할 때 이 채권의 이자현금흐름은 8만원이므로 보유채권의 현재가치는 다음과 같다.

$$\text{현재가치} = \frac{8}{(1+0.1)} + \frac{8}{(1+0.1)^2} + \frac{100}{(1+0.1)^2} = 96.592(\text{만원})$$

지급한다고 하면 이때 채권에 대한 이자율은 6/100 = 0.06(6%)이다. 삼성전자가 30년 만기의 채권을 발행한다고 할 때 이 채권을 구입하면 매년 6만원씩 이자를 받고 만기인 30년째 되는 해에 100만원의 원금을 받게 되는 것이다.

◈ 주식

채권과 달리 주식을 구입한다는 것은 기업의 소유권을 일부 구입한다는 의미이다. 주식이 소유권의 일부를 나타내는 유가증권이기 때문에, 구입 시 기업의 이윤을 나누어 가질 수 있는 권한을 지니게 된다. 주식회사는 보통 사업 확장을 위해서 이윤의 일부를 사내유보금(다른 투자를 위해 회사 내에 남겨두는 자금)으로 남겨두고, 나머지는 배당금(dividends)으로 주주에게 지불하게 된다.

주식
기업의 소유권을 일부 구입하는 유가증권

주식은 채권과 달리 만기가 없고 기업도 특정일이 되었을 때 투자자의 자금을 상환해

참고 **주식가격과 현재가치**

주주가 기업에게 받는 이윤을 배당이라고 한다. 주식을 보유한다는 것은 법적으로 기업의 이윤 중 일부에 대한 권리를 획득하는 것이다. 주식 한 주의 가격은 투자자가 그 주식을 소유함에 따라서 받을 것이라고 예상하는 현재가치와 동일해야 한다. 이를 일반적인 식으로 나타내면 다음과 같다.

$$\text{주식가격} = \frac{\text{배당금}_1}{(1+i)} + \frac{\text{배당금}_2}{(1+i)^2} + \cdots$$

주식과 채권의 차이를 살펴보면, 먼저 주식은 채권과 달리 만기가 없기 때문에 무한한 횟수에 걸쳐 배당지급금의 현재가치를 계산해야 한다. 그러나 그 금액은 매우 작을 수밖에 없다. 40년 후에 받게 될 1만원의 배당은 이자율이 10%일 때 현재가치상 약 200원밖에 되지 않는다. 또한 채권은 이자현금흐름이 확실성을 가지고 있지만, 주식은 보유에 따른 배당금이 기업의 미래수익성에 달려 있기 때문에 얼마가 될지 확실히 알 수 없다.

야 할 의무를 지니고 있지 않다.

◈ 기업정보와 재무상태표

기업이 자금을 조달하기 위해서는 수익성을 지닌 건전한 기업이라는 것을 알려야 한다. 따라서 기업은 재무정보를 투자자들에게 직접 제공하기도 하고, 관련 중개기관을 이용해 간접적으로 자신의 정보를 제공하기도 한다.

투자자들에게는 기업의 수익과 비용 그리고 기업이 소유한 자산의 가치와 타인이나 다른 기업에 지고 있는 부채에 대한 정보가 필요하다. 이러한 정보의 획득에는 대차대조표나 손익계산서와 같은 재무상태표(financial statement)를 활용할 수 있다.

손익계산서
일정기간 동안 기업의 성과와 관련한 수익, 비용, 이윤에 대한 정보가 요약된 보고서

손익계산서(income statement)는 일정기간 동안 기업의 성과와 관련한 수익, 비용, 이윤에 대한 정보가 요약되어 있는 보고서이다. 손익계산서를 작성하는 목적 중의 하나는 기업이 일정기간 동안에 얼마나 이익을 남겼는지 또는 손해를 보았는지를 정확하게 계산하는 데 있다(〈표 4-2〉 참조).

대차대조표
일정시점에서 기업이 재무상태 즉 자산, 부채 및 자본 내용을 기록한 표

대차대조표(balance sheet)는 일정시점에서 기업이 재무상태 즉 자산, 부채 및 자본 내용을 기록한 표이다. 기업은 주주가 출자한 자본금과 금융기관 등으로부터 차입한 부채를 재원으로 하여 건물과 기계장치 등의 설비를 구입하거나 현금이나 예금 등 유동자산의 형태로 보유하면서 기업의 운영자금으로 사용한다. 자본과 부채는 대차대조표의 오른쪽인 대변에 기록되어 자금조달의 원천을 나타내고, 자산은 대차대조표의 왼쪽인 차변에 기록

되어 조달된 자금의 상태를 보여준다(〈표 4-3〉 참조).

표 4-2 손익계산서

ㅇㅇ기업 2019. 현재 (단위 : 억원)

매출액(수익) (-) 매출원가	420 332
매출 총이익 (-) 판매비및 관리비	88 52
영업이익 (+) 영업외 수익 (-) 영업외 비용	36 33 37
법인세 비용차감전 순이익 (-) 법인세비용	32 3
당기순손익	30

표 4-3 대차대조표

ㅇㅇ 기업 2019. 현재 (단위 : 억원)

차변		대변	
유동자산	**196**	**유동부채**	**218**
현금및현금성자산	147	금융부채	48
대여금및수취채권	34	충당부채	123
기타금융자산	75	기타부채	47
재고자산	38	**비유동부채**	**171**
기타자산	49	금융부채	75
비유동자산	**323**	퇴직급여부채	66
대여금및수취채권	80	기타부채	17
기타금융자산	226	**자본**	**130**
투자부동산	56	납입자본	46
유형자산	110	이익잉여금	60
무형자산	58	기타자본요소	3
영업권	2	매각예정비유동자산과 관련된 자산항목	2
기타자산	13		
비유동자산	4		
자산총계	**519**	**부채와 자본총계**	**519**

참고 **사베인스 - 옥슬리법**

2002년에는 회계부정사건이 많았다. 에너지회사 엔론(Enron)은 부채를 제휴기업에 이전시켜 대차대조표상의 부채를 줄이고 기업의 순가치를 부풀렸다는 이유로 기소되었다. CFO인 앤드류 패스토우(Andrew Fastow)는 2004년 회계부정 혐의로 10년형을 선고받았다. 통신회사인 월드컴(World Com)은 실제비용을 축소하여 수익이 증가한 것처럼 장부를 조작한 혐의로 기소되었다. 엔론과 월드컴의 회계부정은 미국 기업 역사상 가장 큰 규모의 회계부정사건이었다. 이러한 사태를 방지하기 위해서 2002년 미국은 사베인스-옥슬리법(Sarbanes-Oxley Act)을 제정하였다. 정부가 재무제표를 작성하는 데 규제를 하고 있지만 정확성을 완전히 보장하는 것은 아니다. 기업공개를 한 모든 기업은 회계사로부터 감사를 받아야 한다. 또한 이사들이 재무정보에 대해 일정수준 이상의 전문지식을 지니고, 재무분석가들과 회계감사들은 기업의 재무 상태를 평가할 때 독립성을 보장받아야 한다. 이 법안의 목적은 주주의 이익을 최대한 보장하는 것이다. 경영진의 책임을 명시하고, 이를 이행하지 않는 경영자들에게는 형을 강화하였다.

1.2. 생산함수

(1) 생산기술과 생산함수

기술
생산요소를 재화와 서비스로 전환하기 위해서 사용하는 여러 가지 방법

기업은 노동자, 기계, 천연자원과 같은 투입물(input)을 사용해서 재화나 서비스와 같은 산출물(output)을 생산한다. **기술**이란 생산요소를 재화와 서비스로 전환하기 위해서 사용하는 여러 가지 방법을 일컫는다. 피자가게의 경우 피자 소스와 반죽, 요리사, 오븐과 같은 투입요소를 사용하여 맛있는 피자를 생산한다. 이때 피자를 생산하는 기술은 피자의 오븐 성능과 더불어 얼마나 적당한 온도에서 빠르게 피자를 구워낼 수 있는가의 능력에 달려 있다. 여기에 요리사들이 더 열심히 일할 수 있도록 격려해주고 일에 보람을 느낄 수 있도록 분위기를 조성해주고, 필요한 설비와 자재를 잘 조정하는 경영도 생산에 꼭 필요한 요소라고 할 수 있다.

생산함수
일정기간 동안 여러 투입요소를 이용해서 생산 가능한 최대한의 생산량

기업의 입장에서 기술수준은 주어져 있다고 가정한다. 경제학에서는 기술적인 제약을 생산함수에 반영한다. **생산함수**란 일정기간 동안 주어진 기술수준에 직면한 기업이 여러 투입요소를 이용해서 생산할 수 있는 최대한의 생산량을 말한다. 즉 투입요소와 생산물 간의 수학적인 함수관계를 보여준다.

일반적으로 경제학에서는 단순화를 위해서 투입물인 생산요소에는 노동과 자본만이 존재한다고 가정한다.

그림 4-2

기업의 생산함수

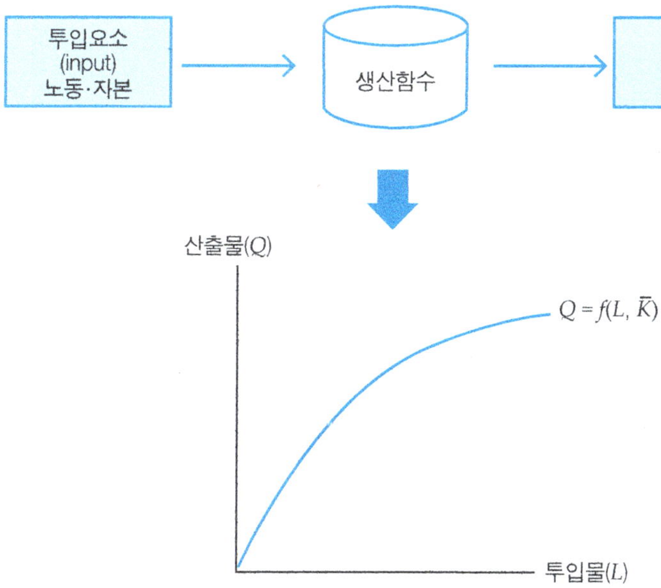

(2) 생산기간: 단기와 장기

생산요소 중에서 기계 등 공장설비와 같은 자본은 늘리거나 줄이거나 하는 데 시간이 걸리지만, 노동은 자본에 비해서 쉽게 늘리거나 줄일 수 있다. 경제학에서는 기간을 단기(short run)와 장기(long run)로 나누어 분석한다.

단기란 기업의 투입요소 중에서 적어도 하나의 투입요소가 고정되어 있는 기간을 말한다. 기업의 물리적인 생산설비인 공장, 사무실 등의 자본이 고정되어 있는 기간을 예로 들 수 있다. 이때 자본을 고정된 것으로 보는 이유는 노동이 자본(생산설비)에 비해서 상대적으로 늘렸다 줄였다 하기 쉽기 때문이다. 물론 반대로 애플의 스티브 잡스나 GE의 잭 웰치 같은 유능한 전문경영자는 상대적으로 쉽게 구하기 어려울 수도 있다. 그렇지만 일반적으로 노동은 신축적 운용이 가능하여 자본에 비해서 상대적으로 가변적이다. 반면에 장기는 기업이 모든 투입요소를 변화시킬 수 있을 만큼 충분히 긴 기간을 말한다. 새로운 기술을 수용하거나 물리적 생산설비의 규모를 조정할 수도 있다.

단기
기업의 투입요소 중에서 적어도 하나가, 예를 들면 기업의 기술, 물리적인 생산설비인 공장, 사무실 등의 규모가 고정되어 있는 기간

장기
기입이 모든 투입요소를 변화시킬 수 있는 기간

따라서 단기와 장기의 기간문제는 산업마다 다를 수밖에 없다. 예를 들어 피자를 생산

하는 경우는 상점을 마련하고 종업원을 뽑고 재료를 준비하는 데 몇 달이면 충분하지만, 자동차를 생산하는 경우는 수많은 부품 계약을 체결하고 공장설비를 마련하는 데 최소한 몇 년은 걸릴 것이기 때문에 피자 생산과 자동차 생산의 장기와 단기의 길이는 다를 것이다.

1.3. 단기생산함수와 장기생산함수

기업이 단기에 생산을 할 때는 고정투입요소가 존재하는 경우이다. 앞의 피자 생산의 경우 설비와 가게의 규모는 피자를 얼마나 생산하는가의 문제와 상관없이 일정한 상태로 고정되어 있다. 그러나 피자의 재료량과 종업원의 수는 쉽게 늘리거나 줄이거나 할 수 있는 가변생산요소이다. 〈그림 4-3〉은 자본량이 2로 고정되어 있는 경우 종업원인 노동자의 수를 늘려감에 따라 얻게 되는 총생산량을 나타낸 것이다. 총생산량이란 노동과 자본을 배합하여 생산할 수 있는 최대한의 산출량을 나타낸다.

경제학에서는 이와 같이 단기와 장기를 고정투입요소가 존재하는가의 여부로 구별한다. 단기에는 자본(*K*)이 고정되어 있어 노동(*L*)만 가변적으로 조절할 수 있는 투입요소가 된다. 그러나 장기에는 자본도 늘렸다 줄였다 할 수 있는 가변투입요소가 된다. 이러한 특성을 생산함수로 나타내면 다음과 같다.

그림 4-3

노동과 자본 투입량과 피자 생산량

노동량	자본량	하루 피자 총생산량
0	2	0
1	2	30
2	2	90
3	2	140
4	2	180
5	2	210
6	2	220
7	2	225
8	2	228
9	2	230
10	2	231

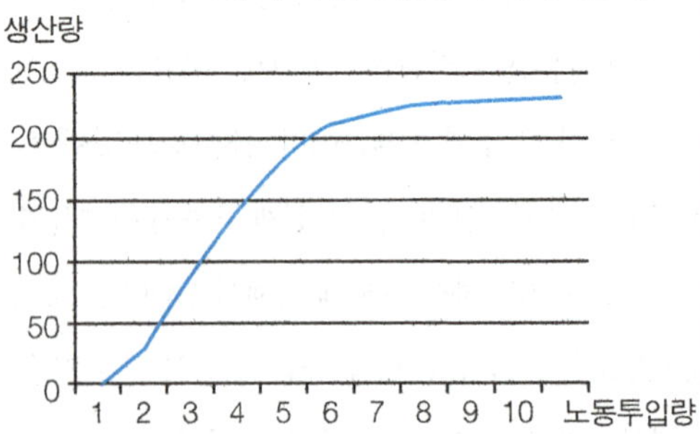

$$단기생산함수: Q = f(L, \bar{K})$$

$$장기생산함수: Q = f(L, K)$$

1.4. 한계수익체감의 법칙

앞에서는 피자 생산의 경우에 자본은 고정되어 있는 단기에서 노동의 투입량을 증가시킴에 따라 총생산량이 변화하는 관계를 보여주는 총생산곡선을 살펴보았다.

(1) 평균생산

학교에서 평점이라고 하면 전체적으로 받은 총점수를 수강한 학점수로 나눈 값을 말한다. 마찬가지로 '**노동의 평균생산**(AP_L: Average Product of Labor)'은 총생산량을 투입한 노동의 수로 나눈 값이다.

노동의 평균생산
총생산량을 투입한 노동의 수로 나눈 값

$$노동의 평균생산(AP_L) = \frac{Q}{L}$$

〈그림 4-4〉는 피자를 생산하는 데 있어서 노동의 평균생산량을 보여준다. 만일 노동

그림 4-4

피자를 만드는 데 있어 노동의 평균생산

노동량	하루 피자 총생산량	평균생산량
0	0	0.0
1	30	30.0
2	90	45.0
3	140	46.7
4	180	45.0
5	210	42.0
6	220	36.7
7	225	32.1
8	228	28.5
9	230	25.6
10	231	23.1

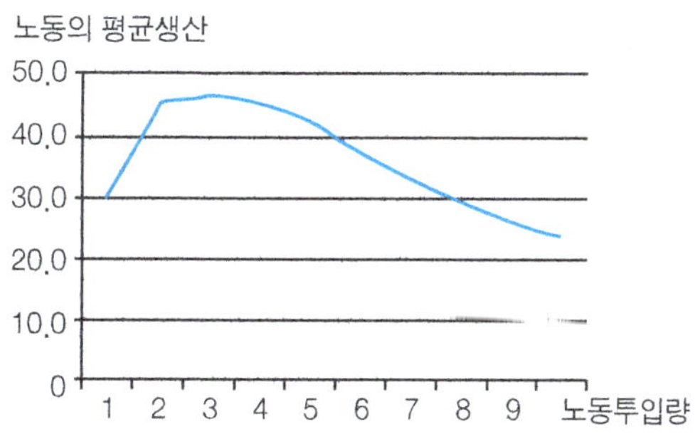

투입량이 3일 때의 평균생산량을 구한다면 총생산량 140을 투입노동량 3으로 나눈 값이 된다.

(2) 한계생산

노동의 한계생산
노동자 1명을 추가적으로 고용할 때마다 생산량은 변화하는데, 추가적으로 1명 고용할 때 증가하는 생산량

생산량은 노동자 1명을 추가적으로 고용할 때마다 변화하는데, 추가적으로 1명 고용할 때 증가하는 생산량을 '**노동의 한계생산**(MP_L: Marginal Product of Labor)'이라고 한다. 거듭 설명하지만 '한계(marginal)'는 한 단위를 추가로 증가시켰을 때를 의미한다. 이것은 수리적으로는 '미분'의 개념이고, 그래프상으로는 '접선의 기울기'로 나타낼 수 있다.

$$\text{노동의 한계생산}(MP_L) = \frac{\Delta Q}{\Delta L}$$

위의 피자 생산의 경우 노동의 증가분에 따른 한계생산량을 구하면 〈그림 4-5〉와 같다. 그림에서 알 수 있는 것처럼, 노동의 한계생산은 처음에는 증가하다가 노동의 투입량이 2명을 넘어서는 순간부터 체감하기 시작한다. 이렇게 노동의 투입량이 증가함에 따라서 노동의 한계생산이 증가하는 경우를 '**노동의 한계수익 체증**(increasing marginal

노동의 한계수익 체증
노동의 투입량이 증가함에 따라서 노동의 한계생산이 증가하는 경우

그림 4-5

피자를 만드는 데 있어 노동의 한계생산

노동량	하루 피자 총생산량	피자 한계생산량
0	0	0
1	30	30
2	90	60
3	140	50
4	180	40
5	210	30
6	220	10
7	225	5
8	228	3
9	230	2
10	231	1

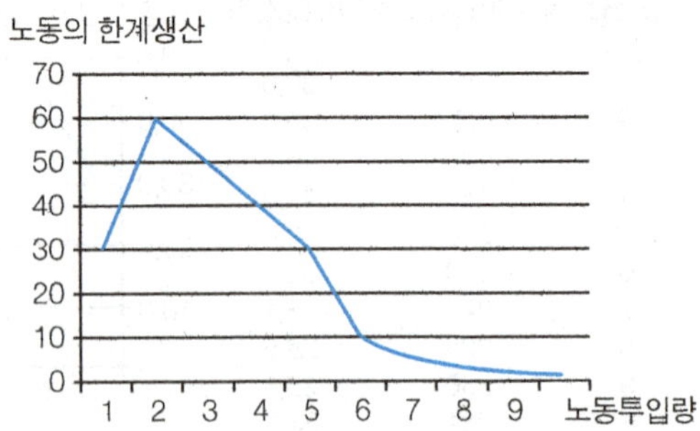

returns to labor)'이라고 하고, 반대로 감소하는 경우를 '**노동의 한계수익 체감**(diminishing marginal returns to labor)'이라고 한다.

노동의 한계수익 체감
노동의 투입량이 증가함에 따라서 노동의 한계생산이 감소하는 경우

〈그림 4-5〉와 같이 처음에 한계수익이 체증하는 이유는 노동의 분업(division of labor)과 전문화(specialization)로 인한 이득이 생기기 때문이다. 혼자 피자를 생산하다가 노동자 한두 명이 추가되면 서로 잘하는 부분을 나누어 협력할 수도 있고, 어느 하나의 일만 하다보면 전문성이 생기기 때문이다. 그러나 피자가게라고 할 수 있는 자본이 주어져 있기 때문에 노동력을 계속 증가시키면 놀고 있는 사람이 생길 수도 있고 서로 다툼이 생길 수도 있는 등 좁은 장소에서 효율적으로 일을 할 수 없게 되어 노동자 한 명의 생산량은 감소하게 될 것이다. 이처럼 한계생산법칙은 보편적으로 우리 주변에서 확인할 수 있는 법칙이다.

1.5. 장기생산함수와 등량곡선

(1) 장기생산함수의 형태

장기생산함수는 가변적인 모든 생산요소들의 결합으로 생산할 수 있는 최대의 산출량 수준을 나타낸다.

$$Q = f(L, K)$$

장기에서는 다양한 노동과 자본의 결합 중에서 어떠한 생산요소를 결합할 것인가의 문제에 직면하게 되는데, 이에 대한 정보를 제공하는 것이 바로 등량곡선이다.

(2) 등량곡선 개념

등량곡선이란 어떤 상품을 생산하는 데 있어서 동일한 수준의 산출량을 효율적으로 생산해낼 수 있는 여러 가지 서로 다른 생산요소의 조합을 연결한 곡선을 말한다. 등량곡선은 무차별곡선과 그 형태가 유사하고 특성도 비슷하다. 단, 무차별곡선이 효용의 서수성을 가정하지만, 등량곡선은 산출량의 기수성을 가정한다는 점에서 차이가 있다.

그림 4-6

등량곡선

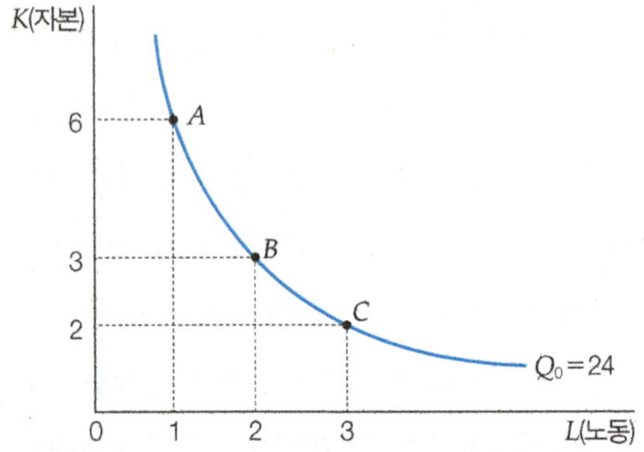

(3) 등량곡선의 특성

등량곡선은 다음과 같은 특성을 지니고 있다.

① 가로축(L축)과 세로축(K축) 사이에 존재하는 모든 점들에는 그 점을 지나는 하나의 등량곡선이 지나간다.

② 두 생산요소의 한계생산물이 양(+)인 경우에는 원점에서 멀리 떨어진 등량곡선일수록 산출량이 높아진다.

③ 두 생산요소의 한계생산물이 양(+)이면서 생산요소 사이에 연속적인 대체가 가능할 때 등량곡선은 우하향한다.

④ 기술적 왜곡이 없는 한 등량곡선은 서로 교차하지 않는다.

⑤ 등량곡선은 원점에 대해서 볼록한 형태를 지니는데, 한계기술대체율이 체감하기 때문이다.

1.6. 한계기술대체율

(1) 한계기술대체율 개념

노동과 자본 간의 한계기술대체율($MRTS_{LK}$: marginal rate of technical substitution)이란 동일한 생산수준을 유지하면서 노동을 추가로 한 단위 더 고용할 때 포기해야 하는 자본량을 말한다.

$$(MRTS_{LK}) = -\frac{\Delta K}{\Delta L}\Big|_{\overline{Q}} = \frac{MP_L}{MP_K}$$ [1]

등량곡선상의 한 점에서의 $MRPS_{LK}$는 그 점에서 그은 접선의 기울기의 절대값으로 표시된다. $MRTS_{LK}$는 노동의 한계생산물과 자본의 한계생산물의 비율로 표현할 수도 있다.

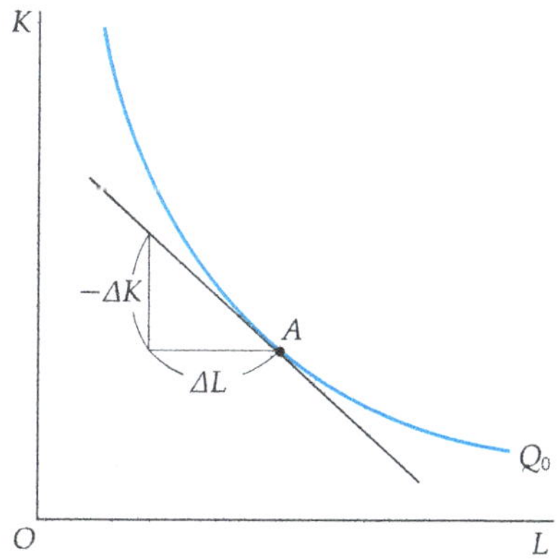

그림 4-7

등량곡선의 형태와 한계기술대체율

(2) 한계기술대체율체감의 법칙

한계기술대체율체감의 법칙이란 동일한 생산수준을 유지하면서 자본을 노동으로 대체해 나가면 노동의 자본에 대한 $MRTS_{LK}$는 점점 감소하게 되는 것을 말한다. 한계기술대체율체감의 법칙이 성립하게 되면 등량곡선은 원점에 대해서 볼록한 형태를 취하게 된다. 〈그림 4-8〉에서 노동을 한 단위 고용하다가 추가로 한 단위 더 고용할 때 포기해야 하는 자본량은 3단위인데, 노동을 두 단위에서 추가로 한 단위 더 고용하게 되면 자본은 1단위만 포기해도 된다.

한계기술대체율체감의 법칙은 매 기당 일정한 산출량을 생산함에 있어서 생산요소간 대체가 점점 어려워진다는 것을 의미한다.[2]

1 동일한 등량곡선상에서는 다음의 조건이 성립한다: $\Delta Q = \Delta L \times MP_L + \Delta K \times MP_K = 0$

그림 4-8

한계기술대체율의 체감

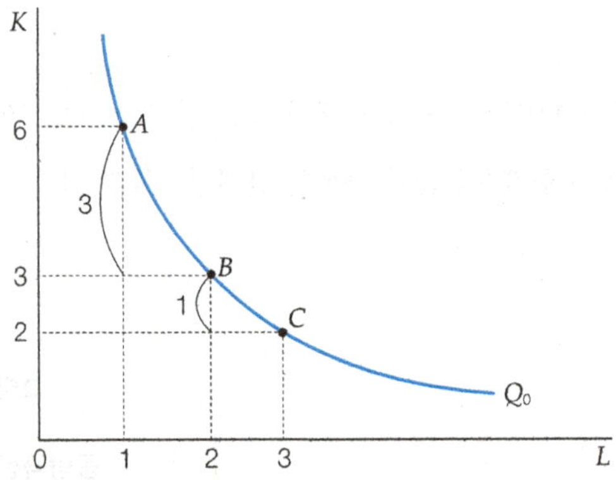

(3) 특수한 형태의 등량곡선

◈ 완전대체재 관계 생산함수: $Q=\alpha L+\beta K$

두 생산요소 간에 완전대체가 이루어지면 등량곡선은 우하향하는 직선의 형태를 지닌다. $MRTS_{LK}=\frac{MP_L}{MP_K}=\frac{\alpha}{\beta}$는 일정한 상수가 된다.

◈ 레온티에프 생산함수: $Q=min(\frac{L}{\alpha}, \frac{K}{\beta})$

두 생산요소 간에 대체가 전혀 이루어지지 않으면서 생산요소의 결합비율이 항상 고정되어 있는 경우 등량곡선은 L자 형태가 된다. 노동과 자본의 결합비율은 A점과 B점에서 $\alpha:\beta$로 일정하다.

L자형 등량곡선의 수직선 부분에서는 $MRTS_{LK}=\frac{MP_L>0}{MP_K=0}=\infty$가 되고, 수평선의 부분에서는 $MRTS_{LK}=\frac{MP_L=0}{MP_K>0}=0$이 된다.

2 세 개의 생산요소가 존재하는 경우에 어느 한 생산요소가 고정되어 있는 단기에도 나머지 두 개의 가변요소 간에 한계기술대체율체감의 법칙이 성립할 수 있다.

그림 4-9

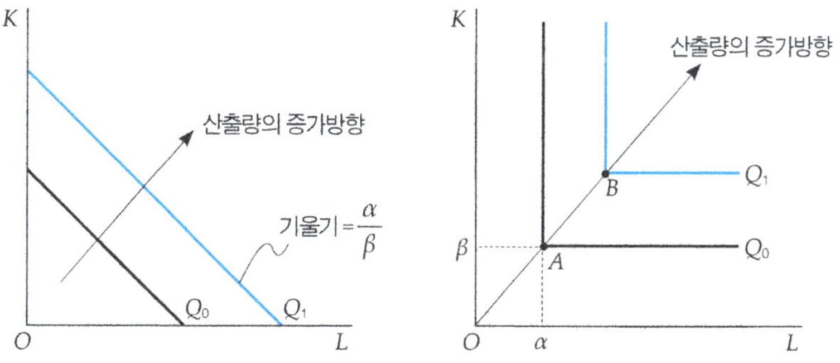

(a) (b)

완전대체재와 완전보완재의 등량곡선

(a) 완전대체재 등량곡선
(b) 완전보완재 등량곡선

표 4-4 특수한 형태의 등량곡선

특수한 형태	등량곡선	특징
수평선	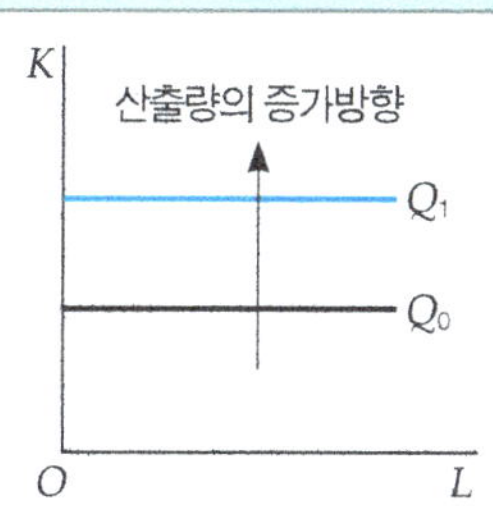	$MP_L=0$ $MP_K>0$ $MRTS_{LK}=0$
수직선	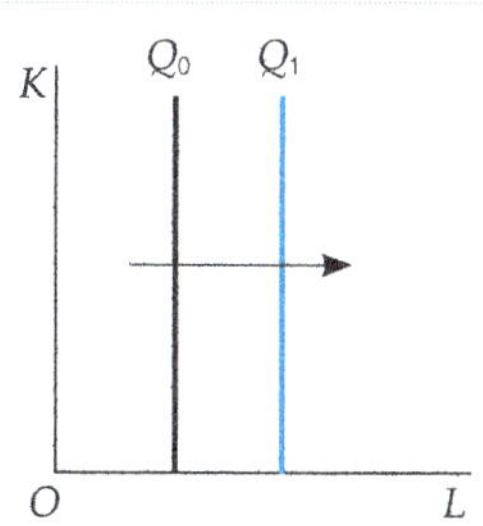	$MP_L>0$ $MP_K=0$ $MRTS_{LK}=\infty$

특수한 형태	등량곡선	특징
우상향하는 곡선	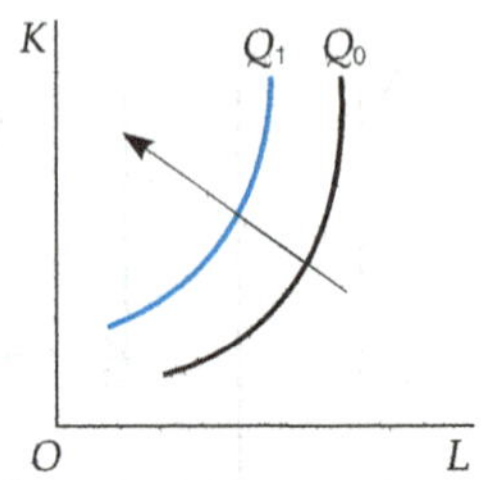	$MP_L < 0$ $MP_K > 0$ $MRTS_{LK} < 0$
우하향하는 곡선	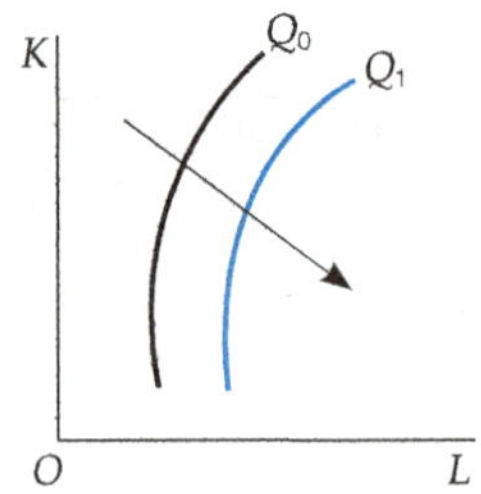	$MP_L > 0$ $MP_K < 0$ $MRTS_{LK} < 0$
원점에 대해 오목한 곡선	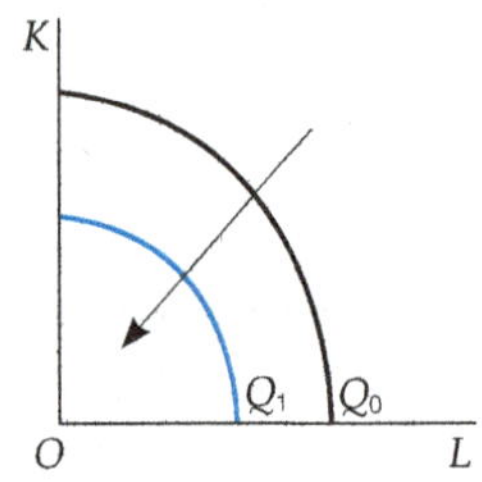	$MP_L < 0$ $MP_K < 0$ $MRTS_{LK}$ 체증

1.7. 요소대체탄력성

(1) 요소대체탄력성 개념

요소의 대체탄력성(σ)이란 생산의 기술적 특성에 따라서 요소간 대체가 얼마나 쉽게 이루어질 수 있는가의 정도를 나타낸 지표이다. 생산요소의 대체탄력도는 생산량을 일정하게 유지하는 동일한 등량곡선상에서 한계기술대체율($MRTS_{LK}$)이 1% 변화할 때 생산요소 투입비율인 요소집약도$\left(\frac{K}{L}\right)$가 얼마나 변화하는지를 나타낸다.

$$\sigma = \frac{\Delta\left(\frac{K}{L}\right)/\left(\frac{K}{L}\right)}{\Delta MRTS_{LK}/MRTS_{LK}} = \frac{\Delta\left(\frac{K}{L}\right)/\left(\frac{K}{L}\right)}{\Delta\left(\frac{MP_L}{MP_K}\right)/\left(\frac{MP_L}{MP_K}\right)}$$

(2) 요소대체탄력성과 등량곡선 형태

$MRTS_{LK}$는 등량곡선상의 어느 한 점에서의 접선의 기울기의 절대값으로 측정하고 $\left(\frac{K}{L}\right)$는 원점과 등량곡선상의 한 점을 연결한 직선의 기울기로 측정한다. 등량곡선상이 한 점 A에서 다른 점 B로 이동할 때 $MRTS_{LK}$는 $MRTS^A_{LK}$에서 $MRTS^B_{LK}$로 감소하고, $\left(\frac{K}{L}\right)$는 $\left(\frac{K}{L}\right)_0$에서 $\left(\frac{K}{L}\right)_1$으로 감소하게 된다. 이때 두 가지 변동비율을 비교하여 대체탄력성을 구할 수 있다.

그림 4-10

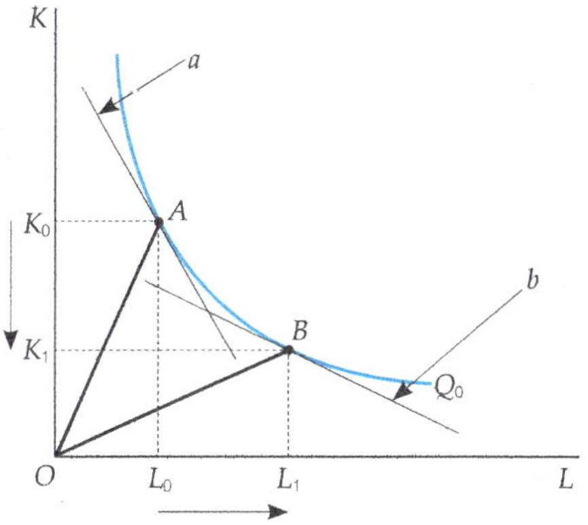

요소대체탄력성과 등량곡선

a: 기울기의 절대값$=MRTS^A_{LK}$
b: 기울기의 절대값$=MRTS^B_{LK}$

요소의 대체탄력성(σ)은 등량곡선의 형태와 매우 밀접한 관련을 가지게 된다. 등량곡선이 원점에 대해서 볼록한 정도가 크면 σ는 작고, 원점에 대해서 완만한 형태를 지니면 σ는 비교적 커진다.

그림 4-11

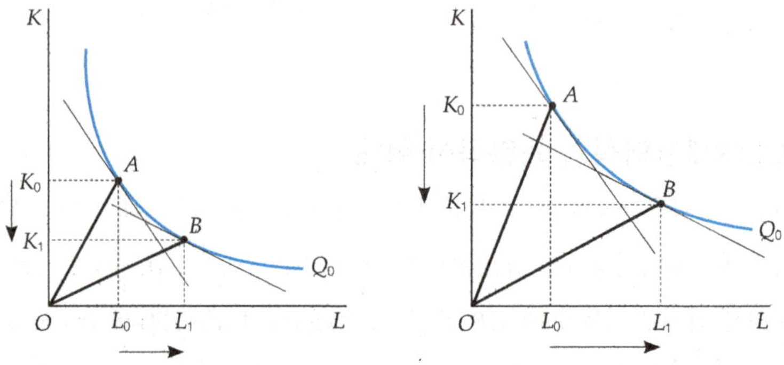

(a) (b)

요소의 대체탄력성과 등량곡선 형태

(a) σ가 비교적 작을 경우
(b) σ가 비교적 클 경우

표 4-5 다양한 등량곡선

	콥-더글라스 1차동차 생산함수	생산요소간 완전대체가 가능한 생산함수	레온티에프 생산함수
생산함수	$Q=AL^{\alpha}K^{1-\alpha}$	$Q=\alpha L+\beta K$	$Q=min\left(\frac{L}{\alpha}, \frac{K}{\beta}\right)$
등량곡선	직각쌍곡선	우하향의 직선	L자형
대체탄력도	$\sigma=1$	$\sigma=\infty$	$\sigma=0$
대체탄력도의 측정	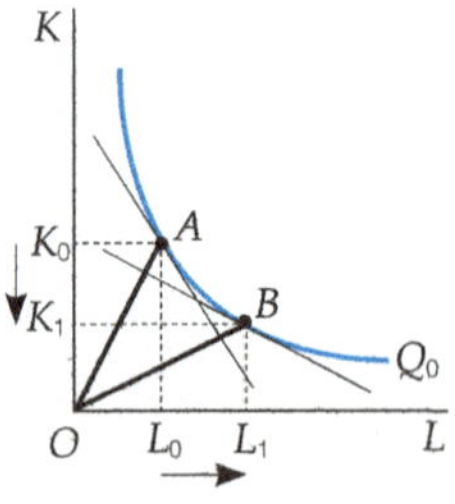	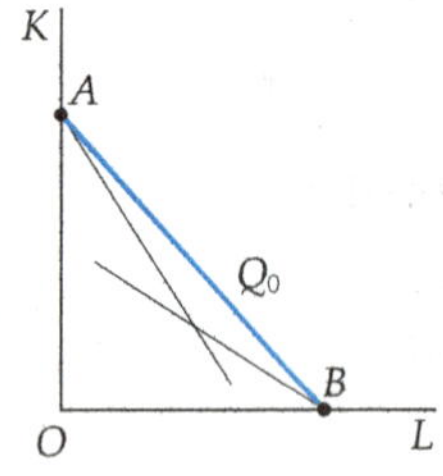	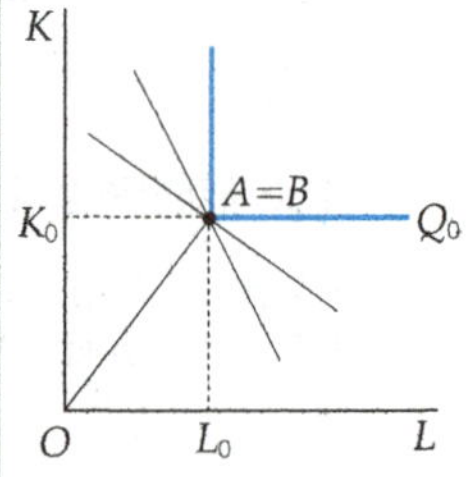
특징	$MRTS_{LK}$가 1% 하락하면 $\frac{K}{L}$도 1% 하락한다.	$MRTS_{LK}$가 미소하게 변화해도 $\frac{K}{L}$는 극에서 극으로 변화한다.	$MRTS_{LK}$가 아무리 변화해도 $\frac{K}{L}$가 고정되어 있다.

(3) 요소의 대체탄력성과 소득분배

대체탄력성(σ)은 장기생산자 균형조건을 이용해 변형할 수 있다. 생산자 균형조건은 $MRTS_{LK}=\frac{MP_L}{MP_K}=\frac{w}{r}$이므로 요소의 대체탄력성은 다음과 같이 쓸 수 있다.

$$\sigma = \frac{\Delta\left(\frac{K}{L}\right)/\left(\frac{K}{L}\right)}{\Delta MRTS_{LK}/MRTS_{LK}} = \frac{\Delta\left(\frac{K}{L}\right)/\left(\frac{K}{L}\right)}{\Delta\left(\frac{MP_L}{MP_K}\right)/\left(\frac{MP_L}{MP_K}\right)} = \frac{\Delta\left(\frac{K}{L}\right)/\left(\frac{K}{L}\right)}{\Delta\left(\frac{w}{r}\right)/\left(\frac{w}{r}\right)}$$

따라서 요소의 대체탄력성은 일정한 생산량하에서 생산요소의 상대가격인 $\left(\frac{w}{r}\right)$가 1% 변화할 때 생산요소 투입비율인 $\left(\frac{K}{L}\right)$가 얼마나 변화하는가를 나타낸다. 힉스(R. Hicks)는 이를 노동과 자본 간의 소득분배를 분석하는 데 이용하였다.

1.8. 규모에 대한 보수

(1) 규모에 대한 보수 개념

규모에 대한 보수(returns to scale)란 모든 생산요소를 똑같은[3] 비율로 변동시켰을 때 산출량이 어떤 비율로 변화하는가를 나타낸다. 모든 생산요소의 투입량을 λ배로 증가시켰을 때 생산량이 λ배보다 크게 증가하면 규모에 대한 보수 증가라고 하고, λ배로 증가하면 규모에 대한 보수 불변, λ배보다 작게 증가하면 규모에 대한 보수 감소라고 한다.

일반적으로 기업의 생산규모가 커짐에 따라서 규모에 대한 보수 증가[4] → 규모에 대한 보수 불변 → 규모에 대한 보수 감소[5]가 나타난다.

3 만일 생산요소의 투입량을 각 생산요소마다 다르게 변동시키게 되면 규모에 대한 보수의 개념은 성립하지 않는다. 따라서 규모에 대한 보수는 장기생산함수의 성질 가운데 일부만 설명해준다.

4 처음에 규모에 대한 보수 증가가 나타나는 이유는 분업에 따른 전문화, 경영의 효율성, 금전상의 이득 때문이다.

5 나중에 규모에 대한 보수 감소가 일어나는 이유는 생산규모가 지나치게 커지면서 분업과 전문화에 따른 부작용과 경영의 비효율성이 커져 금전상의 이득을 압도하기 때문이다.

(2) 규모에 대한 보수와 등량곡선

규모에 대한 보수를 등량곡선에 표현하면 다음과 같다. 규모에 대한 보수 증가는 노동과 자본을 똑같이 2배, 3배 증가시킬 때 생산량은 각각 3배, 6배로 증가하는 경우를 들 수 있다. 마찬가지로 규모에 대한 보수 불변과 규모에 대한 보수 감소를 등량곡선의 형태로 나타내면 다음과 같다.

그림 4-12

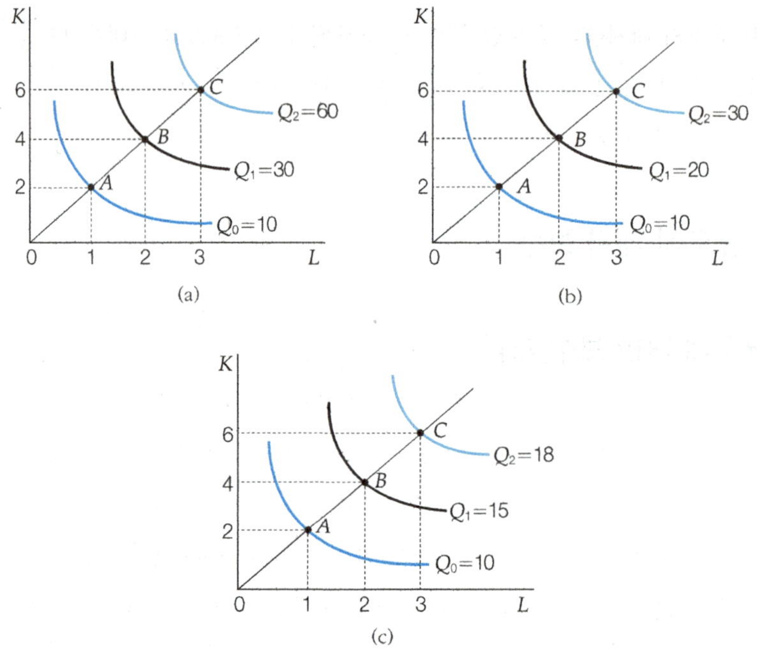

규모에 대한 보수와 등량곡선 형태

(a) 규모에 대한 보수 증가
(b) 규모에 대한 보수 불변
(c) 규모에 대한 보수 감소

(3) 규모에 대한 보수와 규모의 경제

규모에 대한 보수는 생산비의 개념과 연관 지을 수도 있다. 만일 임금(w), 자본임대료(r)가 일정하게 주어진 경우 모든 생산요소의 투입량을 λ배 증가시킨다면 장기총생산비는 λ배만큼 증가하게 된다. 장기총생산비를 λ배로 증가시키는데 생산량이 λ배보다 크게 증가하면 장기평균비용이 감소하고, 이를 규모에 대한 보수 증가 또는 규모의 경제(economies of scale)라고 한다. 마찬가지로 규모에 대한 보수 불변은 장기평균비용이 일정한 상태를 의미하고, 규모에 대한 보수 감소는 장기평균비용이 증가하는 상태 또는 규모의 비경제(diseconomies of scale)라고 한다.

주의해야 할 점은 규모에 대한 보수 증가(감소)가 존재하면 규모의 경제(비경제)가 성립하지만 반드시 그 역이 성립하는 것은 아니다. 왜냐하면 규모에 대한 보수 증가(감소)는 모든 생산요소의 투입량을 동일한 비율로 변동시킬 때 적용되는 개념이지만 규모의 경제(비경제)는 이러한 조건이 반드시 충족되지 않아도 성립할 수 있는 개념이기 때문이다.

(4) 규모에 대한 보수와 수확체감법칙

규모에 대한 보수는 장기의 개념이고, 수확체감법칙은 단기의 개념이다. 따라서 두 개념은 양립할 수 있다. 규모에 대한 보수는 장기에 모든 생산요소들을 동시에 같은 비율로 증가시킬 때 나타나는 현상이고, 수확체감법칙은 단기에 주어진 고정투입요소에 가변요소를 계속해서 변화시킬 때 나타나는 현상이다. 따라서 기본가정부터 다르기 때문에 두 개념은 양립 가능하다. 따라서 단기에 수확체감이 발생했다고 해서 장기에 규모에 대한 보수 감소가 나타나는 것은 아니다. 그러나 생산요소가 단 하나뿐인 경우라면 단기의 수확체감은 장기에 규모에 대한 보수 감소와 연결될 수 있다.

(5) 규모에 대한 보수와 동차생산함수

생산함수가 $Q=f(L, K)$로 주어진 경우에 L, K를 λ배 증가시키면 $\lambda^k Q=f(\lambda L, \lambda K)$가 된다. 이를 k차 동차 생산함수라고 한다. 이때 $k>1$이면 규모에 대한 보수 증가, $k=1$이면 규모에 대한 보수 불변, $k<1$이면 규모에 대한 보수 감소가 된다. 우리가 자주 사용하는 콥-더글라스 생산함수, 완전대체가능 생산함수, 레온티에프 생산함수는 모두 1차 동차 생산함수이다.

◈ **콥-더글라스 생산함수 :**

$$Q=AL^{\alpha}K^{\beta} \Rightarrow \lambda^{\alpha+\beta}Q=A(\lambda L)^{\alpha}(\lambda K)^{\beta}=\lambda^{\alpha+\beta}AL^{\alpha}K^{\beta}$$

$\alpha+\beta>1$이면 규모에 대한 보수 증가

$\alpha+\beta=1$이면 규모에 대한 보수 불변

$\alpha+\beta<1$이면 규모에 대한 보수 감소

◈ **완전대체 생산함수**

$$Q=\alpha L+\beta L \Rightarrow \lambda Q=\alpha(\lambda L)+\beta(\lambda K)=\lambda(\alpha L+\beta K)$$

규모에 대한 보수 불변이 나타나는 1차 동차 생산함수

◈ **레온티에프 생산함수**

$$Q=min\left(\frac{L}{\alpha},\frac{K}{\beta}\right) \Rightarrow \lambda Q=min\left(\frac{\lambda L}{\alpha},\frac{\lambda K}{\beta}\right)=\lambda min\left(\frac{L}{\alpha},\frac{K}{\beta}\right)$$

레온티에프 생산함수는 노동과 자본을 각각 λ배 만큼 증가시키면 산출량도 λ배만큼 증가하므로 규모에 대한 보수 불변이 나타나는 1차 동차 생산함수이다.

2. 비용

2.1. 명시적 비용과 암묵적 비용

기회비용
어떤 것을 선택하기 위해서 포기해야 하는 대안 중 가장 가치가 높은 대안의 가치

경제학자들은 어떤 상품생산의 진정한 비용으로 기회비용을 제안한다. **기회비용**이란 어떤 것을 선택하기 위해서 포기해야 하는 대안 중 가장 가치가 높은 대안(next best alternative)의 가치이다. 비용에는 명시적 비용과 암묵적 비용이 존재하는데, 기업이 돈을 지출할 때 명시적 비용(explicit cost)이 발생한다. 반면에 실제로는 지급하지 않았지만 사실상 지급한 것과 같은 비용으로 간주하는 것이 암묵적 비용(implicit cost)이다.

만일 자신이 소유하고 있는 빌딩에 피자가게를 개업한다고 하자. 그렇다면 어떤 임대료도 지불할 필요가 없을 것이다. 그러나 과연 공짜로 빌딩을 사용한다고 할 수 있을까? 회계사의 입장에서는 "그렇다"라고 말할 테지만 경제학자의 입장에서는 "그렇지 않

참고 애덤 스미스

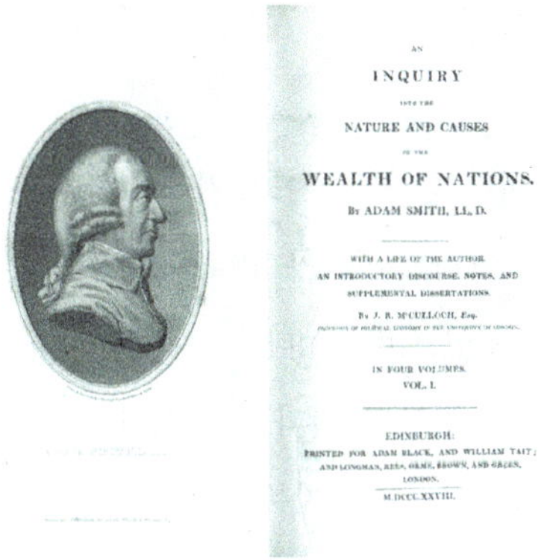

◈ 경제학의 창시자

애덤 스미스(Adam Smith)는 경제학을 처음으로 체계화한 사람이라고 해서 '경제학의 아버지'라고 불린다. 그가 1776년에 쓴 『국부론(An Inquiry into the Nature and Causes of the Wealth of Nations)』에는 경제학의 기초가 되는 개념들이 담겨 있다. 애덤 스미스가 살던 당시에는 시장경제가 본격적으로 등장하면서 새로운 경제질서의 윤리가 필요했다. 왜냐하면 당시까지는 사회에 대한 권리와 의무를 중심으로 한 이타적이고 종교적인 삶을 중시했기 때문에 새롭게 등장한 시장을 중심으로 한 물질적인 부를 탐탁지 않고 부끄럽게 생각하는 경향이 있었다. 그러나 경제사상가로서 애덤 스미스는 물질적인 부의 추구가 결코 도덕적이고 윤리적인 측면과 상충되는 것이 아니라고 주장하였다. 그는 영국의 글래스고대학에서 교수로 있으면서 경제학 강의는 한 번도 하지 않고 대부분 윤리학을 강의했다. 왜냐하면 아직 경제학이 독립적인 과목으로 존재하지 않았고, 경제문제도 철학과 사상의 측면에서 주로 논의되었기 때문이다.

◈ 보이지 않는 손

애덤 스미스는 시장에서 가격을 '보이지 않는 손(invisible hands)'에 비유하였다. 개인은 남을 위해서 일해야 할 필요가 없이 자신의 사익을 추구하더라도, 정당한 방법을 사용한다면 보이지 않는 손의 조정을 통해서 자연스럽게 사회전체의 이익으로 연결된다는 것이다.

"우리가 저녁식사를 기대할 수 있는 것은 푸줏간 주인, 술도가 주인, 빵집 주인의 자비심 덕분이 아니라, 그들이 자기 이익을 챙기려는 생각 덕분이다. 우리는 그들의 박애심이 아니라 자기애에 호소하며, 우리의 필요가 아니라 그들의 이익만을 이야기할 뿐이다."

'보이지 않는 손'은 애덤 스미스 경제학의 뚜렷한 상징이다.

◈ 분업의 원리

노동의 투입량을 늘릴 때 처음에는 분업과 전문화로 인해 한계생산이 체증한다고 했다. 물론 나중에는 한계생산이 체감하지만 일정한 수준까지는 분업과 전문화로 효율적인 생산을 할 수 있다. 그 대표적인 사례가 『국부론』에 잘 나타나 있다.

"…한 사람은 철사 줄을 잡아당기고, 다른 사람들은 각각 직선으로 펴고, 절단하고, 뾰족하게 하고, 핀 머리를 씌울 끝을 갈고… 이렇게 사람들이 한 작업만 일을 나누어 맡게 되면 10명이 하루에 약 48,000개의 핀을 만들 수 있었다. 그러나 만일 그들 각자가 떨어져서 독립적으로 핀을 만들었다면 하루에 만들 수 있었던 핀의 수는 240개도 아니고, 4,800개는 더욱 아닌 약 20개 정도에 그쳤을 것이다.…"

다"라고 대답할 것이다. 왜냐하면 자신이 소유한 빌딩을 자신이 사용하게 되면 대신 다른 사람에게 임대를 주어 얻을 수 있는 임대수입의 기회를 포기하는 것이기 때문이다. 이처럼 포기된 임대료는 암묵적 비용이 되고 그 비용의 크기는 다른 사람에게 빌딩을 임대해주었다면 받았을 임대료이다. 피자를 만드는 데 필요한 오븐, 의자, 접시를 내가 가지고 있는 것으로 사용했다고 해도 마찬가지로 암묵적 비용이 든 것이다. 은행에서 빌리지 않고 내가 모아둔 자금을 사용해 개업한 경우라 해도 동일한 맥락에서 생각할 수 있다. 이러한 내용은 뒤에서 다룰 이윤과 밀접한 관계가 있어 다시 설명하게 될 것이다.

2.2. 의사결정과 관련 없는 매몰비용

이미 엎지른 물은 후회해도 소용이 없다. '이미 엎지른', '이미 가라앉은'과 같은 말로 매몰(sunk)이 있는데, 앞으로의 의사결정에는 고려할 필요가 없다는 의미로 쓰인다. **매몰비용**(sunk cost)은 이미 투자했지만 회수할 수 없는 비용이다.

매몰비용
이미 투자했지만 회수할 수 없는 비용

간단한 예를 들어보면, 이번 주 주말에 여자 친구와 '바람과 함께 사라지다'라는 영화를 보기 위해 아르바이트로 얻은 수입의 일부를 비용으로 지불하고 미리 표를 구입해두

참고 피자헛, MS, IBM의 비용 분석

IBM

〈변동비용〉이 대부분
- 수백만 대의 개인용 PC를 생산하는 데 있어 생산하는 컴퓨터가 매우 유사하여 경쟁이 심하고, 수익성은 비용을 줄이는 것에 크게 의존
- 마이크로프로세서, 메모리칩, 하드디스크 드라이브, 사운드 카드 등의 부품비용이 대부분을 차지

Microsoft

〈매몰비용〉이 대부분
- 소프트웨어 산업의 특성으로서 새로운 운영프로그램을 만들기 위한 많은 돈의 지출은 회수 불가능한 매몰비용 성격
- 개발 후 프로그램을 복제하는 비용(변동비용)은 매우 작음(디스켓이나 CD에 복사하고 운송하는 비용만 부담)

Pizza Hut

〈고정비용〉이 대부분
- 피자 굽는 오븐, 의자, 메뉴표, 그릇 등은 다른 곳에 팔 수 있어 매몰비용이 작음
- 피자 원료비(밀가루, 토마토 소스, 치즈 등)와 서비스하는 종업원 등의 변동비용도 작음 (피자 한 판이 1만원이면 변동비용은 약 3,000원)

었다. 주말을 기대하면서 표를 볼 때마다 입가에 웃음을 머금곤 했는데, '아뿔싸! 그만 소중한 표를 분실해버렸다.' 과연 이때 어떤 선택을 하는 것이 바람직할 것인가? 이미 영화표를 구입했으니까 본 것으로 생각하고 넘어갈 것인가, 아니면 안타깝지만 잃어버린 표는 잊어버리고 표를 다시 사는 것이 바람직할 것인가? 아마도 여자 친구와 영화를 보는 것이 나에게 많은 만족과 효용을 가져다준다면 이미 분실한 표는 엎지른 물이나 마찬가지이니 선택의 대상에서 제외하는 것이 합리적일 것이다. 그러나 현실에서는 이러한 매몰비용을 의사결정의 고려 대상에서 배제하지 못하는 경우가 많다. 예를 들어 변호사 시험을 비롯한 각종 시험을 준비하는 사람들이 그만두지 못하는 것은 매몰비용을 무시하지 못하기 때문이 아닐까 하는 생각이 든다.

2.3. 단기비용과 장기비용

(1) 단기에서의 비용

◈ 총비용, 고정비용, 가변비용

총비용(total cost)은 기업이 생산을 하는 데 들어가는 모든 투입요소의 비용이다. 앞에서 경제학에서는 생산과 관련하여 단기와 장기의 구분이 고정투입요소가 존재하는가의 여부에 따른다고 설명했다. 비용에서도 마찬가지이다. 단기비용은 노동과 같이 생산량에 따라 변하는 가변비용 이외에 고정투입요소가 존재하여 고정비용(*FC*: fixed cost)이 발생하는 경우이고, 장기비용은 고정투입요소가 없기 때문에 가변비용(*VC*: variable cost)만 발생하는 경우이다. 고정비용은 생산량과 관계없이 일정하게 들어가는 비용이다. 예를 들어 임대료 비용, 화재보험 비용, 신문과 TV 광고비용이 해당한다. 반면에 가변비용은 노동비용, 원자재 비용, 전기 등의 사용료와 같이 생산량에 따라서 달라지는 비용이다.

총비용은 다음과 같이 나타낼 수 있다.

$$총비용(TC)=고정비용(TFC)+가변비용(TVC)$$

◈ 평균총비용, 평균가변비용, 평균고정비용

총비용이 고정비용과 가변비용으로 나뉜다는 것을 이용하면 평균 개념의 다양한 비용들을 구할 수 있다. 그 계산방법은 다음과 같다.

$$평균총비용 = AC = \frac{TC}{Q}$$
$$평균고정비용 = AFC = \frac{TFC}{Q}$$
$$평균가변비용 = AVC = \frac{TVC}{Q}$$

◈ 한계비용

한계(marginal)라는 용어에는 '한 단위 추가적인'의 의미가 담겨 있다. 따라서 계속 설명해왔듯이, 노동의 한계비용은 노동을 한 단위 추가했을 때의 비용을 의미한다. 단기일 경우 자본이 일정하게 고정되어 있기 때문에 총비용에서 고정비용은 한계비용에 아무런 영향을 주지 못하고, 가변비용의 증가로 인한 총비용의 증가분이 바로 한계비용이 된다. 구하는 식은 다음과 같다.

$$한계비용 = MC = \frac{\Delta TC}{\Delta Q}$$

◈ 피자가게의 사례

이상에서 설명한 단기에서의 비용은 어느 한 피자가게를 운영하는 데 들어가는 다양한 비용을 예를 들어 살펴보면 쉽게 이해할 수 있을 것이다. 보다 자세한 비용곡선들의 형태와 특성에 대해서는 미시경제학 관련 책을 참고하도록 한다.

표 4-6 어느 피자가게의 연간 단기비용들

생산량 (Q)	고정비용 (TFC)	변동비용 (TVC)	총비용 (TC)	한계비용 (MC)	평균고정비용 (AFC)	평균변동비용 (AVC)	평균총비용 (AC)
0	50	0	50	·	·	·	·
1	50	50	100	50	50	50	100
2	50	78	128	28	25	39	64
3	50	98	148	20	16.7	32.7	49.3
4	50	112	162	14	12.5	28	40.5
5	50	130	180	18	10	26	36
6	50	150	200	20	8.3	25	33.3
7	50	175	225	25	7.1	25	32.1
8	50	204	254	29	6.3	25.5	31.8
9	50	242	292	38	5.6	26.9	32.4
10	50	300	350	58	5	30	35
11	50	385	432	85	4.5	35	39.5

그림 4-13

총비용(TC), 가변비용(VC), 고정비용(FC)

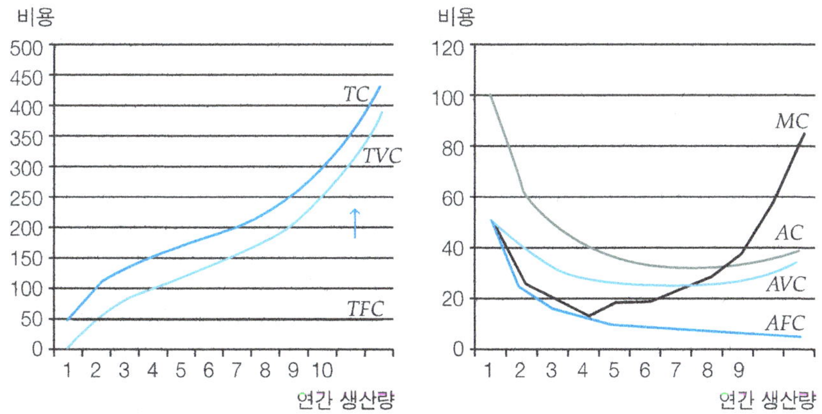

(2) 장기에서의 비용

◈ 장기에서의 합리적인 선택

장기에는 어떤 고정요소 혹은 고정비용이 존재하지 않는다. 따라서 모든 생산요소의 비용은 가변적이다. 기업의 입장에서는 노동과 자본 모두 가변적으로 늘렸다 줄였다를 할 수 있기 때문에 적절한 비율로 배합하여 최소의 비용으로 상품을 생산하는 방안을 고민해야 한다.

예를 들어 단기의 경우에는 피자를 생산하는 데 있어서 자본을 늘리거나 줄일 수 없기 때문에 노동을 제공하는 고용자들이 임금인상을 요구하면 비용을 인상하거나 생산량을 줄이는 불이익을 감수할 수밖에 없다. 그러나 장기에는 자본을 늘리거나 줄이는 것이 가능하기 때문에 노동자들의 임금인상 요구에 대하여 노동을 줄이고 자본을 늘리는 선택을 할 수 있다. 예를 들어 하루에 피자 100개를 생산하는 데 〈표 4-7〉과 같이 네 가지의 방법이 있다고 하자. 이때 피자가게 경영자는 가장 비용이 낮은 방법을 선택할 수 있다. 즉 C의 방법인 자본량 2와 노동량 4를 사용하여 최소의 비용으로 생산하는 합리적인 선택을 할 수 있는 것이다.

표 4-7 하루에 피자 100개를 생산하는 방법

방법	자본량	노동량	비용
A	0	10	530
B	1	6	425
C	2	4	390
D	3	2	400

◈ 장기평균총비용과 규모의 경제

장기에는 단기와 달리 모든 투입요소가 가변적이다. 따라서 총비용은 총가변비용과 같고, 고정비용은 존재하지 않는다. 이때 장기평균총비용(*LAC*)을 구하는 방법은 장기총비용을 생산량으로 나누는 것이다.

$$장기평균총비용(LAC) = \frac{장기총비용(LTC)}{Q}$$

규모의 경제(economies of scale)란 산출량이 증가함에 따라서 장기평균총비용(LAC)이 하락하는 경우를 말한다. 규모를 크게 하여 생산을 많이 하면 할수록 단위당 비용이 감소한다는 것이다. 산출량 Q가 2배 증가했는데 비용은 2배 미만으로 증가하는 경우를 말한다.

규모의 경제
규모를 크게 하여 생산을 많이 하면 할수록 단위당 비용이 감소하는 현상

규모의 경제가 발생하는 이유는 앞에서 핀 공장의 예로 설명한 생산의 특화에서 발생하는 이득에 있다. 노동자 한 사람이 여러 가지 일을 해야 할 경우 속도도 느리고 산출량도 적지만, 더 많은 노동자가 투입되어 각자가 잘하는 분야에 몰두한다면 일의 효율성이 커져서 산출량이 증가한다.

반면 규모의 불경제(diseconomies of scale)란 산출량이 증가함에 따라서 산출물 단위당 평균비용이 증가하는 경우를 말한다. 그 이유는 기업의 규모와 조직이 커질수록 기업을 운영하는 데 어려움이 생기기 때문이다. 그리고 산출량과 장기총비용이 동일한 비율로 증가하게 되면 생산은 규모에 대한 수익불변(constant returns to scale)이라고 한다.

그림 4-14

장기평균총비용

산출량	LRTC	LRATC
0	0	0
30	100	3.33
90	195	2.17
130	255	1.96
160	315	1.97
184	360	1.96
195	390	2.00
250	650	2.60
300	1200	4

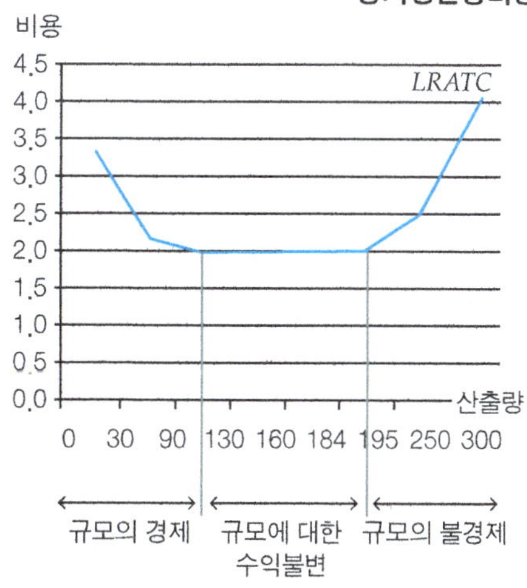

예제 4-1 **총비용곡선과 한계비용곡선 형태**

총비용곡선이 우상향하는 직선이라면 한계비용곡선의 형태는?

① 수직선

② 수평선

③ 직각쌍곡선

④ 우상향하는 직선

⑤ 우하향하는 직선

정답과 해설 ②

총비용곡선이 우상향하는 직선이 되면 기울기가 일정하게 된다는 것을 의미한다. 따라서 총비용곡선의 접선의 기울기인 한계비용은 일정한 값을 가지게 되고, 이를 그림으로 나타내면 수평선이 된다.

예제 4-2 **비용함수 이해**

어떤 기업이 상품 1,000단위를 생산할 때, 총비용은 600만원이고, 총가변비용은 400만원이며 한계비용은 4,000원이다. 이 기업의 평균고정비용은?

① 1,000원 ② 2,000원

③ 3,000원 ④ 4,000원

⑤ 5,000원

정답과 해설 ②

$TC=TVC+TFC$에서 600만원=400만원+TFC에서 TFC=200만원이 된다. 따라서 평균고정비용은 $AFC=\frac{TFC}{Q}=\frac{200\text{만원}}{1,000}$=2,000원이 된다.

예제 4-3

어떤 기업의 고정비용은 50이고, 평균가변비용은 100이다. 〈보기〉에서 이 기업의 단기생산비용에 대한 설명으로 옳은 것을 모두 고른 것은?

보기

(ㄱ) 총가변비용곡선은 원점을 통과하는 직선이다.
(ㄴ) 평균고정비용곡선은 기울기가 음(−)이다.
(ㄷ) 한계비용곡선은 기울기가 양(+)이다.
(ㄹ) 총비용곡선은 기울기가 양(+)이다.

① (ㄱ), (ㄷ)

② (ㄱ), (ㄹ)

③ (ㄴ), (ㄷ)

④ (ㄱ), (ㄴ), (ㄷ)

⑤ (ㄱ), (ㄴ), (ㄹ)

정답과 해설 ⑤

(ㄱ) 평균가변비용이 100이므로 총가변비용은 100Q가 된다. 따라서 원점을 지나는 직선이 된다.

(ㄴ) 총고정비용이 50이므로 평균고정비용은 50을 Q로 나눈 값 $\frac{Q}{50}$가 된다.

(ㄷ), (ㄹ) 한계비용은 총비용(혹은 총가변비용)을 Q로 미분한 값이다. 총비용(TC)이 $TC=100Q+50$이므로 한계비용은 100이 된다. 즉, 한계비용은 100으로 일정한 수평선이 된다. 총비용은 기울기가 100이고 수직축 절편이 50인 우상향하는 직선이다.

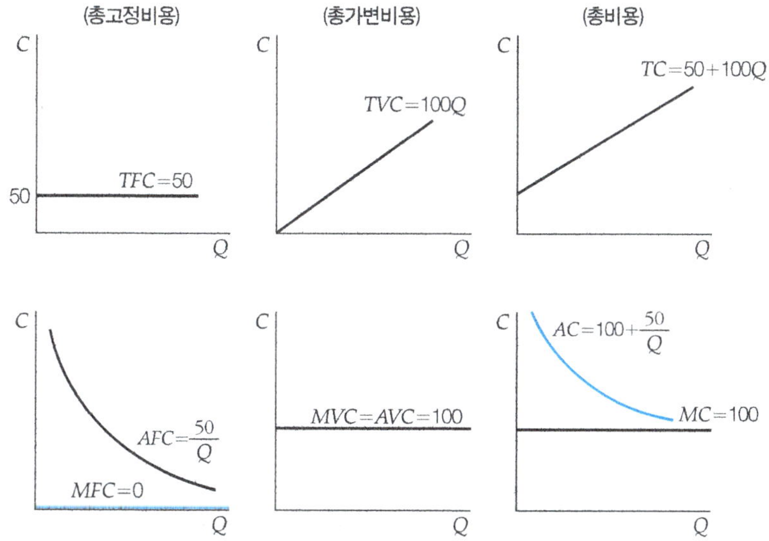

3. 이윤극대화

3.1. 이윤극대화란

(1) 기업의 목표, 이윤극대화

기업의 설립 목적은 무엇이며, 기업은 무엇을 위해서 최선을 다하는가라는 질문에 대해서 경제학은 이윤의 극대화라고 답한다. 이윤이란 기업의 판매수입에서 생산비용을 뺀 나머지를 의미한다. 현실에서 기업의 목표는 다양하다. 그러나 경제학은 기업의 가격 설정과 생산규모, 새로운 시장의 진입과 철수 등의 의사결정을 내리는 데 있어서 판단기준으로 이윤극대화를 적용할 수 있다고 한다. 현실에서 경영자가 이윤극대화라는 목표

이윤
=기업의 판매수입－생산비용

를 무시하고 행동하면 경영실적이 나빠지고, 그 결과 경영자 교체 혹은 기업 자체가 다른 기업에 합병될 수 있다. 따라서 이윤을 추구하는 기업의 행동은 타당하다고 할 수 있다.

(2) 이윤의 이해

◈ 회계상 이윤과 경제적 이윤

이윤
회계상 이윤은 기회비용을 고려하지 않은 이윤이고, 경제적 이윤은 기회비용을 고려한 이윤

회계사들이 정의하는 이윤(accounting profit)과 경제학자들이 정의하는 이윤(economics profit)은 차이가 있다. 우리가 혼동하는 것은 경제적 이윤을 회계상 이윤으로 무심코 받아들이기 때문이다. 신문에서 제시하는 기업의 이윤은 회계사들이 정의하는 기준에 따른다. 경제학에서는 회계학에서 기업의 이윤을 계산할 때 사용하는 총비용에서 보다 광범위한 비용 개념인 기회비용을 고려한다는 차이점이 있다. 이러한 기회비용은 암묵적인 비용이다. 기업의 소유주는 제품을 생산하기 위해서 명시적 비용인 임금, 원자재 비용뿐만 아니라 눈에 보이지 않는 '포기함에 따른 비용'도 지불하게 된다. 자신의 시간이나 자금을 기업을 운영하는 데 사용했다면, 다른 데 사용하기를 포기한 자신의 시간과 자금은 기회비용이 되는 것이다.

따라서 회계상 이윤과 경제적 이윤은 다음과 같이 정의할 수 있다.

회계상 이윤 = 총수입 - 회계적 비용
경제적 이윤 = 총수입 - (회계적 비용 + 암묵적 비용)

◈ 회계상 이윤과 경제적 이윤 사례

당신이 청바지를 생산하는 기업을 운영한다고 가정하고, 〈표 4-8〉과 〈표 4-9〉에 제시된 1년 동안의 재무정보를 활용해 이윤을 비교해보자. 〈표 4-8〉에서 현금의 유출입을 살펴보면 이 기업은 1년 동안 30억의 총수입에서 29억의 총비용을 뺀 1억의 이익을 얻고 있다.

그런데 당신이 사업을 시작하기 위해서 10억의 돈을 투자했다고 하자. 만일 이 돈을 은행에 예금했다면 이자율이 6%일 때 매년 6,000만원의 이자수익을 얻을 수 있다. 그리

표 4-8 청바지 회사의 회계상 이윤

티셔츠 판매를 통한 총수입		**300** (단위: 천만원)
원자재 비용	80	
임금	150	
전기와 통신요금	20	
광고비용	40	
총 명시적 비용		**290**
회계상 이윤		**10**

표 4-9 청바지 회사의 경제적 이윤

티셔츠 판매를 통한 총수입		**300** (단위: 천만원)
원자재 비용	80	
임금	150	
전기와 통신요금	20	
광고비용	40	
총 명시적 비용	290	
포기된 투자소득	6	
포기된 임대료	40	
포기된 임금	4	
총 암묵적 비용	50	
총비용		**340**
경제적 이윤		**-40**

고 당신의 집에서 방 3개를 공장으로 사용한다고 하자. 이 방들도 임대를 하면 1년에 4억원의 임대수입을 얻을 수 있다. 또한 당신이 다른 직장에 취업한다면 4,000만원의 급료를 얻을 수 있다. 이때 예금이자(6,000만원), 임대료(4억원), 급료(4,000만원)는 암묵적인 비용이 된다. 그리고 이렇게 사업을 위해서 희생한 비용까지 고려한 것이 경제적 비용(기회비용)이다. 경제적 관점에서 볼 때 당신은 이 기업을 1년 동안 운영하여 전혀 이익을 내지 못하고 4억원의 손실을 보고 있다.

(3) 이윤과 기업가

기업에 노동을 제공한 사람은 임금을 받고, 자본설비를 구입하는 데 자금을 빌려준 사람은 이자를 받는다. 그리고 토지를 제공한 사람은 대가로 지대(rent)를 받고, 이윤은 기업을 소유한 사람에게 대가로 주어진다. 그렇다면 이윤이 발생하는 원천은 무엇일까? 앞서 예를 든 것처럼 청바지 회사를 설립하는 경우 토지, 노동 그리고 자본을 단순히 결합한다고 운영되는 것은 아니다. 기업의 소유주 혹은 경영자는 사업의 초기 실패의 위험을 감수하면서 잘 운영해야 한다. 또한 이윤은 새로운 혁신에 대한 보상이라고 할 수 있다. 온라인 경매 시스템을 처음 도입한 eBay의 피에르 오미디야르(Pierre Omidyar)와 온라인 서점 Amazon의 제프 베조스(Jeff Bezos)의 경우를 예로 들 수 있다.

3.2. 이윤극대화 산출량 수준

(1) 이윤추구 선택의 제약

기업은 이윤의 수준을 자유롭게 조절할 수 있다면 더 많은 이윤을 추구하려고 할 것이다. 그런데 기업은 이윤을 무한정 늘릴 수 없고 공급 측면과 수요 측면에서 제약에 직면하게 된다.

◈ 공급 측면의 제약

기업이 생산을 하는 데 있어서 기술적인 측면과 비용적인 측면에 대한 정보를 담고 있는 것이 생산함수이다. 생산함수란 주어진 산출량 수준을 생산하기 위한 투입물과의 관계를 나타낸 것이다. 여기에는 기술적인 측면이 포함된다고 생각할 수 있다. 앞서 설명한 바와 같이, 단기에는 노동만 쉽게 조정할 수 있을 뿐이고 자본은 조정하기 쉽지 않다. 그러나 장기에는 노동과 자본을 모두 신축적으로 조정할 수 있다. 또한 기업은 노동과 자본을 얻기 위해서 비용을 지불해야 하는데 이러한 생산요소의 가격이 어떻게 변화하는가에 따라 기업의 이윤극대화 선택은 달라진다. 임금인상으로 인해서 노동의 가격이 오르면 노동 대신 자본을 사용하는 것이 이윤을 극대화하는 선택이 된다.

◈ 수요 측면의 제약

수요곡선은 두 가지 의미를 담고 있다. 하나는 주어진 가격에 대해서 구입하려는 상품의 양을 나타낸다. 가격이 하락하면 할수록 구입하려는 수요량은 증가한다. 따라서 가격이 달라지면 판매되는 상품의 양도 달라진다. 다른 하나는 수요곡선의 높이로 이미 구입한 상품수량에서 한 개 추가구입을 할 때 지불하고자 하는 최대한의 금액을 의미한다. 수요곡선은 우하향하는 함수로서 가격과 생산량의 관계를 나타내기 때문에 생산량이 결정되면 대응되는 가격을 알 수 있고, 반대로 가격이 결정되면 대응되는 생산량을 알 수 있다. 일반적으로 경제학에서는 시장에서 가격이 주어지면 자신의 입장에서 최적생산량을 결정한다고 본다.

이러한 점을 고려한 기업의 총수입은 얼마의 가격에 어느 정도의 상품을 판매했는가에 의해서 결정된다. 따라서 가격과 생산량의 곱으로 나타낼 수 있다. 〈그림 4-15〉는 가격과 산출량이 변할 때 총수입의 변화를 보여준다. 상품에 대한 가격이 650이면 수요량은 2가 되고 이때의 총수입은 두 값의 곱인 1,300이 된다는 것을 알 수 있다. 여기서 우하향하는 수요곡선상에서 총수입은 가격과 산출량이 변함에 따라서 달라진다는 것을 알 수 있다. 그리고 기업의 이윤은 총수입에서 총비용을 뺀 값이 된다.

그림 4-15

기업이 직면하는 수요곡선과 총수입

가격	산출량	총수입
700	0	0
700	1	700
650	2	1300
600	3	1800
550	4	2200
500	5	2500
450	6	2700
400	7	2800
350	8	2800
300	9	2700
250	10	2500

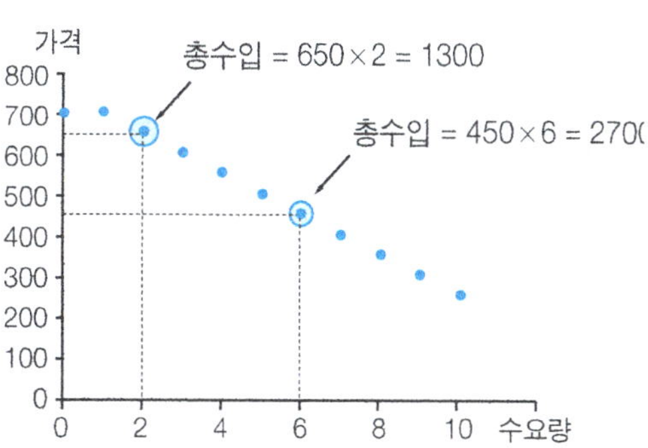

(2) 총수입-총비용 접근법

앞에서 간단히 살펴본 것처럼 기업의 이윤은 총수입에서 총비용을 뺀 나머지이다. 따라서 총수입과 총비용의 차이가 가장 클 때 이윤이 극대화된다. 앞의 예에서 이윤이 극대화되는 산출량 수준은 5개일 때로, 이때 가격은 500이고 이윤은 1,150으로 가장 큰 값이 된다. 이와 같이 총수입과 총비용의 차이를 이용해서 이윤극대화 산출량 수준을 선택하는 방법이 총수입-총비용 접근법이다.

그림 4-16

산출량	총수입	총비용	이윤
0	0	400	-400
1	700	670	30
2	1300	900	400
3	1800	1000	800
4	2250	1150	1100
5	2500	1400	1100
6	2700	1700	1000
7	2800	2200	600
8	2800	2800	0
9	2700	3600	-900
10	2500	4500	-2000

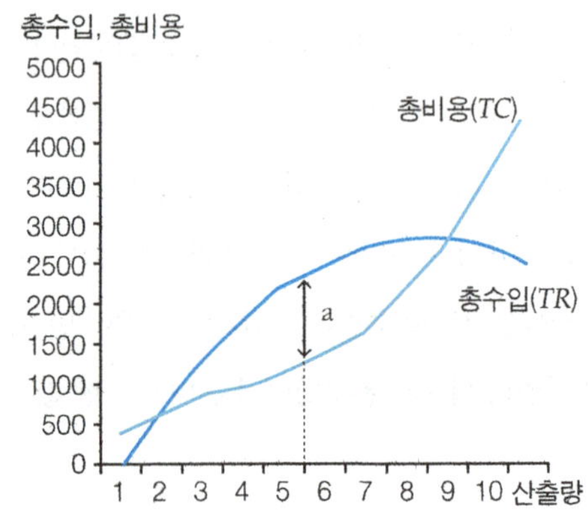

이윤극대화를 위한 총수입-총비용 접근법

a: 5단위일 때 이윤극대화가 실현됨. 이때 가격은 500, 이윤은 1,150

(3) 한계수입과 한계비용 접근법

◈ 한계수입(*MR*)과 한계비용(*MC*)

경제학에서는 한계적인 접근을 많이 한다. 한계(marginal)란 '한 단위 추가적으로'의 의미로, 변화량의 개념이다. 따라서 수리적으로는 '미분'과 맥락이 닿는다. 앞의 사례를 통해 한계수입(*MR*: marginal revenue)과 한계비용(*MC*: marginal cost)의 값을 구해보고 설명을 이어나가도록 하자.

산출량이 5일 때의 한계수입은 산출량이 5일 때의 총수입 2,500에서 산출량이 4일 때

그림 4-17

한계비용과 한계수입

산출량	총수입	한계수입	총비용	한계비용	이윤
0	0	0	400	400	-400
1	700	700	670	270	30
2	1300	600	900	230	400
3	1800	500	1000	100	800
4	2250	450	1150	150	1100
5	2500	250	1400	250	1100
6	2700	200	1700	300	1000
7	2800	100	2200	500	600
8	2800	0	2800	600	0
9	2700	-100	3600	800	-900
10	2500	-200	4500	900	-2000

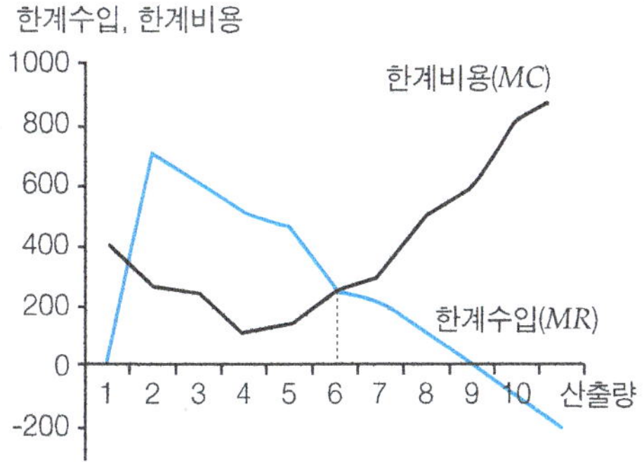

의 총수입 2,250을 뺀 값인 250이다. 이처럼 산출량이 한 단위 증가할 때 총수입이 얼마나 증가했는가의 변화의 크기가 한계수입이 되는 것이다. 한계비용도 마찬가지이다. 산출량이 5일 때의 한계비용은 산출량이 5일 때의 총비용 1,400에서 산출량이 4일 때의 총비용 1,150을 뺀 값인 250이다. 우리는 한계수입과 한계비용의 관계를 통해서 다음과 같은 결론을 이끌어낼 수 있다.

한계수입(*MR*) 〉 한계비용 (*MC*) ⇨ 이윤이 점차 증가
한계수입(*MR*) = 한계비용 (*MC*) ⇨ 이윤이 극대
한계수입(*MR*) 〈 한계비용 (*MC*) ⇨ 이윤이 점차 감소

◈ *MR* = *MC*에서 이윤극대화

이 결론은 경제학의 가장 중요한 기본원리로 직관적으로도 쉽게 이해할 수 있다. 기업이 생산량을 한 단위(한 개) 더 생산하였을 때 추가적으로 얻게 되는 수입(한계수입)이 추가적으로 발생하는 비용(한계비용)보다 크면 기업은 당연히 생산량을 늘리는 것이 이윤을 높이는 선택이 된다. 산출량 5를 기준으로 할 때 더 적은 산출량의 경우에는 한계수입(*MR*)이 한계비용(*MC*)보다 크고 이윤은 생산량을 늘려갈수록 증가한다는 것을 확인

참고 **학점을 통해 본 한계와 평균의 차이**

노동의 한계생산과 평균생산의 관계를 살펴보기 위해서 학점을 예로 들어 살펴보기로 한다. 평균학점은 전체 학기의 누적된 평균 성적을 의미하고, 한계학점은 특정한 한 학기 동안의 학점을 말한다. 한 학생의 대학교 전 학년 학점을 통해 한계와 평균의 차이를 살펴보자. 재미있는 사실은 어느 한 학기의 성적이 전체 평균보다 높기만 하면 이전 학기보다 비록 학점이 낮더라도 전체 평점을 끌어올린다는 것이다. 예를 들어 3학년 2학기는 이전의 3학년 1학기보다 낮은 학점을 받았지만 그때까지의 평점인 3.48보다 높기 때문에 전체 학점을 끌어올리게 되었다. 즉 '한계값'이 점차 하락하는 추세에 있더라도 '평균값'보다 위에 있기만 하면 평균값은 상승하는 추세를 보인다.

	매 학기 학점	누적 평균학점
1학년 1학기	2.5	2.5
1학년 2학기	3	2.75
2학년 1학기	3.2	2.9
2학년 2학기	4	3.18
3학년 1학기	4.2	3.38
3학년 2학기	4	3.48
4학년 1학기	3.4	3.47
4학년 2학기	3	3.41

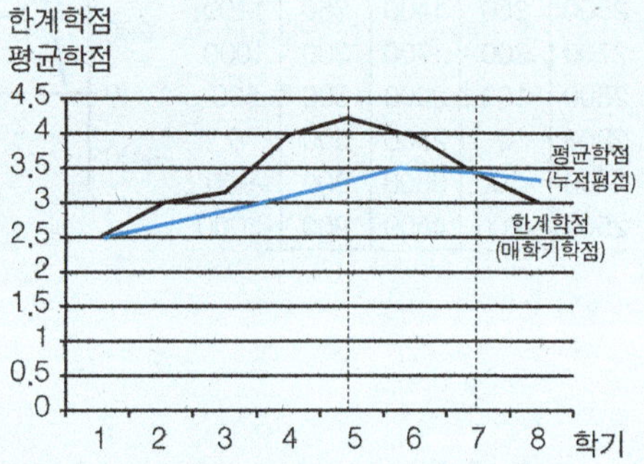

어느 졸업생의 매 학기별 학점과 전체 평점

3학년도 2학기 학점은 4로 3학년도 1학기의 4.2보다 낮아졌지만 누적평균학점이 높아져(3.38 → 3.48) 전체 평점은 상승함

할 수 있을 것이다.

반대로 한계수입이 한계비용보다 작은 경우에는 한 단위 추가적으로 생산을 하면 할수록 비용이 수입보다 크기 때문에 기업 입장에서는 이윤이 감소하게 된다. 예를 들어 산출량의 수준이 5 이상인 경우는 한계수입보다 한계비용이 크기 때문에 생산을 하면 할수록 이윤을 깎아먹게 된다. 따라서 이러한 경우는 생산량을 줄이는 것이 이윤을 높이는 데 합리적인 선택이 된다.

예제 4-4 **이윤극대화**

다음 중 이윤극대화 선택에 관한 설명으로 옳지 않은 것은? (단, 이윤함수의 제2계 도함수는 음(−)의 값을 갖는다.)

① 한계수입이 한계비용에 비해서 크다면 산출량을 증가시킴으로써 이윤을 높일 수 있다.

② 한계수입과 한계비용이 같아지는 점에서는 산출량을 증가시키면 한계이윤도 증가한다.

③ 이윤극대화를 추구하는 기업은 생산활동에 있어서 수입과 비용을 동시에 고려해야 한다.

④ 이윤극대화 산출량 수준에서는 산출량을 증가시키든 감소시키든 항상 이윤이 감소한다.

⑤ 생산요소의 가격이 변화되면 이윤극대화 산출량도 변화된다.

정답과 해설 ②

이윤함수의 제2계 도함수는 그냥 무시하도록 한다. 단지 MR의 기울기<MC의 기울기라는 의미이다. Q^*에서 이윤이 극대화가 되고, Q_0에서는 $MR>MC$인 경우로 생산량을 증가시킬수록 이윤은 더욱 커지고, Q_1에서는 $MR<MC$인 경우로 생산량을 감소시켜야 이윤이 증가하게 된다.

① 한계수입이 한계비용보다 큰 상황($MR>MC$)인 경우에는 생산량을 증가시킴으로 이윤을 더 높일 수 있다.

② 한계수입과 한계비용이 같아지는 점($MR=MC$)에서는 이윤극대화가 달성되고 있는 수준이라고 할 수 있다. 따라서 이 수준보다 생산량을 증가시키게 되면 이윤은 감소하게 된다.

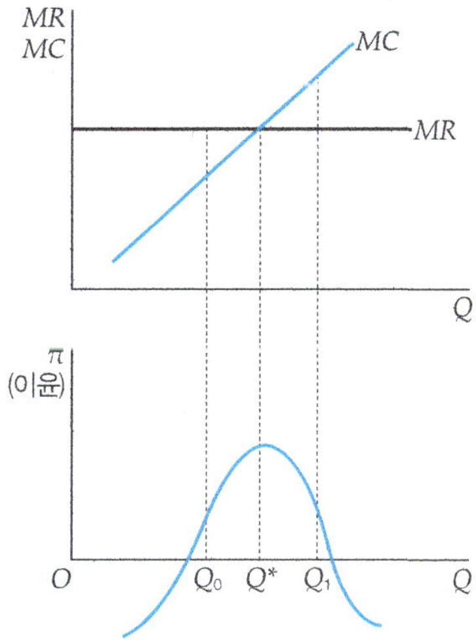

Chapter

05

경쟁과 반독점정책

소비자와 생산자가 만나는 장소가 바로 시장이다. 시장은 이상적인 완전경쟁시장과 독점시장이 양극단에 위치하고 그 중간에 과점시장과 독점적 경쟁시장이 있다. 먼저 가장 단순하면서 분석의 기본이 되는 완전경쟁시장과 독점시장에 대해서 알아보고, 왜 경쟁이 바람직한 결과를 가져다주는지에 대해서 살펴본다.

1. 시장의 형태 구별기준과 특성

시장의 형태는 판매하는 기업의 수가 많은지의 여부, 개별기업이 가격에 영향을 미칠 수 있는지의 여부, 진입장벽이 존재하는지의 여부, 그리고 거래되는 상품이 동질적인지 혹은 이질적인지의 정도를 기준으로 크게 네 가지로 나눌 수 있다. 〈그림 5-1〉은 시장의 형태를 일렬로 구분하여 보여준다. 양극단인 완전경쟁시장과 독점시장과 달리, 중간에 위치한 과점시장은 TV나 세탁기 등의 전자제품시장과 같이 몇몇 기업이 시장을 장악하는 경우를 말하고, 독점적 경쟁시장은 독점시장과 완전경쟁시장의 성격이 결합되어 시장의 진입은 자유롭지만 독점적인 시장지배력을 보유한 경우로서 컴퓨터 소프트웨어시장을 예로 들 수 있다.

그림 5-1

시장의 특성에 따른 유형

시장형태	독점시장	과점시장	독점적 경쟁시장	완전경쟁시장
판매자 수	한 개의 기업	소수	다수	무수히 많은 기업
가격지배력	큼	상당수준	거의 없음	없음
진입장벽	큼	상당수준	거의 없음	없음
상품 동질성	동질적	차별적/동질적	차별적	동질적

◈ 판매자의 수

시장을 구분하는 가장 기본적인 기준은 판매자의 수가 얼마나 되는가이다. 구매자는 무수히 많이 존재한다고 전제를 하고, 판매자의 수가 무수히 많은 경우 경쟁이 치열할 수밖에 없기 때문에 완전경쟁시장(perfect competition market)이라고 한다. 반면에 판매자의 수가 하나밖에 없는 경우는 독점시장(monopoly market)이라고 한다. 그 중간에 위치한 과점시장은 몇몇 기업이 존재하고, 독점적 경쟁시장은 판매자의 수가 적당한 수준에서 많다고 할 수 있다.

◈ 개별기업이 가격에 미치는 영향

완전경쟁시장은 경쟁하는 기업의 수가 너무 많기 때문에 시장에서 가격을 올리거나 내리거나 할 수 없다. 즉 가격에 아무런 영향을 미칠 수 없고 시장에서 주어진 가격을 그대로 받아들인다. 이러한 경우를 가격수용자(price-taker)라고 한다. 반면에 독점기업은 시장에서 혼자 존재하고 있기 때문에 상품과 서비스에 대한 가격을 마음대로 설정할 수 있다. 이러한 경우를 시장지배력(market power)을 가지고 있다고 하며, 기업은 가격설정자(price-setter)로서 행동하게 된다. 중간에 위치한 과점시장과 독점적 경쟁시장은 시장지배력을 어느 정도 가지고 가격을 설정할 수 있다고 생각하면 된다.

◈ 상품의 동질성 여부

시장에서 거래되는 상품이 모두 동일한지 차별적인지에 따라서 시장을 구분할 수 있다. 완전경쟁시장은 거래되는 모든 상품이 완전히 동질적인 경우를 말하고, 독점경쟁시장의 경우에는 차별적이라고 할 수 있다. 과점시장에서는 모든 상품이 동질적인 경우도 있고 기업마다 조금씩 다른 차별적인 상품을 만들어 파는 경우도 있다. 독점시장은 어떨까? 시장에서 공급되는 상품이 하나밖에 없기 때문에 동질적이라고 볼 수 있다.

참고 **완전경쟁시장과 독점시장의 가격 설정**

완전경쟁시장에서 가격을 설정하는 방식을 한번 살펴보자. 먼저 내가 콜라를 만들어 파는 경영자라고 생각해보자.
만일 콜라시장이 완전경쟁시장이라고 한다면 콜라를 생산해서 판매하는 공급자가 무수히 많을 것이다. 내가 이번에 만든 콜라를 얼마 받아야 할 것인가 고민을 하면서 앞집 콜라 생산자에게 물어보았다. 콜라를 하나에 얼마에 팔고 있는지를. 앞집은 캔당 500원이라고 하였다. 옆집과 뒷집에도 물어보니 모두 500원에 판매를 하고 있었다. 완전경쟁시장은 구매자가 완전정보를 가지고 있다고 가정하기 때문에, 내가 만일 콜라를 500원보다 10원 높게 가격책정을 한다고 하면 사람들이 나에게 사지 않을 것이다. 바로 옆에서 10원 더 싼 똑같은 콜라를 살 수 있기 때문이다. 이번에는 시장에서 판매되는 500원보다 10원 낮게 490원에 판매를 하기로 했다고 하자. 그러면 손님이 구름같이 몰려들 것인데, 생산 담당 책임자는 콜라를 생산하는 데 들어가는 비용이 500원이기 때문에 490원에 판매를 하면 한 개를 팔 때마다 10원씩 손해를 본다고 할 것이다. 그렇기 때문에 나는 어쩔 수 없이 500원에 판매를 하게 되고 시장에서 결정된 가격을 받아들일 수밖에 없다.
반대로 독점시장의 경우를 생각해보자. 내가 이번에는 퓨전음료를 하나 개발했다고 하자. 이 음료는 시장에 출시된 적이 없는 새로운 제품이다. 얼마의 가격을 책정할지 다시 앞집에 물어본 결과, 처음 본 제품이기 때문에 모르겠다고 한다. 옆집과 뒷집도 마찬가지로 대답했다. 누구도 전에 본 적이 없는 제품이기 때문에 시장에서 이 상품을 공급하는 사람은 나 혼자뿐이다. 따라서 내 맘대로 가격을 책정할 수 있다. 이러한 경우를 시장지배력을 가지고 있다고 한다. 그렇지만 내가 이 퓨전음료를 무턱대고 10만원으로 책정할 수는 없을 것이다. 너무 높은 가격에 구입을 원하는 사람이 없을 것이기 때문이다. 따라서 시장의 수요를 잘 파악하고 소비자가 최대한 지불하려고 하는 가격수준을 잘 조사해서 적절한 가격을 책정하게 될 것이다.

◈ 진입장벽의 존재

진입장벽이란 생산을 통한 이윤획득을 위해 시장에 진입하는 데 따르는 어려움을 말한다. 직관적으로 법률서비스시장을 생각해보면 고수입을 얻는 변호사가 되기 위해서는 사법시험에 합격해야 한다. 이때 사법시험 합격이란 조건이 바로 진입장벽이라고 할 수 있다. 변호사 자격이 없다면 법정에서 변호를 할 수 없고, 법률서비스를 제공하는 데 한계가 있을 수밖에 없다. 또한 다이아몬드반지를 생산하기 위해서 다이아몬드가 필요한데 이를 쉽게 구한다면 진입장벽이 없는 것이고, 다이아몬드를 공급하는 사람을 구하지 못한다면 다이아몬드반지시장에 진입하기 어려울 것이다.

이처럼 시장에 진입하기 쉬운가 어려운가를 기준으로 시장의 형태를 구분할 수 있다. 완전경쟁시장은 진입장벽이 일절 존재하지 않고, 독점시장은 진입의 기회가 거의 완벽하게 봉쇄되어 있는 상태이다. 그 중간에 위치하는 과점시장은 진입장벽이 상당 정도 존재하고, 독점적 경쟁시장은 경쟁적인 요소가 있기 때문에 진입장벽이 거의 존재하지 않는 특징을 가지고 있다.

◈ 기타 요인

그 외에 정보의 완전성을 기준으로 하거나 비가격경쟁의 존재 여부를 기준으로 시장을 구분하기도 한다. 완전경쟁시장은 판매자들이 구매자들에 대한 정보를 완전하게 가지고 있다고 가정하고, 모든 상품이 동질적이기 때문에 가격경쟁도 의미가 없으며, 비가격경쟁이라고 할 수 있는 상품의 질, 서비스, 광고 등의 경쟁도 의미가 없다. 독점시장의 경우에도 시장에서 혼자 존재하고 있기 때문에 가격경쟁은 의미가 없고, 비가격경쟁도 의미가 없다. 그러나 중간에 위치한 과점시장이나 독점적 경쟁시장은 시장에서 기업의 수가 소수로 존재하고 있기 때문에 컴퓨터시장, 전자제품시장에서 볼 수 있듯이 상품의 질, 서비스, 광고 등이 상품의 수요에 큰 영향을 미치고 이러한 비가격경쟁 수단을 어떻게 전략적으로 사용하는가의 여부가 기업의 성과에 큰 영향을 미친다.

2. 완전경쟁시장

2.1. 완전경쟁의 역설적 의미

완전경쟁시장에서 기업들은 공급자들이 너무 많아서 경쟁이 아주 치열한 상태에 직면한다. 그러나 경쟁이 너무 치열하다는 말은 역설적으로 경쟁을 하나도 느끼지 못한다는 의미이기도 하다. 예를 들어 대입 수능을 치르는 학생들의 경우를 생각해보자. 수십만명의 수험생들이 대학에 가려고 경쟁하다보니 옆에서 공부하는 친구는 분명 경쟁자이지만, 어떻게 보면 경쟁자가 너무 많아 오히려 동반자라는 생각이 드는 것과 같은 이치이다. 따라서 경쟁자가 너무 많다는 것은 역설적이지만 하나의 공급자가 존재하는 독점과 같이 경쟁을 느끼지 못한다는 의미를 지닌다. 극과 극은 통한다는 말이 이 경우에 어느 정도 들어맞는다.

2.2. 완전경쟁시장의 조건

앞서 간단히 살펴본 바와 같이 완전경쟁이 이루어지기 위한 조건은 다음과 같이 정리할 수 있다.

① 많은 수의 판매자와 구매자가 있어, 모두가 가격을 주어진 것으로 받아들여야 함
② 거래되는 모든 상품이 동질적이어야 함
③ 자원의 완전한 이동성(mobility)이 보장되어 시장의 진입과 퇴출이 자유로워야 함
④ 모든 경제주체가 완전한 정보를 보유해야 함

이상의 네 가지 조건을 모두 구비하고 있는 시장의 예를 현실에서 찾는다는 것은 거의 불가능에 가깝다. 그러나 이렇게 이상적인 완전경쟁시장 조건에 관심을 가지는 이유는 다른 시장과 현실을 평가하는 하나의 기준이 될 수 있기 때문이다. 예를 들어 시험을 90점 받았다고 하면 아무런 의미가 없다. 100점이 기준이면 잘 본 것이지만, 200점이 기준

이면 그리 잘 본 것은 아니기 때문이다. 물론 시험의 난이도를 고려해 평균이 얼마인지 그리고 평균에서 얼마나 벗어나 있는가를 알아야 보다 의미있는 평가가 가능할 것이다.

2.3. 완전경쟁시장의 총수입과 한계수입, 평균수입

완전경쟁시장에서 생산자와 구매자는 시장에서 형성된 가격을 받아들이는 가격수용자로서 행동할 수밖에 없다. 따라서 기업이 직면하는 수요곡선은 시장에서 주어진 가격 수준에서 일정한 수평선의 형태를 지닌다. 수평선의 수요곡선이 의미하는 바를 살펴보면 다음과 같다.

기업의 총수입은 몇 개의 상품을 얼마의 가격에 판매했는가, 즉 $TR=\bar{P}\times Q$라고 나타낼 수 있다. 이때 가격은 시장에서 결정된 대로 받아들이기 때문에 $\bar{P}$로 고정된 것이라고 가정한다. 이 식에서 우리는 평균수입곡선과 한계수입곡선을 도출해볼 수 있다.

예를 들어 완전경쟁시장에서 1개에 400원 하는 상품이 있다고 가정하고, 생산량과 총수입의 관계를 〈표 5-1〉과 같이 제시한다. 표를 잘 보고 그림을 그려보면 〈그림 5-2〉를 쉽게 이해할 수 있을 것이다.

표 5-1 완전경쟁기업의 총수입, 평균수입, 한계수입

Q	$TR=\bar{P}\times Q$	$AR=TP/Q$	$MR=\Delta TP/\Delta Q$
1	400	400 (=400/1)	400
2	800	400 (=800/2)	400
3	1,200	400 (=1,200/3)	400
4	1,600	400 (=1,600/4)	400
5	2,000	400 (=2,000/5)	400
6	2,400	400 (=2,400/6)	400
7	2,800	400 (=2,800/7)	400
8	3,200	400 (=3,200/8)	400

그림 5-2

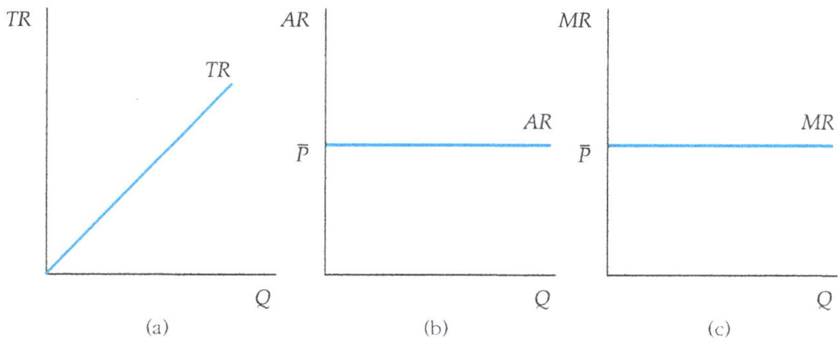

총수입곡선, 평균수입곡선, 한계수입곡선

(a) $TR = \bar{P} \times Q$ (b) $AR = \frac{TR}{Q} = \frac{\bar{P} \times Q}{Q} = \bar{P}$ (c) $MR = \frac{\Delta TR}{\Delta Q} = \frac{\Delta(\bar{P} \times Q)}{\Delta Q} = \bar{P}$

2.4. 완전경쟁시장의 단기균형

(1) 단기의 이윤극대화

완전경쟁시장에서는 가격이 어떤 수준에서 결정되면 개별기업은 그 가격을 받아들일 수밖에 없다. 앞에서 살펴본 것과 마찬가지로 기업이 직면하는 수요곡선은 그 가격 수준에서 그은 수평선이 된다. 이때 수평선의 높이는 시장에서 형성된 가격을 의미하는 동시

그림 5-3

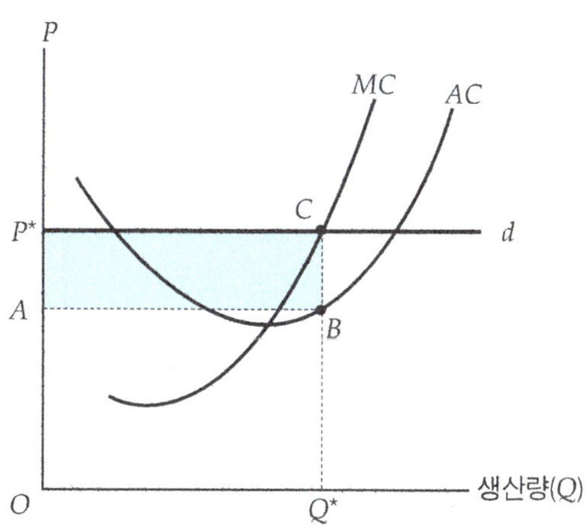

단기 이윤극대화 조건과 이윤 크기

MC: (단기)한계비용곡선
AC: (단기)평균비용곡선
d: 개별기업이 직면하는 수요곡선(=한계수입곡선)

그림 5-4

손실을 보는 경우

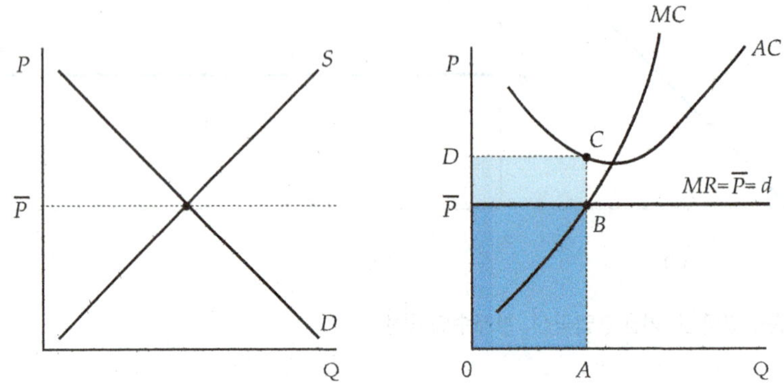

에 평균수입, 한계수입을 나타낸다. 이윤극대화를 위해서는 한계수입과 한계비용이 같아야 한다는 조건(*MR*=*MC*)을 충족해야 한다. 〈그림 5-3〉에서 보는 것처럼, 기업은 한계수입곡선과 한계비용곡선이 교차하는 Q^*의 생산수준을 선택하는 것이 최선이고, 이때 기업이 얻는 이윤은 □P^*ABC의 면적이 된다.

기업의 생산기술은 단기에는 주어져 있기 때문에 변하지 않는다. 여기서 생산기술이 주어져 있다는 말은 상품을 생산하는 데 있어 비용곡선이 주어져 있다는 말과 같다. 즉 일시적으로는 기업의 생산수준이 변하여도 주어진 평균비용곡선과 한계비용곡선이 변하지 않는다는 의미가 된다. 이때 가격은 시장에서 결정된 대로 오르기도 하고 내리기도 한다. 만일 시장에서 형성되는 가격이 평균비용곡선보다 낮아지면 기업은 손실을 보게 된다. 〈그림 5-4〉는 기업이 이윤극대화 생산량인 *MR*=*MC* 조건을 충족한다고 할지라도 손실을 보는 경우를 보여준다.

예제 5-1 **완전경쟁시장에서 이윤크기**

가나다구두회사의 하루 구두 생산비용이 아래표와 같을 때, 구두 가격이 5만원이라면 이 회사의 이윤은? (단, 구두시장은 완전경쟁적이라고 가정한다.)

구두생산량(켤레/일)	0	1	2	3	4	5
총비용(만원)	3	5	8	13	20	28

① 0원 ② 2만원 ③ 5만원 ④ 10만원 ⑤ 15만원

정답과 해설 ②

이윤은 총수입에서 총비용을 뺀 것을 말한다. 이러한 문제는 직접 이윤을 구하는 방법이 있고, 이윤극대화는 한계수입과 한계비용이 같아지는, 즉 $MR=MC$의 원리를 이용하는 방법이 있다.

(1) 이윤을 직접 구하는 방법

구두생산량(켤레/일)	0	1	2	3	4	5
총수입	0	5	10	15	20	25
총비용	3	5	8	13	20	28
이윤	−3	0	2	2	0	−3

(2) 한계수입=한계비용을 이용한 방법

구두생산량(켤레/일)	0	1	2	3	4	5
한계수입(MR)	5	5	5	5	5	5
한계비용(MC)	3	2	3	5	7	8

(2) 생산중단점

영심이는 건물을 빌려 영어학원을 차리게 되었다. 건물을 빌리는 데 들어가는 임대료가 매달 50만원, 전기와 수도세가 10만원, 학원의 설비인 책걸상과 칠판을 마련하는 데 1년 동안 매달 10만원씩 할부로 구입했고, 학생들을 가르칠 선생님 5명에게 들어가는 강사비는 100만원이라고 하자. 이러한 학원의 운영비용을 정리해보면 〈그림 5-5〉와 같다.

만일 영심이가 운영하는 학원의 평균수입이 170만원을 넘으면 '평균비용 < 평균수입'이기 때문에 이윤(profit)이 생긴다. 일반적으로 생각하기에, 평균수입이 170만원보다 작다면 학원이 손실(loss)을 보고 있기 때문에 문을 닫아야 할 것이다. 이 말은 언뜻 맞는 것처럼 보이지만 정말 그럴까? 중요한 문제이니 잘 생각해보도록 하자. 학원문을 닫고 운영을 하지 않더라도 임대계약기간으로 인해서 당분간 임대료 50만원과 책걸상·칠판의 비용인 10만원은 고정적으로 지불해야 한다. 따라서 학원을 운영하든 하지 않든 60만

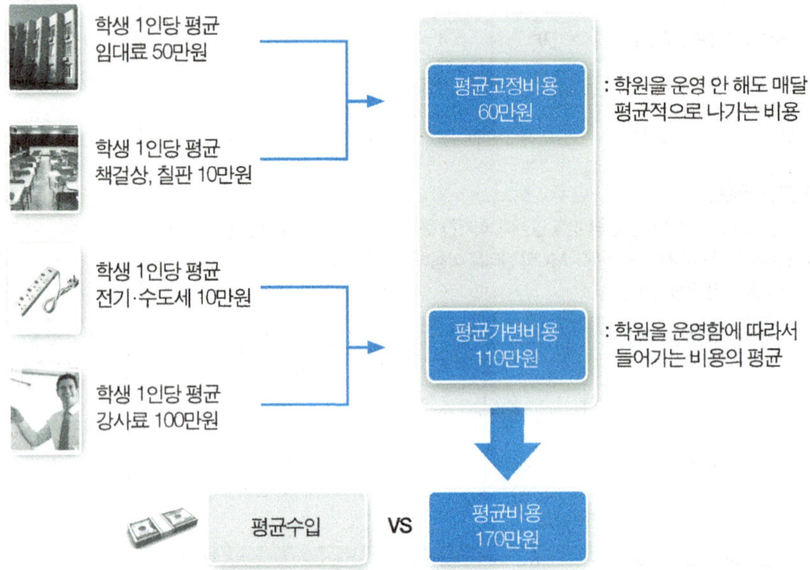

그림 5-5 학원운영의 평균비용과 평균수입

원은 피할 수 없이 고정적으로 나가게 된다.

만일 학원의 평균수입이 150만원이라고 해보자. 이 경우 고정적으로 입게 되는 손실은 20만원(평균수입−평균비용 = 150−170 = −20)이다. 그러나 경제학적인 기회비용 측면에서 평균수입 150만원으로 평균가변비용의 전부인 110만원과 평균고정비용의 일부인 40만원을 충당할 수 있기 때문에 아예 문을 닫는 것보다는 손실을 보더라도 운영을 하는 것이 매달 60만원씩 발생하는 고정비용의 손실을 20만원으로 줄일 수 있다.

그렇다면 학원의 문을 닫는 선택은 어떤 경우에 하는가? 평균수입이 평균가변비용을 충당하지 못하여 강사료를 비롯한 전기세, 수도세마저 내지 못하는 경우는 문을 닫아야 할 것이다. 이렇게 완전경쟁시장에서의 가격인 평균수입이 평균가변비용의 최저점보다 더 낮은 경우 운영을 중단한다는 의미에서 이 가격 수준을 **영업중단점**(shutdown point) 혹은 **생산중단점**이라고 한다. 〈그림 5-6〉은 학원 운영 시 이윤을 얻는 경우와 손실을 보는 경우를 보여준다.

영업(생산)중단점
평균수입(가격)이 평균가변비용의 최저점인 상태

그림 5-6

학원 운영과 중단의 결정

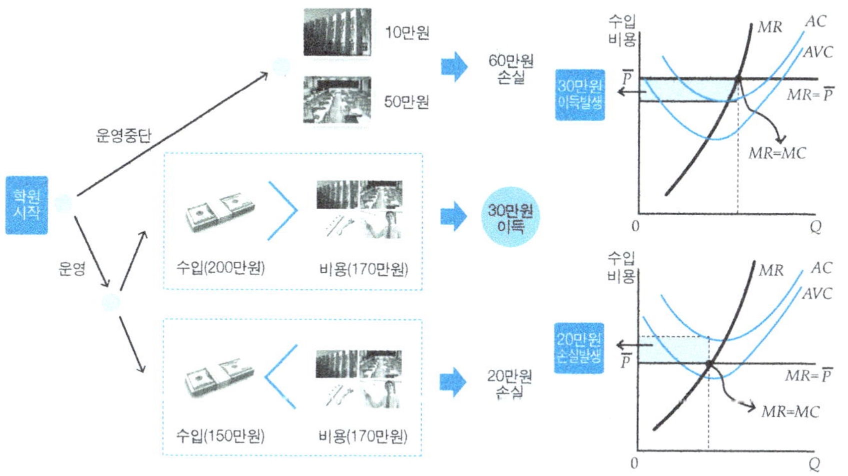

2.5. 완전경쟁시장의 장기균형

(1) 장기조정과정

단기에서 완전경쟁시장 내의 기업들이 양(+)의 이윤을 얻는 경우 시장 밖에서 활동하고 있는 기업은 이윤에 이끌려 그 시장 안으로 진입하게 된다. 새로운 기업들이 시장에 진입하게 되면 공급이 증가해 가격은 내려가기 시작한다. 반대로 단기균형상태에서 그 시장 안의 기업들이 이윤을 얻지 못하고 있다면 시간이 지나면서 시장 밖으로 이탈하는 기업도 생겨나기 시작한다.

(2) 장기균형

장기균형(long-run equilibrium)이란 시장 안의 모든 기업이 0의 이윤만을 얻고 있어 더 이상 진입이나 탈퇴가 일어나지 않는 상태를 말한다. 〈그림 5-7〉에서 보여주는 바와 같이 시장에서 결정된 가격이 장기평균비용곡선(*LAC*)의 최저점에 위치해 있기 때문에 기업은 더 이상 양(+)의 이윤을 얻지 못하게 된다.

그림 5-7

완전경쟁시장의 장기균형

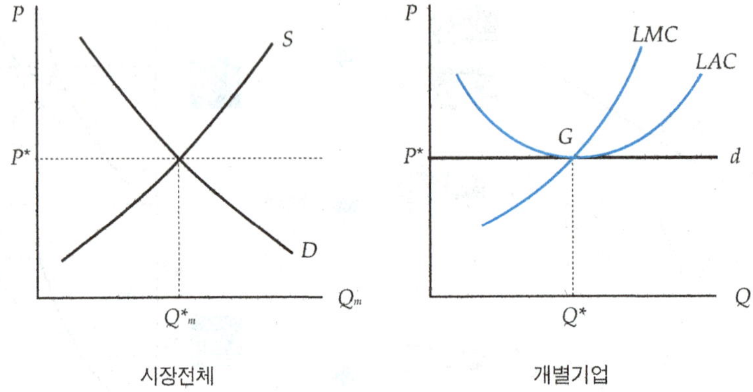

여기서 주의해야 할 점은 완전경쟁시장의 장기균형상태에서 기업들이 얻고 있는 0의 이윤은 수입에서 기회비용을 뺀 경제적 이윤(economic profit)이라는 것이다. 따라서 이윤이 0이라는 말은 투자된 자본에 대한 정상적인 수익(자가노동의 대가, 자기자본의 이자, 자가소유의 토지임대료와 같은 암묵적 비용)인 정상이윤(normal profit)만을 얻고 그 이상의 추가적인 이윤은 얻지 못한다는 의미를 내포한다.

2.6. 완전경쟁시장의 평가

여러 가지 시장 형태 중에서 완전경쟁시장이 가장 바람직하다는 것은 자원을 효율적으로 배분해준다는 측면에서 가장 우월하다는 의미이다. 완전경쟁시장의 치열한 경쟁의 압력이 기업들이 효율성을 추구하지 않으면 시장에서 퇴출될 수 있다는 분위기를 조성해주기 때문이다. 그리고 $P=MC$의 관계가 성립하는 것에서 자원이 효율적으로 배분되는 이유를 찾을 수 있다. 수요자는 상품의 소비에서 나오는 한계편익(MB: marginal benefit)이 그 상품의 가격과 일치하는 수준에서 상품의 수요량을 결정하게 된다. 따라서 $MB=P$가 성립하는데, 완전경쟁시장에서는 $P=MC$의 관계가 성립하므로 결국 $MB=MC$가 된다. 경제학의 기본원리 중의 하나인 한계편익과 한계비용이 서로 같다는 것은 가장 효율적인 최적의 자원배분 상태라는 것을 의미한다.

그러나 완전경쟁시장이라 해서 모든 측면에서 이상적이라고는 말할 수 없다. 완전경쟁시장이 갖추어야 할 전제조건이 너무 까다롭기 때문에 현실에서는 이를 충족시키기 어렵다. 또한 완전경쟁시장은 경제학적 효율성 측면만 강조하고 다른 판단 기준이라고 할 수 있는 공평한 분배 측면은 고려하지 않기 때문에 불공평한 분배가 있어도 자원이 낭비 없이 효율적으로 활용되면 바람직한 상황으로 판단하는 문제가 있다.

3. 독점시장

독점시장은 완전경쟁시장의 이상적인 성과와 비교해봤을 때 사회의 자원을 효율적으로 배분하지 못한다. 따라서 정부는 독점을 규제하는 조치를 통해 시장의 기능을 개선하게 된다.

3.1. 독점의 정의와 원천

(1) 독점시장의 정의와 특성

순수한 독점은 현실세계에서 찾아보기 어렵다. 독점시장(monopoly market)이란 시장의 진입장벽이 존재해서 하나의 기업만이 존재하고, 밀접한 대체재가 없는 상품을 공급하는 시장을 말한다.

먼저 독점의 정의에서 가장 중요한 핵심 개념은 대체재의 존재 가능성이다. 대체할 다른 상품이 존재한다는 것은 경쟁이 있다는 것을 의미한다. 예를 들어 어느 작은 시골에 하나의 치과만이 존재한다고 하자. 다른 먼 도시로 가서 치료를 받을 수도 있고 자신이 직접 썩은 이를 뽑을 수도 있지만 이 두 가지 방법이 적당한 대체적 수단이라고 보기는 어렵다. 따라서 이 작은 마을에서 치과는 독점적이라고 봐도 된다. 이러한 독점적 지위가 유지되기 위해서는 잠재적인 경쟁자가 시장에 진입하기 어려워야 한다. 만일 쉽게 진입할 수 있다면 독점기업이 누리는 경제적 이윤은 사라질 것이기 때문이다.

참고 **소프트웨어산업에서의 독점**

소프트웨어산업의 경우는 독점으로 이행할 가능성이 높다. 먼저 비용체감효과로 인해서 소프트웨어 하나를 개발하는 데는 막대한 연구 개발 비용이 투입되지만, 완성된 소프트웨어 프로그램을 복사하는 데 드는 비용은 거의 0에 가깝기 때문이다. 또한 소프트웨어산업은 네트워크 효과(network effect)의 특성을 가지고 있어 사용자와 응용소프트웨어 개발자의 수가 증가함에 따라서 소프트웨어의 가치가 체증적으로 증가하기 때문이다. 그리고 사용자들은 현재 사용하는 제품에 익숙해져 새로운 소프트웨어가 개발되어도 이전 것을 선호하는 경로의존(path-dependent) 현상을 보이는 경우가 많기 때문이다. 새로운 제품에 적응하는 데 발생하는 전환비용은 사용자를 고착시키는 효과(lock-in effect)를 불러일으킨다. 이러한 현상은 워드프로세서와 자판기의 경쟁, 핸드폰 번호, 메일주소 등에서 쉽게 찾아볼 수 있다.

(2) 독점의 원천

시장에서 경쟁이 불완전한 것은 결국 진입장벽(barriers to entry)이 존재하기 때문이다. 독점은 진입장벽을 통해서 시장에서 기존 경쟁자를 몰아내거나 잠재적인 경쟁자가 진입하지 못하도록 저지함으로써, 혹은 자연독점에 의해서 발생하게 된다. 자연독점의 경우에는 규모의 경제로 인해서 비용이 낮은 대기업을 소규모의 기업으로 분할하는 것이 바람직하지 않다. 또한 진입장벽의 설정도 무조건 공공의 이익에 반하지 않는다. 기술개발을 촉진하기 위한 특허권의 경우는 오히려 사회적으로 바람직할 수 있기 때문이다.

◈ 법적 제한

정부가 직접적으로 어느 한 기업에게 독점적 지위를 부여하여 다른 기업이 그 시장에 진입하지 못하게 막기도 한다. 시립체육관 내에 식품매점 운영권을 부여하거나 하나의 유선TV 공급자에게만 인허가를 하는 경우가 대표적이다. 또한 어떤 제품을 발명한 대가로 배타적인 특허권을 통해 일정기간 동안 다른 어느 누구도 특허권자의 허락 없이는 발명품의 생산이나 사용을 금지하는 권리 부여도 이에 해당한다.

◈ 희소투입물의 통제

어떤 상품을 생산하는 데 필요한 자원이 매우 희소하다면, 이 자원을 획득한 기업은 저절로 독점적 지위를 얻게 된다.

◈ 기술적 우위

월등한 기술로 인해서 일정기간 동안 독점적 지위를 유지할 수도 있다. 운영체제 분야에서 Microsoft는 연구개발과 더불어 마케팅의 노력으로 시장에서 독점적인 지위를 확보하고 있다.

◈ 규모의 경제로 인한 자연독점

대량생산의 이득으로 인해서 많은 기업이 작은 양을 생산하기보다 단일기업이 시장 전체의 공급을 담당하면 보다 저렴하게 생산할 수 있는 경우를 자연독점(natural monopoly)이라고 한다. 시골의 작은 마을이나 통행량이 별로 없는 거리는 은행과 주유소가 하나씩 있으면 충분한 것과 같은 이치이다.

기업의 기술적 특성과 이에 따른 비용구조의 특성은 그 산업에 얼마나 많은 수의 기업이 활동할 수 있는가를 결정한다. 경쟁체제가 성립되기 위해서는 〈그림 5-8(a)〉에서 보는 것처럼 최소효율규모(minimum efficient scale)가 시장의 크기에 비해 아주 작아야 한다. 그리고 〈그림 5-8(b)〉에서 보는 것처럼 상당히 높은 생산수준에서 최소효율규모가 나타나는 경우에는 독과점체제가 불가피하다.

그림 5-8

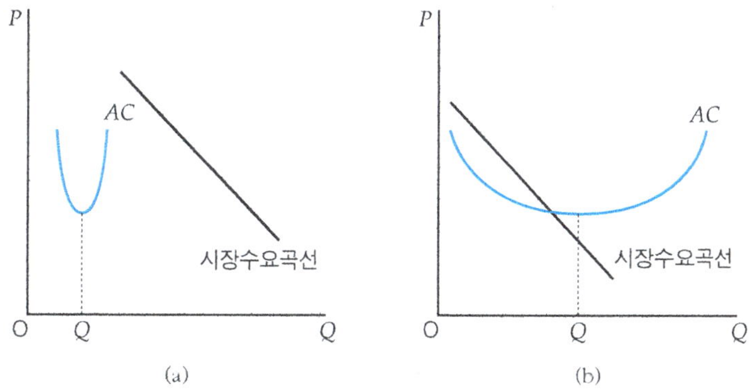

자연독점이 성립하는 경우

(a) 경쟁체제 성립이 가능한 경우
(b) 경쟁체제 성립이 어려운 경우

3.2. 독점기업의 이윤극대화

(1) 독점기업의 한계수입곡선

완전경쟁시장에서 기업은 수평의 수요곡선에 직면하게 되고, 시장에서 결정된 가격을 받아들이는 '가격 수용자(price taker)'이다. 그러나 독점시장에서 기업은 가격을 마음대로 정할 수 있는 '가격 설정자(price setter)'이다. 만약에 가격 설정자가 가격을 올리면 소비자의 일부는 떨어져 나가게 된다. 따라서 수요곡선은 우하향의 형태를 띠게 되고, 한계수입곡선도 마찬가지로 우하향하게 된다.

〈그림 5-9〉는 가상적인 독점기업의 수요곡선을 보여준다. 만약 가격을 60으로 설정하면 너무 높아 한 개의 상품도 판매할 수 없을 것이고, 가격을 57로 낮추면 1개의 상품을 판매할 수 있을 것이다. 이렇게 가격이 하락하면서 판매수량은 증가하게 된다. 이때 기업의 총수입은 가격과 판매량의 곱으로 나타낼 수 있다. 그리고 평균수입은 생산량 한 단위의 수입으로, 총수입을 판매량으로 나눈 값이다. 한계수입은 상품을 한 단위 더 증가시키기 위해서 가격을 인하할 때 총수입이 얼마나 증가하는가를 보여준다.

그림 5-9

수요곡선과 한계수입곡선

생산량 (Q)	가격 (P)	총수입 (TR=PXQ)	평균수입 (AR=TR/Q)	한계수입
0	60	0	·	·
1	57	57	57	57
2	54	108	54	51
3	51	153	51	45
4	48	192	48	39
5	45	225	45	33
6	42	252	42	27
7	39	273	39	21
8	36	288	36	15
9	33	297	33	9
10	30	300	30	3

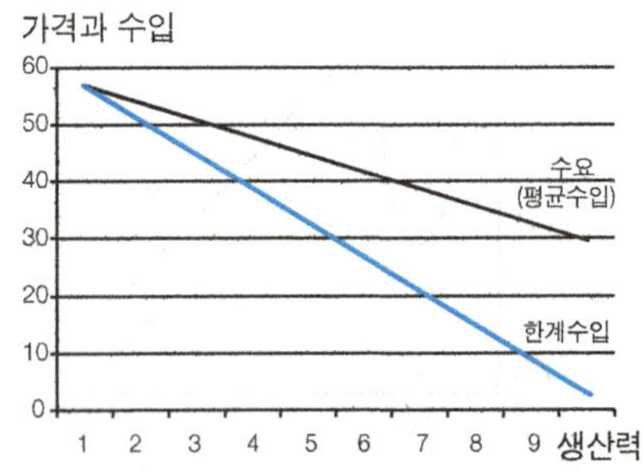

(2) 독점가격과 독점생산량 결정

〈그림 5-10〉을 보면 수요곡선이 우하향하는 모양으로 그려져 있다. 이때 한계수입곡선은 수요곡선보다 2배 가파른 기울기로 우하향하는 형태를 띠고 있다. 그리고 독점시장은 공급곡선이 존재하지 않는다. 따라서 한계비용곡선이 독점시장의 공급곡선 역할을 대신한다고 볼 수 있다. 독점시장에서 기업이 이윤을 극대화하는 과정은 다음과 같다.

① $MR = MC$에서 최적산출량 선택
독점기업도 경제학의 기본원리를 벗어날 수 없다. 한계수입(MR)과 한계비용(MC)이 일치하는 수준에서 최적산출량(Q_m)을 결정

② 최적산출량(Q_m)에서 소비자들이 최대한 지불하고자 하는 가격(P_m)을 결정

독점기업은 다른 공급자가 없기 때문에 가격을 통제할 수 있는 힘을 가지고 있다. 그렇지만 소비자가 지불하고자 하는 최대한의 가격을 넘어서는, 즉 상식을 벗어난 가격을 설정하면 하나도 안 팔릴 것이다. 어느 기업이 세상에 처음으로 홀로그램 화상전화기를 출시했다면 다른 기업이 시장에 진입할 때까지는 독점적 지위를 가지게 된다. 그런데 이 홀로그램 화상전화기를 1억원에 판매한다면 구입하려는 소비자는 거의 없을 것이다. 따라서 독점가격은 수요곡선상에서 결정되어야 한다.

(3) 독점적 이윤

독점기업은 한계비용(MC)보다 높은 독점가격을 설정할 수 있고, 그 결과 초과이윤을 $(P_m - AC) \times Q_m$만큼 얻을 수 있다. 이 크기는 〈그림 5-10〉에서 □P_mABE의 면적과 같다.

그림 5-10

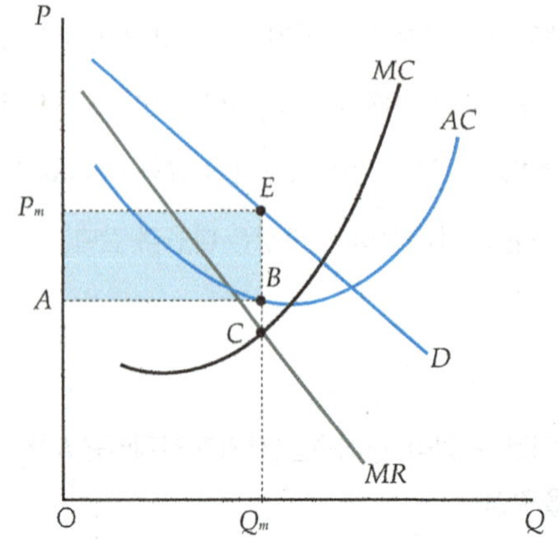

독점가격과 독점생산량 결정

MC: 한계비용곡선, 독점시장의 공급곡선 역할을 대신함
AC: 평균비용곡선
D: 수요곡선, 우하향 형태
MR: 한계수입곡선, 수요곡선보다 2배 가파른 기울기로 우하향하는 형태

예제 5-2 **독점기업의 이윤극대화**

기업 A는 독점시장에서 재화 X를 판매하고 있다. X재의 수요함수는 $Q=120-2P$이며, 총비용함수는 $C=100+40Q$이다. 기업 A의 이윤극대화 생산량은? (단, Q는 수요량, P는 가격, C는 총비용이다.)

① 10 ② 20
③ 30 ④ 40
⑤ 50

정답과 해설 ②

독점기업의 이윤극대 생산량은 $MR=MC$에서 $MR=60-Q$이고, $MC=40$이므로, $Q=20$이 된다. 이때 이윤극대화 가격은 이윤극대화 생산량 $Q=20$을 수요함수에 대입한 $P=50$이 된다.

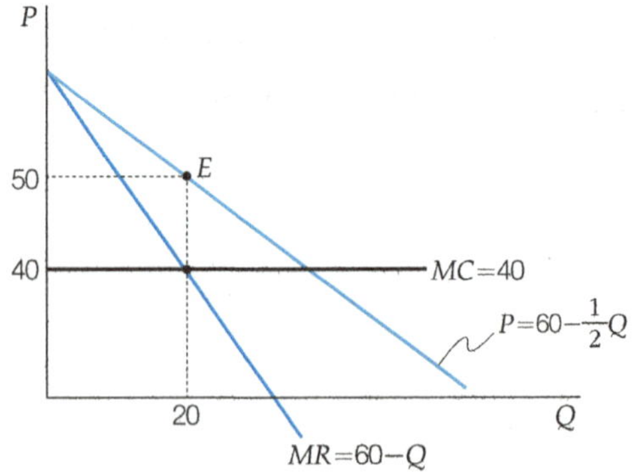

3.3. 독점시장의 성과와 평가

독점시장에 대한 평가는 이상적인 상황이라고 할 수 있는 완전경쟁시장을 기준으로 한다. 먼저 자원배분의 비효율성을 산출량의 감소와 높은 가격의 측면에서, 그리고 진입장벽을 통한 지속적인 이윤을 획득한다는 측면에서 살펴본다.

(1) 비효율적인 자원배분

◈ 높은 가격과 낮은 산출량

독점의 경제적 효과는 가장 효율적이고 이상적인 완전경쟁시장과 비교해보면 쉽게 알 수 있다. 독점시장에서는 공급곡선이 없기 때문에 한계비용곡선이 공급곡선을 대신한다고 앞에서 언급하였다. 따라서 완전경쟁시장의 경우에는 공급곡선(한계비용곡선)과 수요곡선이 만나는 점 F에서 균형가격(P_c)과 균형수요량(Q_c)이 결정된다. 따라서 독점시장과 완전경쟁시장의 균형점을 비교해볼 때 독점시장에서는 산출량이 줄어들고 가격은 더 높아지게 된다.

◈ 후생삼각형과 자중손실

독점기업은 한계비용보다 높은 가격을 설정하기 때문에 산출량이 작다. 완전경쟁시

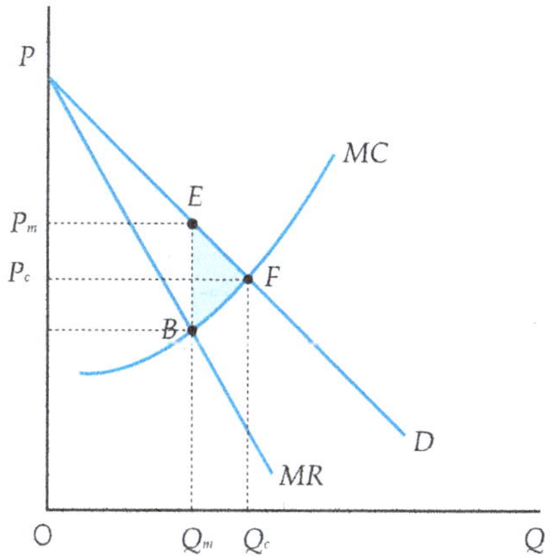

그림 5-11

독점시장과 완전경쟁시장의 비교

E: 독점시장의 균형
F: 완전경쟁시장의 균형
P_m: 독점가격
P_c: 경쟁가격

장에 비해서 비효율적인 자원배분이 된다는 것을 의미한다. 독점산출량 수준보다 생산을 더 늘리면 독점이윤은 줄지만 사회적 잉여가 증가하게 된다. 보다 바람직한 상황이 될 수 있는데도 불구하고 그러한 선택을 하지 않았다는 점에서 발생하는 비효율성의 크기는 $\triangle EBF$의 면적으로 나타낼 수 있다. 이렇게 측정된 독점의 비효율성의 크기를 **후생삼각형**(welfare triangle) 또는 자중손실(deadweight loss)이라고 한다.

후생삼각형
비효율적 자원배분에 의한 후생손실

그렇다면 실제로 후생삼각형의 크기는 어느 정도일까? 후생삼각형을 최초로 측정하려고 시도했던 경제학자는 시카고대학의 아놀드 하버거(A. Harberger)이다. 따라서 그의 이름을 따서 '하버거 삼각형'이라고도 한다. 그는 추정 결과로 비효율성의 크기가 미국의 총생산액의 1%에도 미치지 않는다고 했지만, 그 후에 많은 다른 학자들이 계산을 해보니 오히려 비효율성이 매우 크다는 결과가 나왔다.

예제 5-3 **독점과 사회후생**

이윤극대화를 추구하는 독점기업 M이 직면한 수요곡선은 $P=10{,}000-2Q_D$이고 비용곡선은 $TC=2{,}000Q$라고 한다. (단, P는 가격, Q_D는 수요량, TC는 총비용, Q는 생산량). 이 기업의 ㉠ 독점가격, ㉡ 독점 공급량, ㉢ 소비자 잉여, ㉣ 독점으로 인한 사회적 후생손실이 알맞게 짝지어진 것은?

	㉠	㉡	㉢	㉣
①	2,000	6,000	8,000,000	8,000,000
②	6,000	2,000	4,000,000	4,000,000
③	2,000	6,000	4,000,000	4,000,000
④	6,000	2,000	8,000,000	8,000,000
⑤	8,000	1,000	4,000,000	8,000,000

정답과 해설 ②

독점기업의 이윤극대화 생산량은 $MR=MC$에서 결정된다. MR은 수요곡선과 수직축 절편은 동일하지만 기울기가 2배 가파르기 때문에 $MR=10{,}000-4Q$가 된다. 따라서 이윤극대화 생산량은 $MR=10{,}000-4Q=MC=2{,}000$이 되어 $Q=2{,}000$이 되고, 가격은 수요곡선에 이윤극대화 생산량을 대입한 $P=6{,}000$이 된다. 소비자잉여는 삼각형 A의 크기인 $\frac{1}{2}\times4{,}000\times2{,}000=4{,}000{,}000$이 된다. 그리고 사회적 후생손실은 삼각형 B의 크기인 $\frac{1}{2}\times4{,}000\times2{,}000=4{,}000{,}000$이 된다.

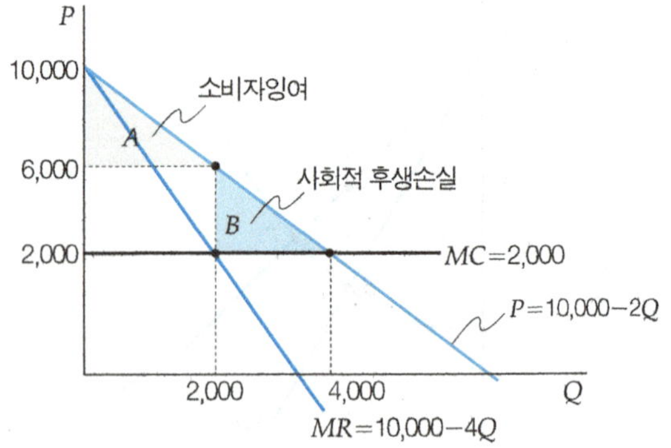

(2) 진입장벽 구축과 지대추구행위

◈ 진입장벽의 구축을 통한 초과이윤 지속성

완전경쟁시장의 경우에는 양(+)의 이윤이 존재한다면 신규경쟁자들이 진입하여 경제적 이윤은 장기적으로 0이 되어야 한다. 그러나 독점하에서는 진입장벽을 통해 높은 이윤이 지속될 수 있다. 완전경쟁적인 상황에서 기업이 획득할 수 있는 정상 이윤을 초과하여 독점기업이 획득하는 이윤을 초과이윤이라고 한다. 그러나 경쟁에서 살아남는다는 것 자체가 어려운 완전경쟁시장과 달리, 자발적으로 최대한의 효율성을 추구하지 않아도 이윤이 보장된 독점기업의 경우에는 경영자나 노동자 어느 누구도 구태여 열심히 일해야 할 필요를 느끼지 못할 것이다.

◈ 지대추구행위

독점기업은 자신의 독점력를 유지하기 위해서 진입장벽을 계속 유지하고자 노력한다. 그 일환으로 막대한 자금을 투입하는데 이것은 경제전체적으로 볼 때 비효율적이라고 할 수 있다. 이렇게 독점기업들이 자신의 진입장벽을 구축하기 위해서 로비와 광고에 투입하는 행동을 '지대추구행위(rent seeking behavior)'라고 한다. 예를 들어 변호사협회가 로스쿨(Law School) 정원을 제한하려 한 집단적인 행동이 자신의 독점적인 지위를 유지하며 밥그릇을 챙기기 위해서였음은 잘 알려진 사실이다. 너무 많은 변호사의 양성은 법률서비스의 품질저하를 가져오고 그 결과 소비자들에게 피해를 준다는 논리이지만, 여성 가방에도 명품을 비롯해 다양한 가격대가 존재하듯이 법률서비스도 소송부터 간단한 법률상담까지 다양하게 존재할수록 소비자 선택의 폭이 넓어져 더 큰 혜택을 주게 될 것이다.

지대추구행위
독점기업들이 자신의 진입장벽을 구축하기 위해서 로비와 광고에 투입하는 행동

(3) 독점이윤과 슘페터의 창조적 파괴

독점시장이 무조건 나쁜 것만은 아니다. 조셉 슘페터(J. Schumpeter)와 같은 학자는 한 시점에서 정태적으로 독점과 완전경쟁시장을 비교하는 것을 비판하면서, 동태적으로 판단해볼 것을 제안하였다. 슘페터는 경제적 진보는 기술혁신에 따른 새로운 상품의 등장에 달려 있다고 주장했다. 말이 끄는 마차 대신 자동차, 아이스박스 대신 냉장고

창조적 파괴
기존의 상품이 기술혁신을 통해 신상품으로 대체되는 과정 또는 현상

와 같이 새로운 상품은 우리의 생활수준을 향상시킨다. 그는 새로운 상품의 출현으로 기존의 낡은 상품을 생산하던 기업들이 시장에서 퇴출되어 사라져야 한다는 '**창조적 파괴**(creative destruction)'의 필요성을 강조한다. 슘페터의 견해를 지지하는 경제학자들은 새로운 상품을 출시하기 위해서는 연구개발을 위한 기업의 투자자금이 필요하다고 생각한다. 완전경쟁시장에 있는 기업보다 시장지배력을 지닌 독점기업은 더 많은 경제적 이윤을 획득할 가능성이 많기 때문에, 더 많이 연구개발을 할 여력이 있고, 더 많은 신상품을 개발할 가능성도 높다.

그러나 이에 대한 반대의 의견도 만만치 않다. 이들은 많은 새로운 상품이 작은 기업에 의해서 개발되었다는 점을 근거로 반박한다. 스티브 잡스(Steve Jobs)와 스티브 워즈니악(Steve Wozniak)은 작은 창고에서 애플 컴퓨터를 만들었고, 래리 페이지(Larry Page)와 세르게이 브린(Sergey Brin)은 스탠포드대학교에서 대학원생일 때 구글(Google) 검색 엔진을 만들었다.

예제 5-4 **독점기업의 특성**

다음은 독점기업에 대한 설명이다. 옳지 않은 것은?

① 일반적으로 높은 진입장벽은 독과점적 시장구조를 초래한다.
② 규모의 경제가 발생함으로써 형성되는 독점을 자연독점이라고 한다.
③ 슘페터는 기술혁신이 독점기업보다는 완전경쟁 산업에서 더 높게 나타난다고 주장하였다.
④ 독점기업은 이윤을 극대화하시 위해서 한계수입과 한계비용이 일치하는 수준에서 생산량을 결정한다.
⑤ 일반적으로 독점기업의 가격은 완전경쟁기업의 가격보다 높게 책정된다.

정답과 해설 ③

슘페터는 완전경쟁시장보다는 독점시장에서 기업들이 독점적 이윤을 가지고 새로운 연구개발에 투자할 수 있다고 주장하였다.

예제 5-5 **독점의 특징**

독점에 관한 다음 설명 중 옳은 것은?

① 특허제도는 특허권을 보유한 기업에 대해 일정기간 동안 독점권을 주는 것이므로 사회후생적 관점에서 폐지해야 한다.
② 규모의 경제는 생산증가와 함께 평균비용이 일정하게 유지되는 현상을 의미하는 것으로 독점과는 관련이 없다.
③ 독점기업은 항상 초과이윤을 누릴 수 있다.
④ 독점기업이 판매량을 증가시키기 위해서는 가격을 낮추어야 한다.
⑤ 공기업은 독점상태를 유지시키는 것이 사회후생을 위해 바람직하다.

정답과 해설 ④

① 특허제도는 인위적인 독점이므로 부정적인 측면도 있지만 특허권을 보장해서 기술개발을 촉진한다는 긍정적인 측면도 지니고 있어 현재 유지하고 있다. 단지 특허 기간을 얼마나 길게 할 것인가를 결정해야 한다.
② 규모의 경제는 생산량이 증가함에 따라서 평균비용이 하락하는 기술적인 측면에서 발생하는 특성으로 자연독점의 원천이 된다.
③ 독점기업도 수요가 매우 작게 되면 손실을 볼 수 있다. 그러나 장기적으로 계속 손실을 본다면 시장에서 이탈할 것이므로, 단기적으로 일시적으로만 손실을 보게 된다.
④ 독점기업은 완전경쟁시장과 달리 개별기업이 직면하는 수요곡선이 우하향하는 형태를 지닌다. 따라서 독점기업이 생산량을 증가시키기 위해서는 가격을 낮추어야만 한다. 반면에 완전경쟁시장에서는 시장에서 가격이 주어져 있기 때문에 생산량을 증가시키거나 감소시킨다고 해도 가격에는 별다른 영향을 미치지 못한다.
⑤ 공기업은 규모의 경제와 같은 공공요금이 적용되는 서비스에서 많이 적용되는 방식이다. 그러나 이러한 독점상태가 항상 좋은 것은 아니고 방만 경영으로 인해 비효율성이 발생할 수 있으므로 상황에 따라서는 민영화를 하는 것이 바람직할 수도 있다.

4. 독점기업의 가격설정

4.1. 가격차별

(1) 가격차별 개념과 성립조건

가격차별(price discrimination)이란 독점기업이 동일한 상품에 대해서 생산비가 같음에도 불구하고 상이한 고객에 대해서 상이한 가격을 부과하는 것을 말한다. 예를 들어 극장에서 어른과 청소년 영화표 가격을 다르게 책정하거나, 시간에 따라서 조조영화는 저녁 시간대 상영되는 영화보다 더 싸게 할인하는 것을 들 수 있다. 독점기업의 가격차별을 실시하는 이윤을 더 크게 증가시킬 수 있기 때문이다.

가격차별은 독점기업이 시장 지배력을 가지고 있어 가격을 조정할 수 있는 힘이 있기 때문이다. 구체적으로 가격차별이 성립하기 위해서는 다음과 같은 조건이 성립해야만 한다.

첫째, 판매자가 시장지배력을 가지고 있어야 한다.

둘째, 서로 다른 고객 또는 시장을 쉽게 구분할 수 있어야 한다. 즉, 시장을 구분하여 분리할 수 있고, 구분하는 데 큰 어려움이 없어야 한다는 것을 말한다.

셋째, 상이한 시장 사이에 상품의 재판매가 불가능해야만 한다. 이 말은 매매차익을 노리는 재정(arbitrage) 거래가 없어야 한다는 것을 말한다.

넷째, 상이한 시장 사이에서 수요의 가격탄력도가 달라야 한다.

(2) 제1급 가격차별

제1급 가격차별이란 완전가격차별로서 각 단위의 재화에 대해서 소비자가 지불하고자 하는 최대한의 가격(유보가격)을 설정하는 것을 말한다. 물 한 잔에 대해서 소비자들마다 지불하려고 하는 가격이 다르고, 같은 소비자라고 할지라도 구입하는 양에 따라서 지불하려는 금액이 달라진다. 제1급 가격차별은 독점기업은 상품의 각 단위에 대해서 소비자에게 최대한 지불하려는 금액을 완벽하게 파악하고 있다는 가정이 깔려 있다. 그 결과 소비자잉여는 전부 독점기업이 가져가 하나도 남지 않게 된다. 그러한 의미에서 완전가격차별(perfect price discrimination)이라고도 한다.

그러나 제1급 가격차별하에서는 수요곡선과 한계비용이 일치하는 수준까지 생산량이 증가하게 되고, 이 생산량 수준은 완전경쟁시장의 경우와 동일하게 되므로 사회후생손실도 발생하지 않게 되어 자원배분의 효율성이 달성된다고 할 수 있다.

(3) 제2급 가격차별

제2급 가격차별이란 소비자들의 구입량에 따라서 몇 개의 구간으로 나누고 수요량이 큰 소비자일수록 다량할인(quantity discount)을 통해 상대적으로 더 낮은 가격을 부과하는 것을 말한다. 예로 들면 전기나 수도요금의 경우 사용량이 많아지게 되면 더 낮은 요금으로 할인해주는 것이 해당한다. 제2급 가격차별을 이루어지면 독점기업의 경우보다 생산량이 증가하게 되어 자원배분의 효율성이 증가하게 된다. 이때 소비자잉여의 상당 부분은 독점기업이 가져가게 된다. 현실에서는 제1급 가격차별과 같이 물을 한 방울씩 파는 것처럼 아주 세세하게 나누어 각각 다른 가격을 책정하는 것을 거의 불가능하기 때문에 제2급 가격차별을 더 쉽게 찾아볼 수 있다. 제2급 가격차별은 수요량의 구간마다 각각 다른 가격을 매긴다는 측면에서 구간가격설정(block pricing)이라고도 한다.

그림 5-12

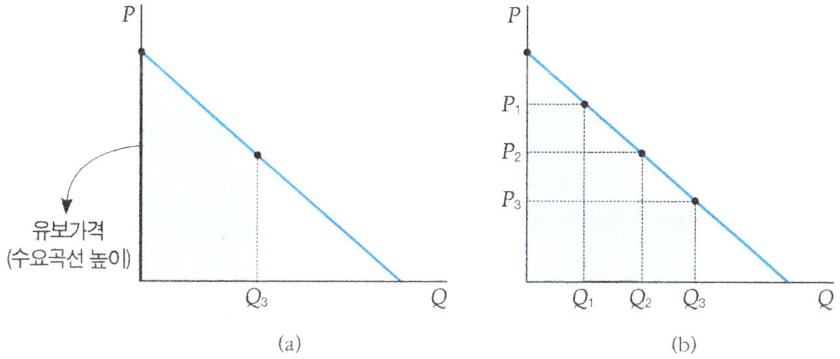

제1급과 제2급 가격차별

(a) 제1급 가격차별: 상품을 잘게 잘라서 최대한 지불의사가격을 모두 받아냄
(b) 제2급 가격차별: 상품 수요량을 구간별로 나누어 Q_1까지는 P_1의 가격을, Q_1에서 Q_2 구입량은 P_2의 가격을, Q_2에서 Q_3 구입량은 P_3의 가격을 차별적으로 부과함

(4) 제3급 가격차별과 역탄력성 법칙

제3급 가격차별이란 소비자들을 가격에 얼마나 민감한가의 정도에 따라서 분할하여 시장마다 서로 다른 가격을 설정하는 것을 말한다. 동일한 성능의 자동차를 국내시장에서 판매하는 경우와 해외시장에 판매하는 경우에 해외시장의 고객들이 좀 더 가격에 민감하다는 점을 이용해서 국내시장의 판매가격보다 더 낮은 가격을 책정하는 것을 말한다. 기차나 버스의 가격을 노인과 어린이에게는 성인어른보다 싸게 가격을 부과하는 것을 예로 들 수 있다.

시장을 둘로 구분했을 경우에(예: 국내 vs 해외, 어른 vs 어린이) 가격에 얼마나 민감한가의 정도는 탄력성으로 설명할 수 있다. 가격에 민감한 경우는 가격에 대한 탄력성이 매우 크다는 것을 의미하게 되고, 그 결과 독점기업은 가격을 매우 높게 책정할 수 없게 된다. 예를 들어 자동차시장에서 국내 소비자들은 현대자동차를 대체할 만한 대안이 없지만, 해외 소비자들은 대체재가 많다고 가정하면, 국내 소비자들보다 해외 소비자들이 가격에 민감하게 된다. 이를 이용하게 되면 국내 소비자에게는 높은 가격을 해외 소비자들에게는 낮은 가격을 차별적으로 부과하게 된다. 이렇게 가격탄력성에 반비례해서 가격을 부과하는 것을 역탄력성 법칙이라고 한다.

예제 5-6 **1급 가격차별**

독점의 제1급 완전가격차별에 의하면 독점기업의 특징으로 맞지 않는 것은?

① 소비자잉여가 최대화된다.

② 전체 잉여(total surplus)가 극대화된다.

③ 생산자잉여가 최대화된다.

④ 독점 생산량과 완전경쟁의 생산량과 일치한다.

⑤ 사회적 잉여가 극대화된다.

정답과 해설 ①

제1급 가격차별에서는 상품 1단위마다 소비자가 지불하려고 하는 최대한의 금액을 부과하기 때문에 소비자 잉여는 모두 독점기업이 가져가게 되므로 하나도 없게 된다. 그렇지만 독점기업의 생산량이 완전경쟁시장과 같아지는 수준까지 증가할 수 있으므로 사회 전체적인 잉여는 극대가 된다.

예제 5-7 **역탄력성 법칙**

한 재화에 대한 수요의 가격탄력성이 서로 다른 두 그룹이 있으며, 기업은 그룹별 소비자의 수요에 대한 정보를 보유하고 있다고 한다. 이윤극대화 기업의 가격 전략에 대한 다음 설명 중 옳은 것은?

① 기업은 그룹을 분리할 필요 없이 단일가격전략을 사용한다.

② 탄력성이 상대적으로 높은 그룹에는 낮은 가격을, 상대적으로 낮은 그룹에는 높은 가격을 부과한다.

③ 탄력성이 상대적으로 높은 그룹에는 높은 가격을, 상대적으로 낮은 그룹에는 낮은 가격을 부과한다.

④ 이윤극대화 점에서는 탄력성이 상대적으로 높은 그룹에서 발생하는 한계구입이 상대적으로 낮은 그룹에서 발생하는 한계수입보다 크다.

⑤ 이윤극대화 점에서는 탄력성이 상대적으로 높은 그룹에서 발생하는 한계수입이 상대적으로 낮은 그룹에서 발생하는 한계수입보다 크다.

정답과 해설 ②

시장을 가격탄력성에 따라서 구분하여 다른 가격을 부과하는 것을 제3급 가격차별이라고 한다. 가격에 탄력적인(민감한) 소비자들에게는 낮은 가격을 부과하고, 가격에 비탄력적인(둔감한) 소비자들에게는 높은 가격을 부과하는 방법을 말한다. 이를 역탄력성 법칙이라고 하는데, 재정학에서는 조세파트에서 램지의 법칙에서 유사한 것을 공부하게 된다.

4.2. 이부가격설정과 최대부하가격설정

(1) 이부가격설정 방식

이부가격설정(two-part tariff pricing) 방식이란 일정한 금액을 지불하고 특정한 상품을 사용할 수 있는 권리를 구입하게 한 다음 그것을 구입하는 양에 따라서 추가적으로 가격을 부과하는 것을 말한다. 에버랜드와 같은 놀이공원에서는 입장료를 내야 공원 안으로 들어갈 수 있게 되고, 입장한 후에 놀이시설을 이용하기 위해서는 추가적인 사용료를 내야 한다. 또한 골프장의 회원가입비와 이용료, 전화의 가입비와 사용료가 같은 사례라고 할 수 있다.

〈그림 5-13〉(a)에서 볼 수 있듯이 수요곡선은 우하향하는 형태이고, 한계비용곡선(MC)이 수평선으로 주어진 경우에 독점기업은 사용료를 한계비용에 일치시키고, 소비자잉여에 해당하는 ΔPP^*Q^*만큼을 가입비로 부과하게 된다. 그렇게 되면 소비자잉여를 모두 독점기업이 가져가는 제1급 가격차별의 결과가 된다. 이때 독점기업이 부과할 수 있는 최대한의 가입비는 소비자잉여의 크기가 된다.

(2) 최대부하가격설정 방식

최대부하가격설정(peak load pricing) 방식이란 전기사용료나 도로통행료와 같이 시실용량(capacity)이 주어진 경우에 어느 시점에 이용하는가에 따라서 다른 가격을 부과하는 것을 말한다. 도로의 경우에 출퇴근의 러시아워에 이용하는 사람들에게는 보통의 경우보다 더 높은 가격을 부과하는 경우를 예로 들 수 있다. 성수기와 비수기로 나누어 성수기에는 더 높은 가격을 지불할 의사를 지니고 있다는 점을 반영한다는 점에서는 제3급 가격차별과 매우 유사하다. 그러나 주어진 시설용량으로 인해서 전기와 인터넷망,

그림 5-13

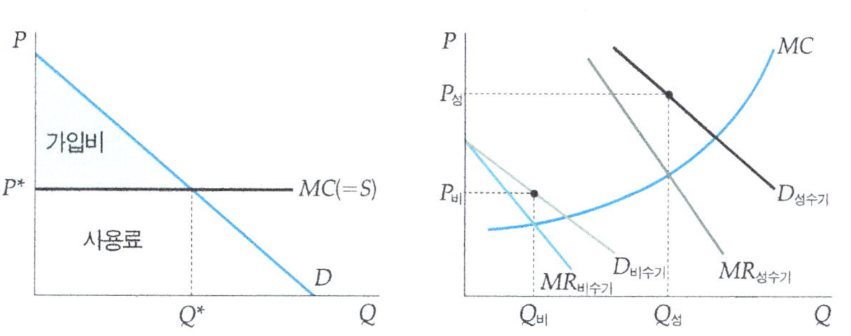

(a) (b)

이부가격설정과 최대부하가격설정

(a) 이부가격설정
(b) 최대부하가격설정

도로, 수도의 서비스와 같이 시설용량의 한계에 거의 도달하는 경우에는 한계비용이 급격하게 상승하게 되고, 그 결과 비수기보다 더 높은 가격을 부과하게 된다.

예제 5-8 **이부가격제**

독점시장에 존재하는 어떤 회사의 한계비용은 500이며, 이 시장의 소비자는 모두 $P=1{,}000-Q_D$라는 수요함수를 가지고 있다. 이 회사가 이부가격제(two part tariff)를 설정하여 이윤을 극대화하기 위한 최대한의 고정요금(가입비)은 얼마인가?

① 500,000

② 250,000

③ 125,000

④ 100,000

⑤ 50,000

정답과 해설 ③

이부가격제는 사용요금과 가입비를 따로 부과해서 독점적 이윤을 극대화하는 방법을 말한다. 사용요금은 한계비용과 일치시키고, 고정요금인 가입비는 최대로 소비자 잉여만큼 부과할 수 있다. 한계비용이 500이므로 사용요금은 500으로 책정하고, 균형거래량은 500이 된다. 이때 소비자 잉여는 125,000이므로 가입비는 125,000을 부과할 수 있다.

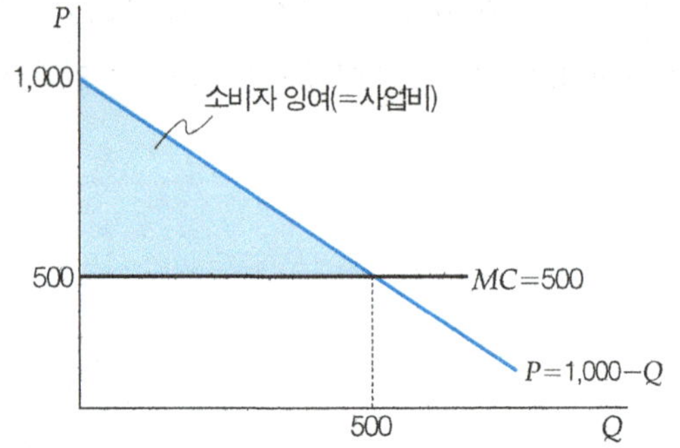

Chapter

06

후생경제학과 시장실패

1. 후생경제학

1.1. 사회후생을 평가하는 기준

다양한 사람들로 구성된 사회전체의 경제적 복지수준을 평가하기는 어려운 일이다. 사회후생(social welfare)이란 사회구성원들의 총체적인 복지를 의미한다. 이러한 사회후생을 어떻게 하면 극대화할 것인가를 연구하는 분야를 후생경제학(welfare economics)이라고 한다.

후생경제학
사회구성원들의 총제적인 복지의 극대화를 연구하는 분야

사회후생을 평가하는 기준으로는 효율성과 공평성을 들 수 있다. 희소한 자원이 얼마나 효율적으로 배분되는가는 가장 중요한 문제 중의 하나이다. 여기서 효율성은 한 경제에서 존재하는 희소한 생산적 자원이 낭비 없이 최적으로 활용된다는 것을 의미한다. 또 하나의 평가기준으로는 분배 측면에서 공평성을 들 수 있다. 이것은 경제에서 존재하는 자원인 소득이나 재산이 사람들 사이에 얼마나 공평하게 분배되는가의 문제이다. 자원이 효율적으로 배분되어 있을지라도 공평한 분배가 이루어지지 못한다면 그 사회는 그다지 바람직하다고 할 수 없을 것이다.

효율성은 낭비가 없는지의 여부만 판단하면 되기 때문에 객관적이라고 할 수 있지만, 공평성은 어떤 것이 공평한지 사람마다 다를 수 있기 때문에 주관적이다. 따라서 사회후생을 증가시키려는 정부의 여러 가지 정책에 적절한 평가를 내리기는 쉬운 일이 아니다. 여기서는 먼저 효율성의 판단기준인 파레토 효율성에 대해서 살펴보고, 공평성의 측면을 고려한 사회후생함수를 소개한다.

1.2. 파레토 효율성

파레토 효율성
어떤 자원배분 상태가 있을 때, 어느 누구에게도 손해가 가지 않으면서 어떤 사람에게는 이득이 되도록 하는 것이 어려운 상태

파레토 개선
하나의 자원배분 상태에서 다른 사람에게 손해가 가지 않게 하면서 최소한 한 사람에게 이득을 가져다주는 것

경제학에서 사용하는 효율성이란 일반적으로 파레토 효율성(Pareto efficiency)을 말한다. **파레토 효율성**이란 어떤 자원배분 상태가 있을 때, 어느 누구에게도 손해가 가지 않으면서 어떤 사람에게는 이득이 되도록 하는 것이 어려운 상태를 말한다.

만일 S라는 자원배분 상태가 있을 때 다른 상태로 변화된 경우 S'로 바뀌었을 때 사회의 구성원 모두가 이득을 보거나 혹은 손해를 보는 사람은 하나도 없음에도 불구하고 어떤 사람들은 이득을 볼 수 있다면 이러한 변화를 **파레토 개선**(Pareto improvement)이 이루어졌다고 한다.

예를 들어 한국과 미국이 FTA 협상을 체결한다고 생각해보자. 이 협상으로 인해 온 국민이 모두 행복해진다거나 최소한 불행해지는 사람은 없으면서 일부의 행복을 증진시킨다면 이러한 협상을 체결하는 것은 파레토 개선이라고 할 수 있을 것이다. 파레토 개

그림 6-1

파레토 효율성과 파레토 개선

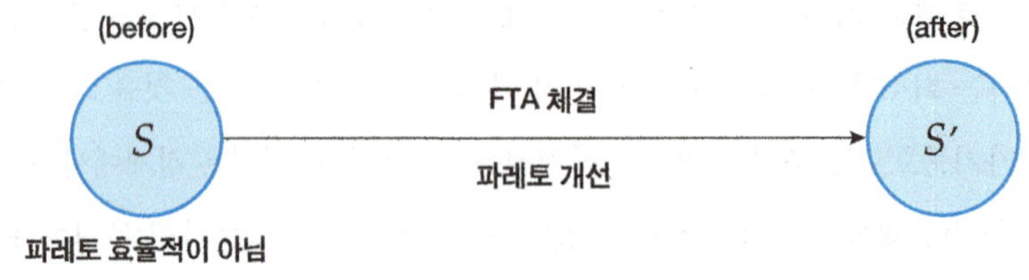

선이 가능한 상황은 더 나은 상태로 나갈 수 있다는 것을 의미하기 때문에 현재 상태는 파레토 효율적이라고 할 수 없다. 뒤집어서 설명하면 파레토 효율적인 상태는 파레토 개선이 불가능한 상황을 의미한다. 비근한 예로, 어떤 사람이 얼굴 성형을 하였는데 성형 전과 성형 후를 비교해보니 성형 후가 더 나아졌다면(파레토 개선), 이전(before)의 얼굴은 가장 만족스러운 효율적인 얼굴이 아닌 셈이다.

2. 시장실패

지금까지의 경제학에서는 시장을 신뢰하고 시장의 가격이 신호역할을 해서 희소한 자원이 효율적으로 낭비 없이 배분될 것이라고 설명하였다. 그러나 현실에서는 시장에서 가격이 제기능을 하지 못하는 경우가 발생할 수 있는데 이를 시장실패(market failure)라고 한다. 시장실패는 좁은 의미로 볼 때 불완전경쟁시장, 외부효과, 공공재, 비대칭정보를 포함하며, 넓은 의미로 볼 때 경기변동이나 소득의 불공평한 분배까지 포함한다. 여기서는 효율성의 측면에 초점을 둔 협의의 개념에 국한해서 설명하기로 한다. 또한 불완전경쟁시장으로 인해 발생하는 독점이나 과점시장의 비효율성은 시장이론에서 이미 다루었고, 비대칭적 정보로 인한 역선택과 도덕적 해이 문제는 '정보경제과 디지털경제'에서 다루었기 때문에 여기서는 설명을 생략하겠다.

2.1. 외부효과

(1) 외부성의 개념

외부성(externalities)이란 어떤 행위가 제3자에게 의도하지 않은 혜택이나 손해를 야기했는데 이에 대한 대가를 치르지 않는 것을 말한다. 외부성의 외부(ex-)란 시장 테두리 밖을 의미하는 것으로 시장 테두리 안에서 거래가 이루지면 정당한 대가를 지불하거나 받게 되는데, 시장 테두리 밖에서 거래가 이루어지면 시장은 적절한 대응을 하지 못하게 된다. 또한 주의해야 할 것은 '의도하지 않아야 한다'는 것이다. 강 상류에 위치한 공장에서 방류되는 오염물질로 인해 하류에 위치한 양식장이 피해를 보았을 때, 상류의 공장

외부성
어떤 행위가 제3자에게 의도하지 않은 혜택이나 손해를 야기했는데 이에 대한 대가를 치르지 않는 것

이 일부러 의도했다면 이는 외부성이라고 할 수 없다. 과수원 옆에 양봉장이 들어서서 과일의 수확이 의도하지 않게 늘었다면 이것은 외부성이 된다. 한편 미국 워싱턴 주에서는 과수원 주인들이 양봉장의 소유자들에게 대가를 지불하는 것이 목격되었는데, 이러한 행위는 외부성 문제를 시장 내부로 끌어들여 해결하는 것이다. 이를 외부성의 내부화(internalization)라고 한다.

(2) 외부성의 유형

외부성은 먼저 부정적인 외부성과 긍정적인 외부성으로 나눌 수 있다. 환경오염과 같은 경우는 부정적인 외부성에 속하고, 기초학문 분야나 근로자들에게 기술훈련을 시키는 것은 사회전체적인 측면에서 긍정적인 외부성에 속한다고 할 수 있다.

또한 외부성은 생산과정에서 발생하는 외부성과 소비과정에서 발생하는 외부성으로 나눌 수 있다. 생산과정에서 발생하는 외부성으로는 공장에서 자동차를 생산하면서 배출하는 오염물질과 폐수가 주변의 환경을 오염시키는 경우가 있고, 소비과정에서 발생하는 외부성으로는 집에서 세탁하는 과정에서 사용한 합성세제가 하수도를 흘러가 하천을 오염시키는 경우가 있다.

도서관에서 이어폰으로 음악을 들으면서 공부하는 사람이 있다고 하자. 다시 말해 이 사람은 음악을 소비하고 있는 상황이다. 그런데 음악에 너무 심취한 나머지 자기도 모르게 크게 따라 불렀다. 이때 이 사람은 자신이 의도한 것이 아닌데 다른 제3자의 공부를 방해한 셈이다. 그렇다면 이때의 외부성은 긍정적인가 아니면 부정적인가? 이 사람의 노랫소리가 공부하는 데 짜증을 불러일으켰다면 부정적인(해로운) 외부성이 될 것이다. 그러나 한참 졸릴 만한 시간대라서 도서관 분위기를 쇄신하는 계기가 되었다면 이 경우는 긍정적인(유익한) 외부성이 될 것이다.

(3) 외부성과 자원배분

외부성도 희소한 자원이 효율적으로 배분되지 못하게 만드는 시장실패의 한 요인이다. 이를 간단한 그림을 통해서 설명해보자.

화학약품을 생산하는 어느 공장에서 오염물질이 하천으로 방류된다고 하자. 이러한 해로운 외부성은 기업 입장에서는 비용으로 처리하지 않을 수도 있다. 그러나 사회 전체

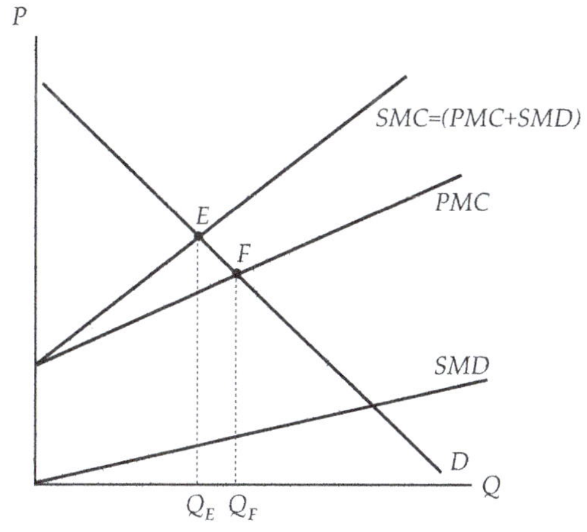

그림 6-2

부정적 외부성과 자원배분

적으로 보면 이것은 비용으로 당연히 인식해야만 한다. 여기서 생산량이 1단위 추가적으로 증가될 때 사회적 한계피해액(*SMD*: Social Marginal Damage)도 증가한다고 가정하자.

〈그림 6-2〉에서 오염물질이 야기하는 외부비용을 고려하지 않은 기업의 사적 한계비용(*PMC*: Private Marginal Cost)은 우상향하는 형태로 나타나 있고, 생산과정에서 발생하는 오염물질로 인한 사회적 한계피해액인 *SMD*도 우상향하는 형태로 나타나 있다. 만일 오염물질을 고려하지 않은 경우에 사적 최적수준은 수요곡선(*D*)와 사적 한계비용(*PMC*)이 만나는 *F*점이 되어 생산량은 Q_F가 된다. 그러나 외부비용을 고려한 사회적 최적수준은 *D*와 *SMC*(=*PMC*+*SMD*)가 만나는 *E*점이 되어 생산량은 Q_E가 된다. 따라서 부정적 외부성이 발생하게 되면 시장에서는 사회적 최적수준보다 과잉생산(overproduction)되는 경향을 보이게 된다.

(4) 외부성 문제 해결방법

외부성과 관련해서 주의해야 할 것은 바람직한 오염물질 배출수준이 0이 아니라는 점이다. 왜냐하면 오염물질을 정화하는 데 엄청난 비용이 들 뿐만 아니라 오염물질을 완전히 제거한다는 것은 지금까지 인간의 문명을 모두 제거하고 완전히 원시시대 생활로 되돌아가야 한다는 것을 의미하기 때문이다. 따라서 지구가 자기 정화능력을 발휘할 수 있는 사회적 최적수준을 유지하는 것이 차선책이며, 바로 〈그림 6-2〉에서 Q_E가 그 수준이다.

환경오염 문제를 해결하기 위해서는 직접적인 통제방식(command and control)과 시장을 활용하는 방식(market-based approach)을 적용할 수 있다. 직접통제방식은 오염물질의 배출량의 허용기준을 정해서 이 기준을 준수하도록 만드는 방식으로 정화시설 설치를 의무화하는 것을 예로 들 수 있다. 직접통제방식은 원하는 기준을 빠르게 달성할 수 있다는 장점이 있지만, 신축성이 떨어지며 오염물질 방출자들을 일일이 감시하기가 현실적으로 어렵다는 문제가 있다. 실증연구에 의하면 직접적인 통제방식은 시장을 활용하는 방식보다 경제적 비용이 거의 10배 이상 더 소요된다고 알려져 있어 경제학자들은 후자의 방식을 더 선호한다. 따라서 여기서는 시장을 활용하는 방식을 주로 소개하고자 한다.

◈ 환경세의 부과

일반적으로 오염물질을 배출하는 기업은 본의 아니게 사회에 끼치는 부정적 영향을 자신이 부담해야 하는 비용으로 인식하지 않는다. 따라서 오염물질을 배출하는 행위에 대해서 추가적인 비용을 지불하도록 만들어야 한다. 다시 말해서 기업이 인식하는 사적 생산비용을 사회적 생산비용 수준으로 끌어올리는 것이다. 피구(A. C. Pigou)는 조세를 부과하여 오염물질의 배출을 사회적 최적수준으로 낮출 수 있다고 주장하였다. 이를 환경세 혹은 피구세(Pigouvian tax)라고 한다. 〈그림 6-3〉에서 보여주듯이 사적 한계비용(PMC)에 조세(T)를 부과하여 사회적 최적수준인 E점에 일치시키는 방법이다.

환경세(피구세)
외부불경제가 발생했을 때 조세를 부과하여 스스로 조세를 줄이기 위한 노력을 이끌어내는 것

그러나 현실에서 최적세율을 정확하게 찾아내기가 쉽지 않고, 환경세를 누구에게 어떤 방식으로 부담시켜야 하는가의 문제도 고려해야 한다. 실제로 유럽의 많은 나라들은 이산화탄소 저감대책의 하나로 탄소세(carbon tax)를 부과하고 있다.

◈ 오염허가서의 발급

오염허가서(pollution permit)란 자신이 보유한 배출권 수준만큼 오염물질을 배출할 수 있도록 허용하는 방식을 말한다. 정부는 사회적으로 바람직한 수준만큼 오염허가서를 발급한 후 이를 시장에서 자유로이 교환할 수 있도록 만드는 것이다. 오염허가서의 장점

그림 6-3

환경세 부과를 통한 외부성 해결

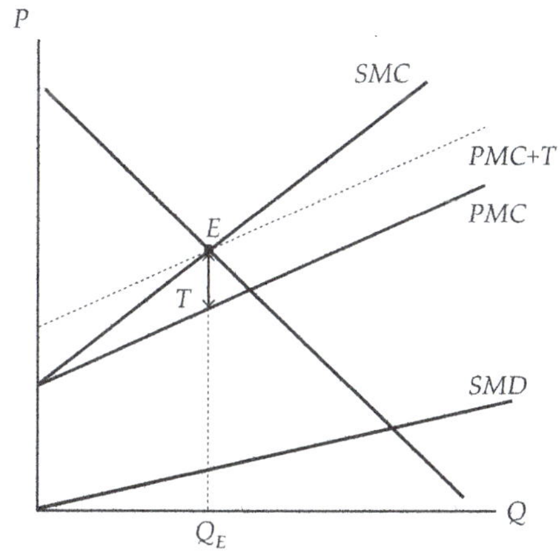

은 시장의 거래를 통해서 자신이 환경에 대한 진정한 선호를 드러낼 수 있도록 유도한다는 점이다. 시장을 활용한 방법 중에서 환경세는 인플레이션과 같은 문제가 발생하면 세율을 다시 산정하는 문제에 봉착하게 되지만, 오염허가서는 시장에서 자발적인 교환을 통해 정부가 의식적인 노력을 기울이지 않아도 자동적으로 조정될 수 있다. 1993년 미국의 시카고선물거래소를 통해서 오염허가서가 거래되기 시작해 1995년부터는 산성비 문제를 해결하기 위해서 오염허가서를 보유하는 경우에만 아황산가스(SO_2)를 배출할 수 있도록 했다. 최근에는 지구온난화와 온실가스 감축을 위한 교토의정서(Kyoto Protocol)가 채택되어 국제적인 차원에서 공조체제를 유지하려고 노력하고 있다.

◈ 소유권의 확립과 코우즈 정리

환경오염의 문제는 주인이 명확하게 규정되어 있지 않다는 점에서 시작된다. 강 상류에 공장이 있고, 하류에는 양식장이 있다고 하자. 공장 가동 시 흘러나온 폐수로 인해서 양식장의 물고기의 수가 줄어들고 개체 크기도 작아진다면 상류에 위치한 공장은 아무런 비용도 부담하지 않지만 양식장은 손해를 본다. 이러한 경우 소유권을 어느 한쪽에 통합시킨다면 오염물질의 배출로 인한 외부성을 해결할 수 있다. 공장과 양식장 모두 한 사람이 소유하고 있다고 하면 폐수의 배출은 바로 자신에게도 손해를 끼치기 때문에 폐수를 배출하는 것과 줄이는 것 중에서 어느 것이 이득인지 고려해 결정할 것이다. 이러한 아이디어를 바탕으로 코우즈(R. Coase)는 외부성의 문제가 소유권만 명백하게 정의되면 관련 당사자들이 자발적인 협상을 통해서 문제를 해결할 수 있다는 주장을 하였는데, 이를 **코우즈 정리**(Coase Theorem)라고 한다. 정부가 직접 개입하지 않더라도 당사자들이 서로 협상하는 데 필요한 비용이 그리 크지 않다면 외부성의 문제를 내부화시킬 수 있다는 주장이다.

코우즈 정리
정부가 직접 개입하지 않더라도 당사자들이 서로 협상하는 데 필요한 비용이 그리 크지 않다면 외부성의 문제를 내부화시킬 수 있다는 주장

그러나 현실에서는 지구온난화와 같이 범세계적인 환경문제에 관련된 이해당사자가 누구인지를 명확하게 할 수 없고, 또한 협상비용이 커서 자발적인 협상을 통해 문제를 해결할 수 있을지 의문이다. 환경오염의 피해자는 불특정 다수의 힘없는 서민들이 대부분이지만 가해자는 힘이 센 기업인 경우가 많기 때문이다.

2.2. 공공재

(1) 공공재의 개념

공공재(public goods)란 공동으로 소비할 수 있는 재화를 말한다. 대표적인 공공재로 국방서비스와 치안, 등대서비스 등을 들 수 있다. 여기서 주의해야 할 점은 공공재라고 해서 정부가 생산하는 것이라고만 생각하면 안 된다는 것이다. 정부가 공급하는 것 중에서도 민간재가 많고, 공공재가 민간부문에 의해서 생산되는 경우도 있기 때문이다. 공공재란 일단 한 번 공급되면 모두가 그 혜택을 누릴 수 있는 재화를 말하기 때문에 주체를 기준으로 판단해서는 안 된다. 정부가 생산하는 것 중에서 공공재가 아닌 것도 있고, 민간부문에서 공공재를 생산할 수도 있기 때문이다.

공공재
일단 한 번 공급되면 모두가 그 혜택을 누릴 수 있는 재화

공공재는 비배제성(non-excludability)과 비경합성(non-rivalry)을 특성으로 한다.

◈ 비배제성

비배제성이란 국방서비스나 등대서비스와 같이 일단 공급되면 누구나 대가를 지불하지 않고서도 소비할 수 있는 재화를 말한다. 사과나 구두와 같은 민간의 사적재(private goods)의 경우에는 대가를 지불하지 않고서는 소비할 수 없다. 그러나 국방서비스의 주목적은 자국민들을 다른 나라의 침입으로부터 안전하게 보호하는 것인데, 비록 관련 서비스 비용을 지불하지 않은 사람일지라도 국내에 자유롭게 거주할 수 있다면 대가를 지

불한 사람과 동등하게 그 서비스를 제공받는다. 등대서비스도 마찬가지이다. 등대 이용료를 지불하지 않았다고 해서 등대 불빛을 보지 못하게 막을 수 없기 때문이다. 이러한 것을 무임승차자 문제(free-rider problem)라고 한다. 아무런 대가를 치르지 않고 공공재를 이용하는 행위가 가능하기 때문에 시장에서는 양(+)의 가격을 부과하는 것이 불가능하게 된다.

무임승차자 문제
아무런 대가를 치르지 않고 공공재를 이용하는 행위가 가능하기 때문에 자신이 부담해야 하는 비용을 줄이려고 하는 유인이 발생함

◈ 비경합성

비경합성이란 한 사람의 소비가 다른 사람의 소비를 줄이지 않는다는 말이다. 사적재인 사과는 어느 한 사람이 사과를 먹게 되면 다른 사람이 먹을 수 있는 양은 그만큼 줄어든다. 그러나 국방서비스나 등대서비스와 같은 공공재는 일단 한 번 공급되면 추가적으로 한 명 더 이용할 수 있도록 허용해도 기존의 사용자에게 전혀 영향을 미치지 않는다. 따라서 한 명 더 추가적으로 이용하도록 하는 데 필요한 한계비용은 0이 된다. 결국 비경합성으로 인해 시장에서는 한계비용만큼 가격을 설정할 때 효율적이라고 보면, 양(+)의 가격을 부과하는 것이 바람직하지 않게 된다.

(2) 공공재의 유형

공공재는 경합성과 배제성을 기준으로 네 가지로 나눌 수 있다. 비경합성과 비배제성을 모두 갖춘 경우 순수(pure) 공공재라 하고, 경합성과 배제성을 모두 갖춘 경우를 순수 사적재라 한다. 한편 어느 한 가지 기준을 충족하지 못한 공공재를 불완전한 공공재라고 한다.

표 6-1 공공재의 유형

	배제성	비배제성
경합성	순수사적재 (빈대떡, 피자)	공유자원 (공동어장, 공해상 어패류)
비경합성	비순수공공재 (고속도로, 공원)	순수공공재 (국방서비스, 치안서비스)

◈ 비순수 공공재

비순수 공공재(impure public goods)란 비경합성과 배제성을 지닌 재화를 말한다. 고속도로와 공원은 비용을 지불하지 않으면 이용할 수 없게 만들 수 있어서 배제는 가능하지만, 한 명 더 추가로 사용할지라도 다른 사람의 소비에 영향을 미치지 않는 비경합성이 존재하는 재화이다. 고속도로나 공원은 추석과 같은 명절이나 공원행사로 인해서 너무 많은 사람들이 붐비게 되면 혼잡(congestion)이 발생하게 된다. 왜냐하면 사용면적이 제한되어 있기 때문이다.

◈ 공유자원

공유자원(common resources)이란 배제는 불가능하지만 소비에 경합성이 있는 재화를 말한다. 바다 속의 물고기를 예로 들 수 있는데 주인이 없고 공동으로 소유하고 있기 때문에 물고기를 많이 잡더라도 이를 배제할 수 없다. 그렇지만 바다 속의 물고기는 한정되어 있으므로 내가 잡지 않으면 남이 잡을 것이라는 생각으로 남획하게 되면 결국은 잡을 물고기가 부족한 파국적 상황을 맞을 수 있다. 이러한 현상을 **공유지의 비극**(tragedy of commons)이라고 한다.

공유지의 비극
개인과 공공의 이익이 서로 맞지 않을 때 개인의 이익만을 극대화한 결과 경제주체 모두가 파국에 이른다는 현상

(3) 사적재와 공공재의 시장수요곡선 비교

◈ 사적재의 시장수요곡선

시장에 두 사람 *A*와 *B*만 존재한다고 가정하자. 사과와 같은 사적재는 주어진 동일한 가격에 대해서 개별소비자마다 구입하는 양이 다르다. 완전경쟁시장을 상정해보면 사과의 가격이 개당 500원에 거래된다면 누가 구입하든 같은 가격을 지불한다. 그렇지만 주어진 500원의 가격에 대해서 구입하려는 수요량은 다르다. 따라서 두 사람 *A*와 *B*가 지불하는 가격은 시장에서 결정된 가격 P_{A+B}와 같게 된다. 시장전체 수요량은 두 사람이 구입하려는 사과의 양의 합과 같게 되어 다음과 같은 결과를 얻을 수 있다.

$$P_A = P_B = P_{A+B}$$
$$Q_A + Q_B = Q_{A+B}$$

위 식은 〈그림 6-4(a)〉에서와 같이 사적재의 시장수요곡선은 주어진 가격에 대해서 수평으로 합한다는 것을 의미한다.

◈ 공공재의 시장수요곡선

공공재의 경우는 사적재와 달리 비경합성의 특성으로 인해서 시장에서 일단 공급되면 두 사람 A와 B가 소비하는 양은 동일하다. 한강에 다리가 3개 건설되었다고 하면 강남에 사는 사람(A)이나 강북에 사는 사람(B)이나 이용하는 다리의 양은 3개로 동일할 것이다. 그렇지만 두 사람의 직장이 강남에 있다고 한다면 강북에서 사는 B는 이용하는 횟수가 많겠지만 강남에 사는 A는 주말에만 가끔 이용할 것이다. 결국 다리를 추가적으로 하나 더 건설한다고 하면 B는 혜택을 더 많이 보기 때문에 높은 금액을 지불하려고 할 것이고, A는 혜택을 별로 보지 않기 때문에 낮은 금액을 지불하려고 할 것이다. 결국 공공재의 시장수요곡선은 개별수요의 수직의 합이 된다. 수요곡선의 높이는 한계편익을 의미한다는 점

그림 6-4

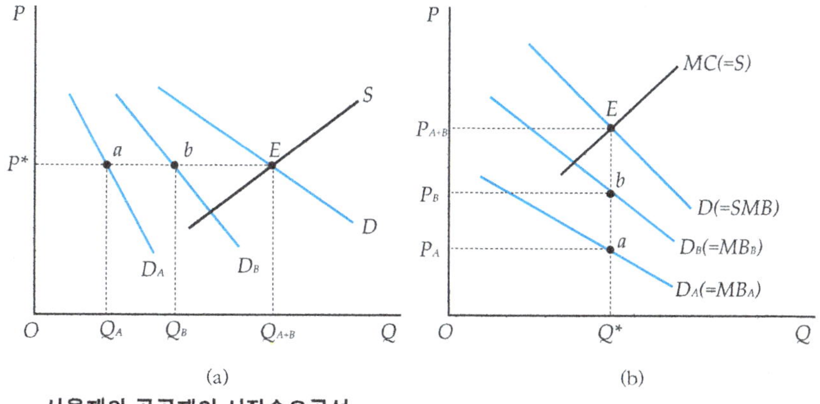

사용재와 공공재의 시장수요곡선

(a) 사용재의 시장수요곡선
(b) 공공재의 시장수요곡선

을 상기하면 동일하게 소비하는 공공재의 양에 대해서 소비자는 각자의 편익의 정도에 따라 다른 가격을 지불하게 된다. 따라서 공공재의 개별수요곡선과 시장수요곡선은 다음과 같은 관계를 지닌다.

$$P_A + P_B = P_{A+B}$$
$$Q_A = Q_B = Q_{A+B}$$

여기서 가격은 한계편익(*MB*: Marginal Benefit)을 의미한다는 점을 잘 생각하길 바란다. 이 식은 공공재의 시장수요곡선은 주어진 수량에 대해서 수직으로 합한다는 것을 의미한다.

(4) 공공재의 최적공급수준

◈ 공공재의 최적공급조건

공공재의 최적공급량은 공공재의 사회적 한계편익과 공공재의 한계비용이 일치하는 수준에서 결정된다. 등대서비스의 경우 두 사람이 공동으로 소비하게 되면 사회전체의 등대에 대한 한계편익(*MB*)인 사회적 한계편익(*SMB*: Social Marginal Benefit)는 두 사람의 한계편익의 합을 의미하는 수요곡선의 수직합이 된다. 따라서 공공재의 최적공급수준(부분균형에서의 사무엘슨조건)은 다음과 같이 나타낼 수 있다.

$$SMB = MB_A + MB_B = P_A + P_B = MC$$

◈ 공공재와 무임승차

공공재는 비배제성과 비경합성으로 인해서 시장기구에 의해 공급될 경우, 필요한 사회적 최적수준보다 적은 양이 공급되거나 아니면 아예 공급되지 않을 수 있다. 이에 대해서 간단한 예를 들어 설명해 보자. 어느 마을에 큰 논을 소유하고 있는 *A*와 작은 논을 소유하고 있는 *B*가 있다고 하자. 둘은 모두 가뭄에 대비한 저수지가 필요한데 추가적인 저수지 건설에 따른 한계비용은 C로 일정하다고 하자. 큰 논을 소유한 농부의 저수지에 대한 수요곡선은 D_A이고, 작은 논을 소유한 농부의 저수지에 대한 수요곡선은 D_B라고 한다. 이때 수요곡선의 높이는 추가적인 저수지 건설로 인해 얻게 되는 한계편익(*MB*)이 된다. *B*는 자신이 저수지 건설비용을 부담하지 않아도 저수지를 더 필요로 하는 *A*가 알아서 건설할 것이라고 생각하고 있다. 이 말은 *B*의 입장에서는 저수지에 대한 한계편익을 0으로 나타내고 *A*가 비용을 전부 부담하면 공짜로 이용하려는 태도라고 할 수 있다. 이와 같이 공공재의 공급비용을 지불하지 않고 공짜로 이용하려는 행동을 무임승차자(free-rider)의 문제라고 한다.

◈ 그림을 이용한 설명

*B*가 무임승차를 하는 경우 공공재의 최적공급수준이 어떻게 결정되는지 살펴보자. 만일 *B*가 저수지 건설에 대한 자신의 선호를 표출하게 되면 저수지라는 공공재에 대한 시장수요곡선은 *A*와 *B*의 수요곡선을 수직으로 더한 D_{A+B}가 된다. 바로 사회적 한계편익곡선이 되는 것이다. 이것이 한계비용과 같아지는 점에서 생산량이 결정된다. 만일 *B*가 무임승차를 하지 않는다면 〈그림 6-5〉에서 균형점은 *E*가 되어 저수지 공급량은 G_E가 될 것이다. 그러나 *B*가 무임승차를 하게 되면 시장전체 수요곡선은 *A*의 수요곡선과 같게 되어 이것이 한계비용과 만나는 *F*점에서 균형점이 결정되어 저수지 공급량은 G_F가

그림 6-5

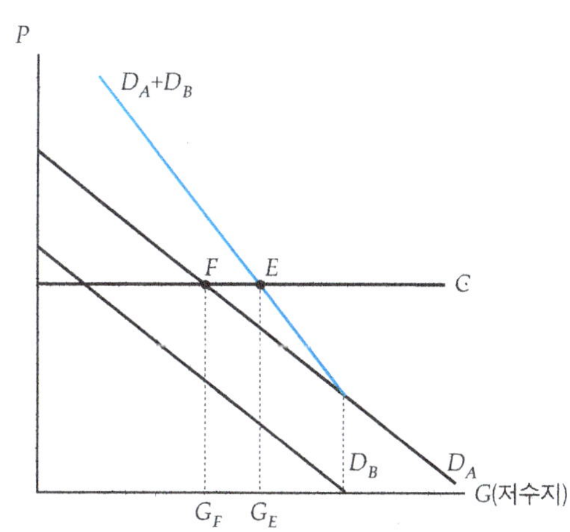

된다. 따라서 무임승차가 존재하면 사회적 관점에서 최적수준보다 공급량이 작다.

◈ 게임이론을 이용한 설명

공공재의 공급과 관련한 무임승차자 문제를 게임이론을 이용해서 설명할 수도 있다. 논의를 단순화하기 위해서 앞의 예와 달리 동일한 크기의 논을 가지고 있는 두 사람 A와 B가 있다고 하자. 둘은 저수지 건설을 논의하고 있다. 각자는 저수지 건설을 위한 비용인 1천만원을 부담하거나 전혀 부담하지 않는 전략을 선택할 수 있다. 두 사람 모두 1천만원씩 부담해 저수시설을 완벽하게 갖추면 각자 얻게 되는 편익은 1천500만원이 된다. 그러나 둘 중 한 사람만 1천만원을 부담하면 불완전한 저수시설로 750만원씩만 혜택을 보게 된다. 만일 둘 다 비용을 부담하지 않으면 저수시설을 갖추지 못해 아무런 이득을 얻을 수 없다. 이를 게임의 보수행렬로 표현하면 〈표 10-2〉와 같다. 여기서 보수는 순편익에 해당하며, 저수시설로 인한 편익에서 설치비용을 뺀 값이다. 괄호 속에 첫 번째 숫자는 A가 얻는 순편익이고, 두 번째 숫자는 B가 얻는 순편익이다. 저수지 건설비용을 둘 다 부담하지 않으면 순편익으로 표현된 보수는 모두 0이 된다.

표 6-2 공공재 공급과 게임이론

A \ B	부담	부담 안함
부담	(500, 500)	(-250, 750)
부담 안함	(750, -250)	(0, 0)

이 예에서 내쉬균형은 둘 다 아무런 비용을 부담하지 않는 경우이고 이때 얻게 되는 보수는 (0, 0)이 된다. 만일 A와 B가 1천만원씩 부담해서 저수시설을 갖추면 둘 다 더 큰 순편익을 얻게 되는데, 이와 같이 서로 이득을 얻을 수 있는 기회를 상실하는 상황을 용의자의 딜레마(prisoner's dillemma)라고 한다.

Chapter 07

거시경제학 개관

1. 거시경제학 입문

1.1. 거시경제학과 미시경제학

거시경제학과 미시경제학은 독립된 별개의 것이 아니라 상호 보완성을 지닌 학문으로 경제현상을 바라보는 시각의 차이가 다를 뿐이다. 다시 말해 한 번에 모든 것을 명확하게 설명하기 어렵기 때문에 편의상 분류한 경제학 개념이다. 미시경제학의 주된 관심은 의사결정단위인 개별경제주체가 어떻게 행동하는가에 관심을 두고 소비자, 생산자, 정부의 합리적인 행동을 나무를 들여다보듯이 현미경으로 살펴보는 것이다.

미시경제학
의사결정단위인 개별경제주체가 어떻게 행동하는가를 분석하는 경제학 분야

반면에 거시경제학은 경제 전체의 움직임을 연구대상으로 하여, 실업과 인플레이션 등의 문제를 숲을 보듯이 망원경으로 살펴보는 것이다. 거시경제학은 경제 전체의 '파이' 크기를 분석하는 데 관심을 두는 것으로, 그 파이 속에 무엇이 들었는지 그리고 어떻게 사람들에게 나누어 줄 것인지의 문제에는 관심이 없지만 미시경제학은 파이의 크기와 모양이 적절하다고 상정하고, 어떤 재료를 누가 사용하고, 누가 먹는가에 관심을 두는 것이라고 할 수 있다.

거시경제학
경제 전체의 움직임을 연구대상으로 하여, 실업과 인플레이션 등의 문제를 숲을 보듯이 망원경으로 살펴보는 경제학 분야

1.2. 거시경제학의 총수요와 총공급

거시경제학은, 어느 하나의 시장만을 대상으로 분석을 하는 미시경제학과 달리, 모든 재화와 서비스를 통합하여(aggregate) 총체적인 시장을 분석하는 것이다. 따라서 미시경제학적인 분석에서는 사과시장과 같이 어느 한 시장을 대상으로 가격과 수요량을 축으로 해서 수요곡선과 공급곡선을 가지고 설명한다. 그러나 거시경제학에서는 시장에 존재하는 모든 재화와 서비스의 총합을 통해 시장경제현상을 살펴본다. 따라서 개별시장의 가격이 아닌 대상품목을 평균한 물가와의 관계를 살펴보는 것이다. 〈표 7-1〉을 참고하여 한국과 미국 중에서 어느 나라가 잘사는가를 간단히 비교한다고 생각해보자.

표 7-1 한국과 미국의 사과와 자동차 생산량

	한국	미국
사과	100개	20개
자동차	5대	10대

한국에서 생산되는 자동차는 5대, 사과는 100개인데, 미국은 자동차 10대, 사과 20개를 생산한다고 가정하자. 한국과 미국의 경제수준을 비교할 때 단순히 생산량을 합산하면 한국은 총 105개(자동차 5대+사과 100개), 미국은 30개(자동차 10대+사과 20개)가 되어 한국이 미국보다 3.5배 정도 잘사는 것으로 나온다. 문제는 과연 자동차와 사과를 1:1로 비교할 수 있는가이다. 당연히 합산을 할 때 어느 정도 다른 가중치를 두어야 한다는 것을 알 수 있다.

그렇다면 얼마의 가중치를 부여할 것인가? 하나의 방법으로 시장에서 평가되는 가격에 따라 다른 가중치를 부여하는 것이다. 만일 사과가 1개당 100원 하고 자동차가 1대당 1만원 한다면, 한국이 생산한 총가치는 6만원(=5×1만원+100×100원)이고, 미국의 경우는 10만2,000원(=10×1만원+20×100원)이다. 따라서 미국이 한국보다 1.7배의 가치를 생산했다고 할 수 있다. 즉 상품의 수량에 시장에서 결정된 가치인 가격을 곱하면 가중치의 문제도 해결되고, 불가능한 상품 간의 합산도 가능해진다. 이렇게 산출된 가치가 바로 GDP 개념인 국내총생산($\Sigma P_i Q_i$)이다. 뒤에서 자세히 살펴보겠지만 국내총생산이 물가에 따라 변동하기 때문에 순수한 의미의 총생산량을 보기 위해 물가상승(하락)효과를 제거한 실질

그림 7-1

미시경제학과 거시경제학의 차이점

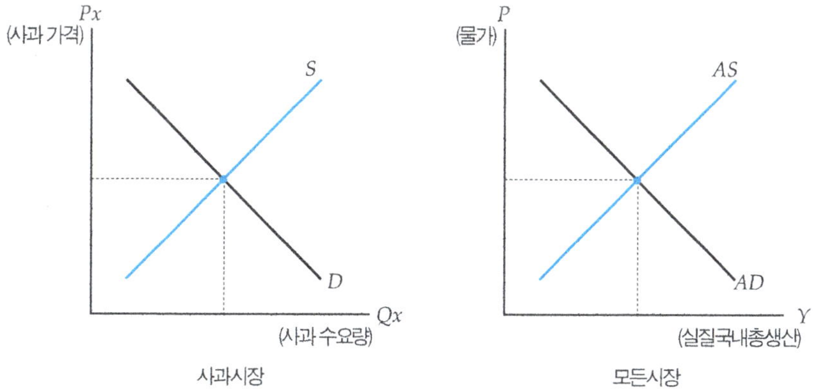

국내총생산을 일반적으로 사용한다.

〈그림 7-1〉에서 보듯이, 수요곡선과 공급곡선의 경우에도 미시경제학은 사과시장 하나만을 대상으로 하기 때문에 사과의 수요와 사과의 공급을 나타내지만, 거시경제학의 경우는 모든 재화의 가치를 합쳤다는 의미에서 total, aggregate의 개념을 담고 있는 '총'을 붙여 총공급곡선(*AS*: Aggregate Supply curve), 총수요곡선(*AD*: Aggregate Demand curve)이라고 한다.

2. 거시경제학의 관심사항

거시경제학의 관심사항은 경제성장, 물가안정, 국제수지의 균형이다. 이것을 우리는 '달성해야 할 세 마리 토끼'라고 한다. 이러한 경제목표를 이해하기 위해 먼저 우리가 알아야 할 기초개념들과 국내 경제지표들을 살펴보자.

표 7-2 **국내경제지표**

	2016	2017	2018p				
			연간	I	II	III	IV
국내총생산[1]	2.9	3.1	2.7	1.0(2.8)	0.6(2.8)	0.6(2.0)	1.0(3.1)
(민간소비)	2.5	2.6	2.8	0.7(3.5)	0.3(2.8)	0.5(2.5)	1.0(2.5)
(건설투자)	10.3	7.6	−4.0	1.8(1.8)	−2.1(−1.5)	−6.7(−8.9)	1.2(−5.9)
(설비투자)	−1.0	14.6	−1.6	3.4(7.3)	−5.7(−3.0)	−4.4(−7.4)	4.4(−2.7)
(총수출)	2.6	1.9	4.2	4.4(1.6)	0.4(4.8)	3.9(3.1)	−1.5(7.2)
(총수입)	4.7	7.0	1.7	4.9(4.2)	−3.0(2.0)	−0.7(−1.8)	1.5(2.5)
국민총소득[1]	4.2	3.1	1.0	1.3(2.0)	−1.0(1.5)	0.7(−0.2)	0.0(0.9)
실업률[2]	3.7	3.7	3.8	3.7(4.3)	3.8(3.9)	4.0(3.8)	3.9(3.4)
소비자물가[1]	1.0	1.9	1.5	(1.1)	(1.5)	(1.6)	(1.8)
근원인플레이션[1]	1.6	1.5	1.2	(1.1)	(1.3)	(1.0)	(1.3)
경상수지(억달러)	979.2	752.31	764.1	116.5	172.5	281.2	193.9
수출(통관기준)[1]	−5.9	15.8	5.4	(9.8)	(3.1)	(1.7)	(7.7)
수입(통관기준)[1]	−6.9	17.8	11.9	(13.7)	(13.0)	(7.8)	(12.9)
국고채 유통수익률(3년 만기)[3]	1.44	1.80	2.10	2.24	2.21	2.03	1.93
회사채 유통수익률(3년 만기)[3]	1.89	2.33	2.65	2.79	2.82	2.62	2.39
코스피지수(기말기준)	2026.5	2467.5	2041.0	2445.9	2326.1	2343.1	2041.0
대미달러환율(기말기준)	1,207.7	1,070.5	1,115.7	1,063.5	1,114.5	1,109.3	1,115.7

주: 1) 전기 대비 증감률 또는 상승률, ( ) 내는 전년 동기 대비 증감률 또는 상승률
2) ( ) 내는 계절 조정 전 기준　　3) 기간평균

그림 7-2

우리나라의 국내총생산과 경제성장

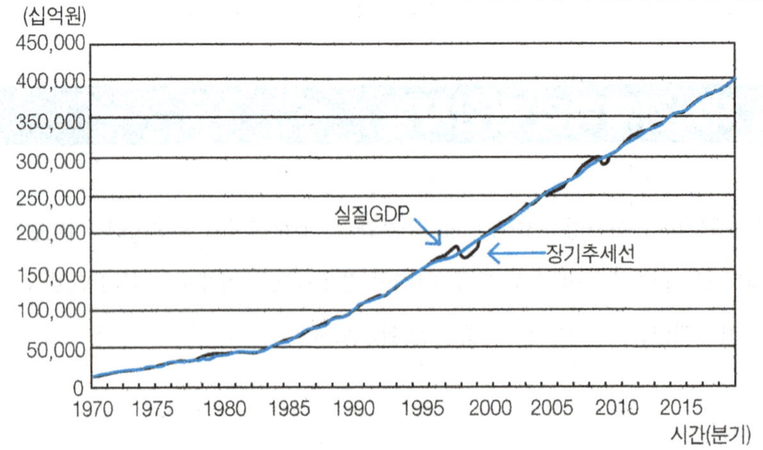

참고 **미국 경제의 실질GDP 성장률과 인플레이션율**

미국 경제는 거의 매년 성장을 거듭하면서 경제규모가 계속 커지고 있다. 2004년의 명목GDP는 약 117조 7,000억이었는데 1955년의 20배가 넘는다. GDP 성장의 한 이유는 인구증가이다. 인구가 빨리 증가하면 보다 부유해지기 때문에 미국이 실제로 얼마나 부유하게 되었는가는 실질GDP를 인구수로 나눈 1인당 실질GDP를 살펴보아야 한다. 경기침체와 실업률의 증가는 미국 경제사에서 지속된 특징 중의 하나이다. 1983년부터 1984년까지 실질GDP가 7% 이상 성장했다는 사실은 로널드 레이건이 압도적으로 재선되는 데 도움이 되었고, 1990년부터 1991년까지는 실질GDP가 1% 감소했는데 빌 클린턴이 조지 부시를 누르고 대통령이 되는 데 도움이 되었다.

〈1870년 이후 미국 실질GDP 성장률〉

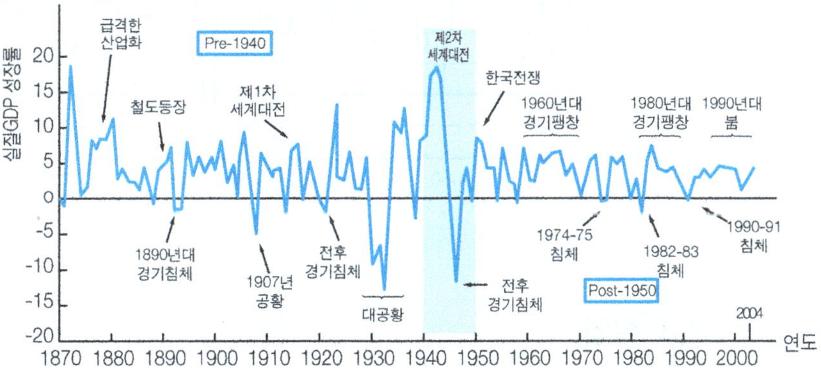

2.1. 경제성장

경제성장(economic growth)은 실질국내총생산의 장기적 추세를 나타내는 것으로 〈그림 7-2〉에서와 같이 일반적으로 시간이 지남에 따라서 지속적으로 상승한다.

경제성장
실질국내총생산의 장기적인 증가추세

2.2. 경기변동

경기변동(business fluctuations) 또는 경기순환(business cycle)은 실질국내총생산이 장기의 추세치보다 더 높아지거나 낮아지는 반복적 현상을 말한다. 여기서 실질국내총생산의 크기가 장기의 추세치보다 더 큰 경우를 호황(boom)이라고 하고, 낮은 경우를 불황(recession)이라고 한다. 현실에서는 호황과 불황이 반복되지만 규칙적인 것이 아니고 불규칙성을 보인다. 한 저점에서 다른 저점까지의 기간인 주기(cycle)는 긴 경우에 67개월인데, 짧은 경우는 39개월 정도라고 한다(〈그림 7-3〉 참조).

경기변동
실질국내총생산이 장기의 추세치보다 더 높아지거나 낮아지는 반복적 현상

그림 7-3

우리나라의 경기변동

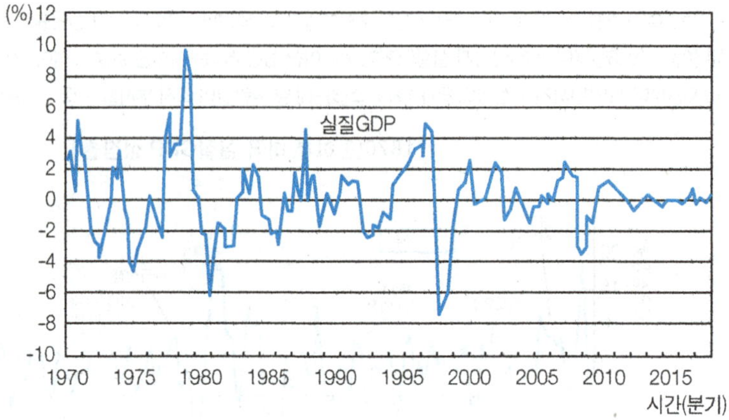

2.3. 실업

실업
일할 의사가 있음에도 불구하고 일자리를 얻지 못하는 상태

경제활동인구
만 15세 이상의 인구인 노동가능인구 중에서 경제활동에 참여할 의사가 있는 사람

실업(unemployment)은 일할 의사가 있음에도 불구하고 일자리를 얻지 못하는 상태를 말한다. 실업률을 측정하는 방법은 먼저 만 15세 이상의 노동가능인구 중에서 경제활동에 참여할 의사가 있는 사람인 경제활동인구와 참여할 의사가 없는 사람인 비경제활동인구로 나눈다.

경제활동인구는 취업자와 실업자로 구분되는데, 취업자는 매월 15일이 속한 1주일 동

참고 비공식 경기지표

경제의 상황을 나타내는 공식적인 통계지표 이외에 경제상황의 신호 역할을 하는 비공식적인 경기지표를 주위에서 많이 찾아볼 수 있다. 경제는 사람의 심리상태를 반영하는 것인 만큼 경제의 상황도 그런 심리적인 상태가 행동으로 옮겨지는 것이다. 경기가 좋아지면 사람들은 보다 밝은 색의 옷을 입는 경향이 많고, 경기가 나빠지면 어두운 색상의 옷을 많이 선호한다. 또한 고가의 양주나 맥주보다는 값싼 소주의 소비량이 많아지고, 길거리에 버려진 담배꽁초의 길이가 경기가 나빠질수록 보다 짧아지는 것을 많이 볼 수 있다. 심지어 불황이 오면 초콜릿과 사탕 같은 단것을 더 선호하고, 소화불량과 스트레스로 병원을 찾는 사람의 수는 증가한다고 한다. 러브호텔도 주요한 경기지표가 된다. 러브호텔 장사는 영업이익과 부동산 가격 상승을 통해서 돈을 번다. 경기가 좋은 시절 러브호텔은 은행 대출에서 0순위였다. 1999년부터 5년 동안은 은행에서 러브호텔에 빌려준 돈이 무려 10조원에 이른다. 그러나 경기가 나쁜 경우 대출이자도 내지 못하는 곳이 또 러브호텔이다. 2002년을 정점으로 하향 곡선을 그리면서 은행마다 빌려준 자금을 회수하기 위해서 비상이 걸렸다. 러브호텔의 연체율은 직접적인 경기의 바로미터가 된다.

그림 7-4

실업률(계절조정)

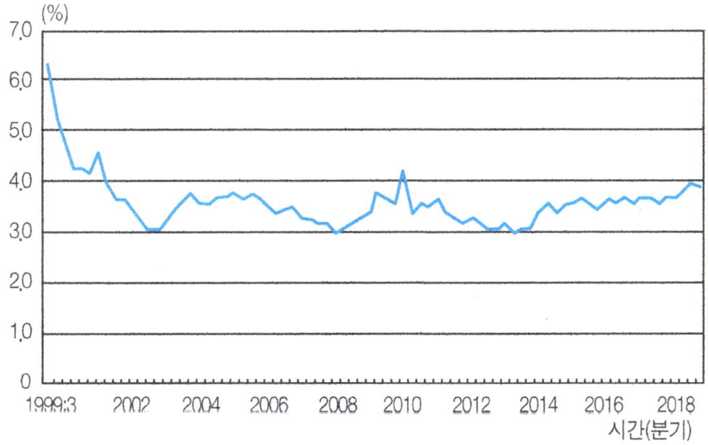

실업률(원계열)

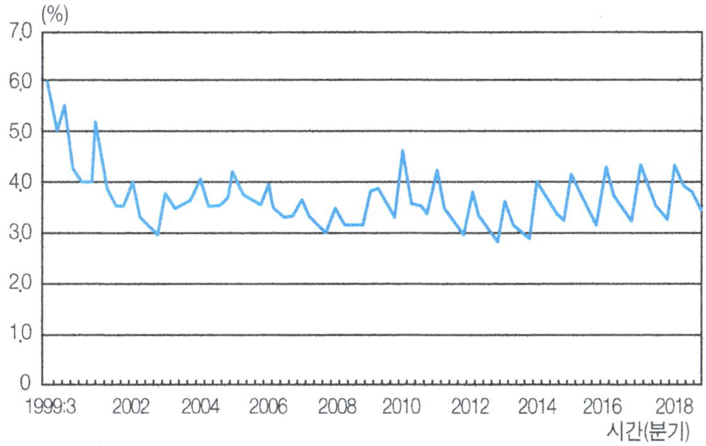

안에 수입을 목적으로 1시간 이상 일한 사람을 기준으로 한다. 단, 자기 가구에서 경영하는 농장이나 사업체를 위하여 주당 18시간 이상 일하는 무급 가족종사자는 수입을 목적으로 하지 않더라도 포함하고, 원래 직장이나 사업체를 가지고 있으나 일시적인 질병, 일기불순, 휴가, 노동쟁의 등의 사유로 조사대상 기간 중에 일을 하지 못한 일시 휴무자를 포함한다. 반면에 실업자는 매월 15일이 속한 1주일 동안에 적극적으로 일자리를 구

그림 7-5

우리나라의 물가상승률 변화추이

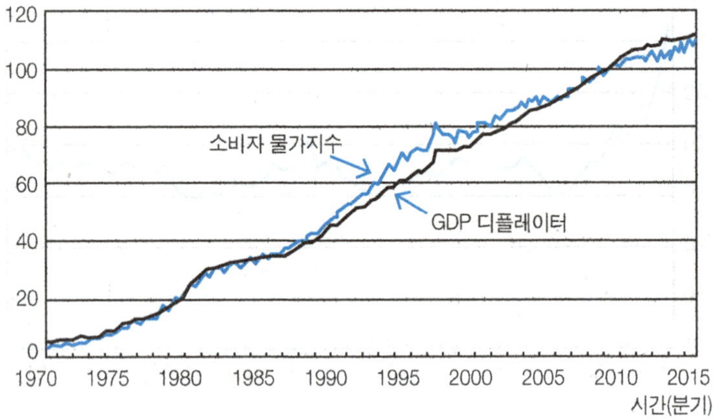

CPI와 GDP 디플레이터

지수(index) 형태의 자료인 분기별 소비자물가지수(CPI)와 GDP 디플레이터를 2005년을 기준으로 100으로 표준화하여 시간에 따른 변화를 보면, 장기적으로 우리나라의 물가수준이 지속적인 상승을 해왔음을 알 수 있다.

2010년을 100으로 표준화

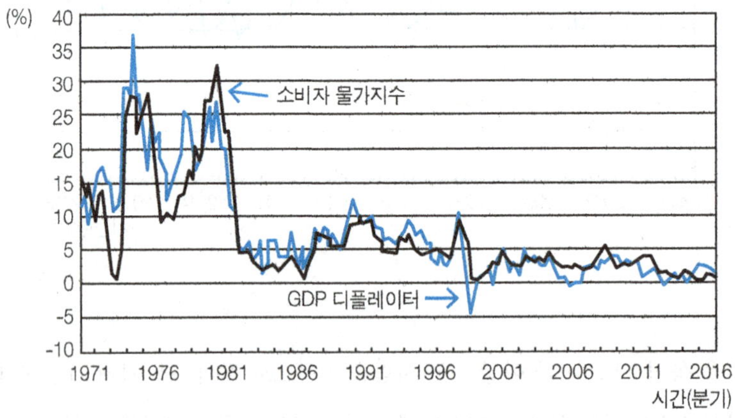

전년 동기 대비 증감률

물가지수의 전년 동기 대비 상승률은 다른 기간에 비해 1차 및 2차 오일쇼크 기간 동안 매우 크게 나타났다.

참고 경제고통지수와 70의 법칙

경제고통지수(misery index)는 국민이 느끼는 경제적 고통의 정도를 측정하기 위해 미국의 경제학자인 아서 오쿤(Arther Okun)이 고안한 지표이다. 실업률과 소비자물가 상승률을 더해 산출한다. 물가가 오르거나 실업률이 높아지면 이 지수가 상승해 국민이 피부로 느끼는 삶의 고통이 커졌음을 나타낸다. 대통령의 재선과 집권당의 재신임을 묻는 선거에 있어서 국민들의 입장에서 경제정책의 성과를 파악하는 방법으로 경제고통지수가 많이 활용되고 있다. 한편 현재 경제수준의 2배가 되는 기간을 추정하는 간단한 방법이 있는데 이를 '70의 법칙(rule of 70)'이라고 한다. 한국의 경제성장률이 연평균 4%라면 지금의 경제수준보다 2배가 되는 기간은 70을 4로 나누어 17년 정도 걸린다고 예측할 수 있다.

해보았으나 수입이 있는 일에 전혀 종사하지 못한 사람으로, 일이 있으면 즉시 취업이 가능한 사람, 과거에 구직활동을 계속하였으나 일시적인 질병, 일기불순, 구직 결과 대기, 자영업 준비 등 특별한 사유로 조사기간 중에 구직활동을 하지 못한 사람을 포함한다. 비경제활동인구로는 가정주부, 학생, 일을 할 수 없는 연로자·심신장애자, 구직 단념자가 있다.

2.4. 인플레이션

인플레이션(inflation)이란 물가가 지속적으로 상승하는 현상을 말한다. 미시경제학의 개별상품시장에서의 가격이 아니라 모든 상품의 가격을 평균치로 산정한 것을 물가(price level)라고 한다. 〈그림 7-5〉에서 우리나라의 평균 물가상승률은 연간 9% 정도 되는데, 1980년대를 기점으로 하여 이전에는 그 변동폭이 상당히 컸지만, 이후에는 어느 정도 안정성을 찾아서 6% 정도로 하락한 것을 알 수 있다.

인플레이션
물가가 지속적으로 상승하는 현상

인플레이션이 발생하면 사회적으로 비용을 초래하게 된다. 먼저 모든 재화의 가격이 일시에 동일한 비율로 상승하는 것이 아니기 때문에 부동산, 골동품과 같은 상품에 투기 현상이 심해질 수 있다. 또한 예상하지 못한 인플레이션의 경우에 채무자는 유리해지고 채권자는 불리해지는 경향이 있다. 특히 고정된 명목임금을 받고 있는 노동자는 채권자이고, 기업들은 채무자라고 할 때 채권자로부터 채무자에게로 소득이 이전되는 소득재분배의 문제가 발생하게 된다. 계약에 있어서도 인플레이션으로 인해서 미래의 불확실성이 보다 커지기 때문에 장기계약을 맺기보다는 단기계약을 선호하게 되므로 금융기관은 기업에게 단기대출만 허용하게 되어 장기적인 투자전략이 어려워질 수 있다.

2.5. 국제수지와 환율

국제수지
일정기간 동안에 한 나라에서 발생하는 화폐의 유·출입을 정리한 것

국제수지(balance of payment)란 일정기간 동안에 한 나라에서 발생하는 화폐의 유·출입을 정리한 것이다. 대외거래의 결과 발생하는 흑자와 적자를 쉽게 파악하기 위해서 만든 것으로, 들어오는 돈이 나가는 돈보다 많은 경우를 흑자(surplus)라고 하고, 반대의 경우를 적자(deficit)라고 한다. 대외거래의 수취와 지급이 일치하는 경우를 국제수지가 균형을 이루었다고 한다.

환율
두 나라 화폐 사이의 교환비율

환율(exchange rate)이란 두 나라 화폐 사이의 교환비율을 의미하는 것으로, 우리나라 돈 1,000원과 미국의 1달러가 교환될 수 있다고 하면 '환율이 1달러당 1,000원' 혹은 '1원당 1/1,000달러'라고 표현한다. 환율이 1달러당 1,000원에서 1,100원으로 오르면 1달러를 얻기 위해 더 많은 원화를 지불해야 하기 때문에 달러화에 비해서 원화의 가치가 상대적으로 떨어진 셈인데, 이를 '원화가 평가절하되었다'고 한다. 일반적으로 고정환율제도하에서는 '평가절하(devaluation)'와 '평가절상(revaluation)'이란 표현을 사용하고, 변동환율제도하에서는 '환율인상' 혹은 '환율인하'라는 표현을 사용한다.

환율이라는 것을 외국 화폐를 기준으로 표시하는 경우 외국 돈(달러)의 가치라고 생각하면 이해하기 쉽다. 즉 환율이 인상되면 외국 돈(달러)의 가치가 상승하기 때문에 외국

그림 7-6

달러화 대비 원화 환율 추이(연평균)

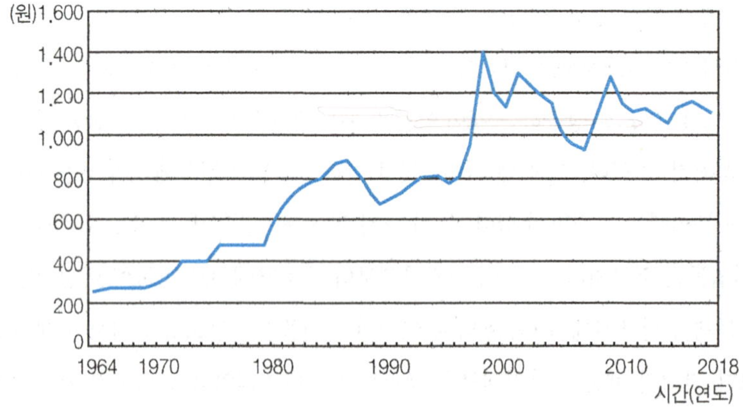

참고 미국의 인플레이션율

미국은 1869년 이후에 물가수준은 15배 이상이 되었지만 상승추세가 지속된 기간은 비교적 최근이다. 제2차세계대전 이전에는 인플레이션과 디플레이션이 되풀이되었고, 두 차례의 세계대전 직후에 인플레이션율이 급격하게 상승하였다. 1870년대, 1880년대, 1921~1922년, 그리고 1929~1933년에는 심각한 디플레이션이 있었다. 최근에는 인플레이션율은 낮고 안정적인 경향을 보인다.

〈1870년 이후 미국의 인플레이션율〉

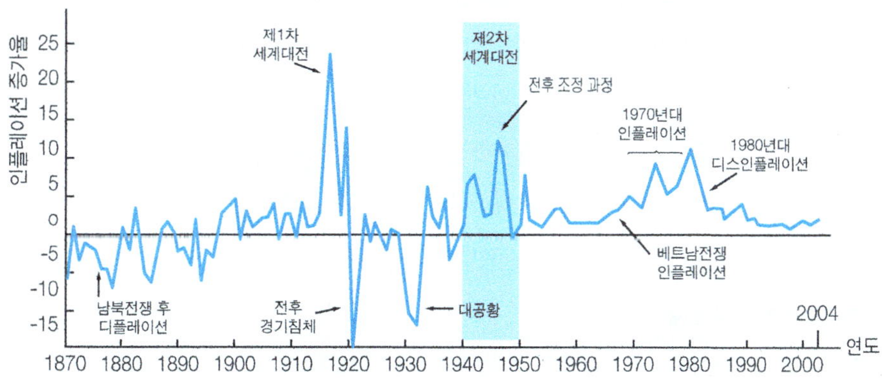

에서 생산된 상품은 가격이 상승하고, 상대적으로 우리나라에서 생산된 상품은 가격이 하락하여 수출에 긍정적인 영향을 미치게 된다.

3. 물가지수

물가란 시장에서 거래되는 모든 재화와 서비스의 가격을 일정한 기준으로 가중평균한 종합적인 가격수준을 말하고, 물가지수란 물가의 움직임을 쉽게 알아볼 수 있도록 하기 위해서 기준 시점을 100으로 한 지수를 말한다. 만일 물가지수가 120이라고 하면 기준 시점과 비교해보았을 때 물가수준이 20% 상승한 것을 의미한다.

일반적으로 물가가 상승하면 구매력은 감소하게 된다. 즉 화폐의 구매력은 물가지수와 반비례관계에 있다. 또한 물가는 경기와도 밀접한 관계에 있는데, 경기가 좋으면 물가는 상승하는 경향을 지닌다. 왜냐하면 수요가 증가하기 때문이다. 반대로 경기가 침체

물가
시장에서 거래되는 모든 재화와 서비스의 가격을 일정한 기준으로 가중 평균한 종합적인 가격수준

물가지수
물가의 움직임을 쉽게 알아볼 수 있도록 하기 위해서 기준 시점을 100으로 한 지수

되면 물가는 하락하는 현상을 보인다. 따라서 물가지수는 구매력 측정과 동시에 경기의 상황을 파악하는 신호 역할을 하는 것이다.

3.1. 물가지수 측정방법

(1) 라스파이레스 물가지수

라스파이레스 물가지수
기준연도의 거래량을 가중치로 활용하여 계산한 물가지수

라스파이레스 물가지수는 기준연도의 거래량을 가중치로 활용하여 물가지수를 계산하는 방법으로, 기준연도의 상품 구입량이 가중치로 고정되어 있기 때문에 비교연도에서 구입하는 상품들이 변화하는 경우 물가의 움직임을 잘 반영하지 못하는 문제가 있다. 그 결과 물가변화를 과대평가하는 경향이 존재한다.

참고 물가지수 산정 방식의 예

2015년과 2019년의 사과와 자동차의 가격이 다음 표와 같이 주어져 있다고 하자. 2007년을 기준으로 할 때 2008년의 물가지수를 라스파이레스 방식(L)과 파셰 방식(P)으로 구해보자.

	2015		2019	
	가격	구입량	가격	구입량
사과	100원	10개	120원	15개
자동차	1,000원	5개	2,000원	4개

$$\text{라스파이레스 물가지수: } L_P = \frac{\Sigma P_t \cdot Q_0}{\Sigma P_0 \cdot Q_0} \times 100$$

$$\text{파셰 물가지수: } P_P = \frac{\Sigma P_t \cdot Q_t}{\Sigma P_0 \cdot Q_t} \times 100$$

위의 표에서 제시한 가격으로 라스파이레스 물가지수와 파셰 물가지수를 구하면 다음과 같다.

$$L_P = \frac{(120 \times 10) + (2000 \times 5)}{(100 \times 10) + (1000 \times 5)} \times 100$$

$$P_P = \frac{(120 \times 15) + (2000 \times 4)}{(100 \times 15) + (1000 \times 4)} \times 100$$

(2) 파셰 물가지수

파셰 물가지수는 비교연도의 거래량을 가중치로 사용하여 물가지수를 계산하는 방식으로, 가중치가 매년 바뀌어 현실의 물가동향을 정확하게 반영할 수 있는 장점이 있는 반면에 비교연도의 대상품목과 가중치를 매번 조사해야 하는 번거로움이 있다. 현재의 거래량을 기준으로 하기 때문에 물가변화를 과소평가하는 경향이 존재한다.

파셰 물가지수
비교연도의 거래량을 가중치로 사용하여 계산한 물가지수

3.2. 물가지수의 종류

(1) 소비자물가지수

소비자물가지수(CPI: Consumer Price Index)는 도시가계의 소비자가 일상 소비생활에

소비자물가지수
도시가계의 소비자가 일상 소비생활에서 구입하는 재화와 서비스의 가격변동을 측정하기 위한 물가지수로 라스파이레스 방식을 적용

표 7-3 소비자물가 조사품목 및 가중치

분류		가중치	2016	2017	2018
기본 분류	총지수	1,000	101.0	102.9	104.5
	식료품 및 비주류 음료	137.6	102.3	105.8	108.7
	주류 및 담배	15.8	100.7	102.2	102.5
	의류 및 신발	61.1	101.8	102.9	104.0
	주택, 수도, 전기 및 연료	165.9	99.2	100.9	101.6
	가정용품 및 가사 서비스	44.2	101.6	102.7	105.0
	보건	69.8	101.0	101.9	101.8
	교통	112.6	97.8	101.3	103.7
	통신	53.5	100.1	100.4	99.5
	오락 및 문화	61.2	101.8	101.9	102.4
	교육	89.6	101.6	102.8	104.2
	음식 및 숙박	131.8	102.5	105.0	108.1
	기타 상품 및 서비스	56.9	103.4	106.3	107.0
상품 성질별 분류	총지수	1,000	101.0	102.9	104.5
	상품	448.5	99.4	101.3	102.7
	농축수산물	77.1	103.8	109.5	113.6
	공업제품	333.1	99.5	100.9	102.2
	서비스	551.5	102.3	104.3	105.9
	집세	93.7	101.9	103.5	104.2
	공공서비스	142.5	101.5	102.5	102.7
	개인서비스	315.3	102.7	105.3	108.0

서 구입하는 재화와 서비스의 가격변동을 측정하기 위한 물가지수이다. 가계소비의 지출에서 차지하는 비중이 1/10,000 이상인 516의 품목을 선정하여 도시 가계의 평균적인 생계비나 화폐의 구매력을 측정하기 위한 것으로 통계청에서는 라스파이레스 방식을 사용하여 작성한다(〈표 7-3〉).

(2) 생산자물가지수

생산자물가지수
국내시장의 제1차 거래단계에 있는 기업들 간에 거래되는 모든 재화와 서비스의 평균적인 가격변동을 측정하기 위한 것으로 라스파이레스 방식으로 계산한 물가지수

생산자물가지수(PPI: Producer Price Index)는 국내시장의 제1차 거래단계에 있는 기업들 간에 거래되는 모든 재화와 서비스의 평균적인 가격변동을 측정하기 위한 것으로, 소비자물가지수보다는 대상품목이 많아 전반적인 상품의 수급동향이 반영된다. 한국은행에서 라스파이레스 방식을 사용하여 생산자출하가격인 공장도가격을 조사하여 작성하고 있다.

(3) GDP 디플레이터

GDP 디플레이터
명목GDP를 실질GDP로 나누어 사후적으로 산출하는 물가지수

GDP 디플레이터는 국민소득 추계 시 명목GDP를 실질GDP로 나누어 사후적으로 산출된다. 재화와 서비스의 국내거래가격뿐만 아니라 수출입가격의 변동까지 포함하고 있어 가장 포괄적인 물가지수이다. GDP라는 이름에서 알 수 있듯이 GDP 추계에 포함되는 모든 재화와 서비스의 가격을 반영하는 것으로 한국은행에서 파셰 방식으로 산출한다(〈표 7-4〉).

표 7-4 우리나라의 GDP 디플레이터(2010~2018)

	명목GDP(10억원)	실질GDP(10억원)	GDP 디플레이터
2010	1,265,308	1,265,308	100.0
2011	1,332,681	1,311,893	101.6
2012	1,377,457	1,341,967	102.6
2013	1,429,445	1,380,833	103.5
2014	1,486,079	1,426,972	104.1
2015	1,564,124	1,466,788	106.6
2016	1,641,786	1,509,755	108.7
2017	1,730,399	1,555,995	111.2
2018	1,782,269	1,597,514	111.6

참고 소비자물가지수와 주요 생필품가격

〈광복 이후 주요 생활필수품 등의 가격변동[1)2)]〉

품목	1945년(圓)[3) 6(A)	1975년(원) (B)	B/A[5)]	2005.6월 (원) (C)	C/B	C/A[5)]
소비자물가지수[4)]	0.00107	15.0	14,019	117.3	7.8	109,626
서울시내 버스(전차)요금	0.16	34	212,500	800	23.5	5,000,000
서울↔부산 기차요금	113.0	4,210	37,257	62,700	14.9	554,867
쇠고기(500g)	15.8	798	50,506	30,302	38.0	1,917,848
돼지고기(500g)	21.7	545	25,115	7,967	14.6	367,143
달걀 1개	2.1	27	12,857	183	6.8	87,143
북어	0.8	98	122,500	4,980	50.8	6,225,000
소주	10.4	123	11,827	901	7.3	86,635
담배	6.0	200	33,333	3,000	15.0	500,000
설렁탕	..	239	..	5,267	22.0	..
자장면	..	141	..	3,222	22.9	..
쌀(80kg)[6)]	286.5	18,367	64,108	158,138	8.6	551,965
금(1g)[6)]	117.1	2,659	22,707	14,708	5.5	125,602
휘발유(리터)	24.0	168.07	7,003	1,332.5	7.9	55,521
연탄(3.6kg)	9.0	27.03	3,003	184.0	6.8	20,444
밀가루 가격지수	..	23.0	..	143.0	6.2	..
냉장고 가격지수	..	126.8	..	94.3	0.7	..
선풍기 가격지수	..	52.5	..	86.9	1.7	..
형광등 가격지수	..	22.5	..	95.2	4.2	..
대학 납입금	..	116,706	..	2,642,100	22.6	..
서울지역 지가지수[7)]	..	100	..	2,928	29.3	..

주: 1) 서울지역 기준, 각 상품의 구체적 조사대상은 시기별로 다소 차이가 있음(기차요금: 당시 최우등석 기준, 소주: 360ml, 담배: 최상품 20개비, 대학납입금: 사립대학 인문계열 기준) 2) 위 비교는 상품가격의 상승 및 상대가격변동의 추세를 대략적으로 살펴보기 위한 것으로, 일부 상품의 경우 가격비교의 필수조건인 상품의 동질성이 보장되지 않아 이를 절대적인 통계자료로 이용하는 데는 한계가 있음 3) 8~12월 평균 4) 2000년 = 100 5) 두 차례의 화폐개혁(1953년 1/100, 1962년 1/10)에 따른 화폐가치 변동을 반영하여 산출 6) 도매가격 기준 7) 1975년 = 100을 기준으로 지가변동률을 지수화

참고 물가지수 비교

	소비자물가지수	생산자물가지수	GDP 디플레이터
작성기관	통계청	한국은행	한국은행
목적	일반가계가 소비하는 상품의 가격변동 측정	기업 간 대량거래 되는 상품의 가격변동 측정	명목GDP를 실질GDP로 나누어 측정
범위	가계의 소비지출대상인 모든 상품과 서비스	국내에서 거래되는 모든 상품과 서비스	GDP에 포함되는 모든 상품과 서비스
	원자재, 자본재 등 제외	원자재, 자본재, 소비재 포함	국내에서 생산된 최종생산물 모두 포함
	수입품 가격 포함	수입품 가격 제외	수입품가격 포함
	주택임대료 포함	주택 임대료 제외	주택임대료 포함
	주택가격 제외	주택가격 제외	신규주택가격 포함
조사대상품목	460품목	867품목	직접조사가 아닌 GDP 통계에서 사후적으로 산출
기준연도	2015년(5년마다 변경)	2010년(5년마다 변경)	지수작성연도 기준
조사가격	소비자구입가격	생산자판매가격	직접조사 아님
계산방식	라스파이레스 방식	로우 방식	파셰 방식
이용범위	소비자 생계비 변동 파악 노사 간 임금조정 기초자료	시장동향 분석 구매 및 판매계약 예산 편성 및 심의	실질GDP 계산

참고 경제자유도지수

헤리티지재단이 매년 발표하는 국가별 경제자유도지수(Index of Economic Freecom)가 있다. 경제자유도지수를 산출하는 방법은 사유재산권의 보장, 반부패 정도, GDP 대비 정부지출 비중, 재정정책 및 세율, 기업활동의 자유, 노동시장의 유연성, 통화정책의 자유, 무역의 자유, 투자의 자유, 금융의 자유 등 총 10개의 기준을 정해 점수를 합산한다.

2019년 179개국의 국가별 경제자유도지수를 순위별로 보면 상위권 대부분 국가는 선진국에 해당한다. 우리나라는 세계 29위로 비교적 자유로운 국가로 평가되고 있고, 북한이 최하위를 기록해 가장 기업하기 어려운 나라에 선정되었다. 부문별로 보면 한국은 사유재산권의 보장, 반부패 정도, GDP 대비 정부지출 비중, 기업활동의 자유, 무역의 자유, 통화정책 자유, 재정 건정성, 투자의 자유, 금융의 자유 항목인 7개에서 양호한 수준이었고, 재정정책 및 노동유연성의 3개 부문에서는 다른 국가들에 비해서 크게 뒤지지 않았다. 그러나 노동시장의 유연성은 세계 100위권 밖으로 밀려나 있다.

순위	국가	순위	국가
1	홍콩	11	아일랜드
2	싱가포르	12	미국
3	뉴질랜드	13	네덜란드
4	스위스	29	한국
5	오스트레일리아	30	일본
6	아일랜드	80	이탈리아
7	영국	100	중국
8	캐나다	129	인도
9	아랍 에미리트	150	브라질
10	타이완	180	북한

구성요소		한국 점수	세계 평균점수
법의 지배	사유재산권	79.3	53.0
	사법효율성	57.5	45.5
	반부패	50.5	42.2
정부의 역할	조세부담	64.2	77.2
	정부지출	68.6	64.5
	재정건전성	96.8	66.9
규제 효율성	기업의 자유	91.3	64.1
	노동유연성	57.4	59.6
	통화정책 독립성	82.0	75.4
시장 개방성	무역의 자유	80.4	74.4
	투자의 자유	70.0	57.8
	금융의 자유	70.0	48.6

4. 거시경제학의 철학과 정책

4.1. 고전학파와 보이지 않는 손

고전학파의 태두인 애덤 스미스(A. Smith)는 시장의 자동조절기구를 신봉하여, 보이지 않는 손의 역할 즉 시장의 가격체계를 통해 수요와 공급이 자동적으로 조절되어 균형으로 이행된다고 했다. 따라서 정부는 시장에 개입할 필요가 없고 단지 외부의 침입 방지나 국가의 질서를 위한 최소한의 개입만 허용된다. 또한 그는 개인의 이기심이 보이지 않는 손, 즉 시장 메커니즘을 통해 공익으로 전환될 수 있다고 보았다. 시장에서 분필을 만드는 사람은 이 분필을 특정학교의 선생님이 수업하는 데 도움을 주고자 하는 이타적인 마음에서가 아니라 시장에 팔아 돈을 많이 벌고자 하는 이기심에서 생산하는데, 이런 인간의 이기심이 시장의 메커니즘을 작동시키는 원동력이라고 한 것이다.

그 당시에는 공급보다 수요가 많았기 때문에 상품이 언제나 부족했고, 만들면 모두 팔렸기 때문에 재고를 걱정할 필요가 없었다. 그러나 산업혁명과 대량생산으로 인해 필요로 하는 수요보다 공급이 크게 초과하자 기업은 재고가 쌓이기 시작했고, 그 결과 공장 가동의 중단, 해고 등의 악순환이 일어났다. 1929년에 발생한 대공황은 고전학파 경제학자들에게서 해답을 찾을 수 없었다. 시장의 보이지 않는 손의 기능이 언젠가 되살아날 것을 기대할 뿐이었다.

4.2. 대공황과 거시경제학의 태동

1929년 대공황은 경제사상의 혁명을 가져왔고 거시경제학의 등장을 촉발했다. 1929~1936년 사이에 미국을 비롯한 세계경제의 침체는 매우 이례적인 현상이었다. 당시의 재화와 서비스의 생산은 무려 30%나 감소하였고, 실업률은 1929년 3%에서 1933년 25%로 크게 상승하여 네 사람 가운데 한 사람은 실업자였다(〈그림 7-7〉). 대공황으로 인해 독일은 히틀러의 나치가 정권을 장악했고, 미국에서도 루즈벨트(Franklin Roosevelt) 대통령은 새로운 처방책을 사용하지 않을 수 없었다. 기존의 고전학파 시각에 따르면, 시장기구에 대한 신뢰를 지니고 있기 때문에 보이지 않는 손이 작동하게 되면 경기침체

그림 7-7

대공황 당시 거시경제변수들

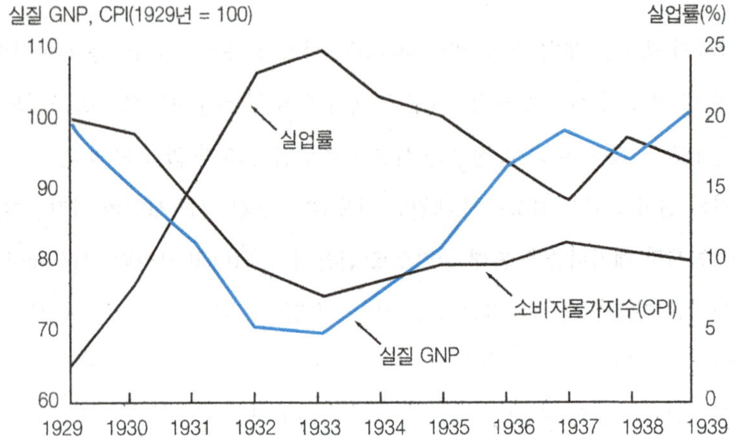

와 인플레이션은 충분히 치유 가능하다는 입장이었다. 그러나 당시 사람들의 입장에서는 커다란 파도로 침몰되어가는 타이타닉에 탑승한 것과 같아 오랜 시간을 기다릴 수 없었다. 오히려 시장의 자기조정능력에 대하여 회의를 품었으며, 영국의 케인즈(John M. Keynes)의 등장과 거시경제학의 태동을 불러왔다.

4.3. 케인즈 혁명과 총수요관리정책

케인즈는 1936년 경제학에서 가장 혁명적인 메시지를 담고 있다고 평가할 『고용, 이자, 그리고 화폐에 관한 일반이론(The General Theory of Enployment, Interest, and Money』을 발표한다. 여기서 그는 경제의 자율적인 조정능력을 통한 성장과 고용의 보장을 부정하고, 당시의 비관적인 상황하에서 기업과 소비자들이 투자와 소비를 줄이는 유효수요의 감소는 지속적인 경기침체로 이어질 것이라고 밝혔다. 덧붙여, 이를 탈피하기 위해서는 유효수요를 끌어올리는 정부의 유수정책(펌프를 통한 물의 공급)을 사용하여 침체상태에 깊이 빠진 경제를 회생시킬 수 있을 것이라고 보았다. 이러한 케인즈의 혁명적 사고에서 루즈벨트 대통령의 뉴딜정책과 같이 총수요 진작을 위해서 정부의 시장 개입을 통한 재정정책을 총수요관리정책이라고 한다.

4.4. 고전학파의 부활

케인즈경제학의 사상이 전 세계를 뒤덮고 있던 당시 오일쇼크가 발생했다. 1973년과 1978년 두 차례에 걸쳐 발생한 오일쇼크는 정부의 총수요관리정책으로 해결할 수 없는 것이었다. 뒤에서 자세히 다루겠지만 경기침체(국민소득의 감소)와 물가인상이라는 스태그플레이션에 직면하게 된 것이다. 케인즈의 총수요관리정책을 사용하게 되면 경기침체나 인플레이션 중에서 어느 하나는 치명적인 희생을 부담해야 했다. 이때 다시 고전학파의 사상을 이어받은 통화주의학파가 수요 측면만 고려하는 방법의 한계를 지적하면서 공급 측면을 강조하게 되었다.

그 후 케인즈의 사상의 계보를 잇는 케인즈학파와 고전학파의 계보를 잇는 통화주의학파를 비롯한 새고전학파는 시장을 바라보는 상반된 견해로 치열한 논쟁을 벌이게 된다. 치열한 논쟁 끝에 결국 경제학은 인간에 대한 탐구이기 때문에 심리와 기대가 중요하다는 점을 강조하면서, 장기에는 고전학파의 시장기구에 의한 접근방식이 타당하고, 단기에는 일시적으로 가격이라는 보이지 않는 손이 제 기능을 하지 못할 수 있기 때문에 정부가 개입할 수 있다는 입장으로 어느 정도 합의를 보고 있다.

Chapter

08

국민소득결정이론

1. 케인즈학파의 단순모형

1.1. 케인즈학파의 등장배경

대공황 이후 지속된 높은 실업률을 기존의 고전학파 경제학자들은 제대로 설명할 수 없었다. 이렇게 고전학파 경제학의 맹점을 지적하고 대공황 등 경기침체의 타개 방안을 제시하면서 혜성과 같이 등장한 것이 「고용, 이자 및 화폐에 관한 일반이론」(General Theory of Employment, Interest, and Money)에 담긴 케인즈의 경제이론이다.

존 메이너드 케인즈(John Maynard Keynes)는 대공황 등 경기침체는 생산능력인 공급이 남아도는데도 불구하고 국내총생산에 대한 수요가 부족하기 때문에 발생한 것으로 보았다. 또한 수요가 부족한데도 불구하고 시장의 가격기구인 보이지 않는 손인 물가가 신축적으로 조정되지 않기 때문에 수요부족에 따른 경기침체는 계속 해소되지 못한다고 보았다. 그러므로 케인즈는 수요를 증대시키기 위해서 정부가 정추지출의 확대 혹은 조세의 감면으로 경제에 개입할 필요성이 있다고 역설하였다. 이로써 고전학파 거시경제학에 케인즈 경제학은 도전장을 내밀게 된 것이다.

1.2. 케인즈학파 거시경제학의 기본가정

(1) 물가와 임금의 경직성

케인즈는 시장에서 가격변수인 물가와 임금이 신축적으로 조정되지 못한다고 보았다. 따라서 생산물의 초과공급이나 노동의 초과공급이 존재하는 경우에도 물가와 임금은 하락하지 않고 고정되어 있다고 가정한다. 결국 시장의 자기조정능력이 실종된 상황이다.

(2) 충분한 잉여 생산능력 존재

공급능력은 매우 충분한 상황인데 의미가 있는 수요(유효수요)가 부족하여 생산시설이 충분히 쓰이지 못하는 상태인 잉여생산능력이 충분이 있는 상태이다. 잉여생산이 있으므로 유효수요가 증가하면 생산이 늘어날 수 있다. 즉 수요가 있으면 공급은 창출된다는 것이다.

2. 거시경제 총수요의 구성요인

2.1. 소비수요

(1) 소비함수

가계의 개별 생산물에 대한 소비수요는 물가, 소득, 이자율, 재산, 물가에 대한 예상 등 여러 요인들에 의해서 결정된다. 일반적으로 물가가 낮을수록, 소득이 높을수록, 이자율이 낮을수록, 재산이 많을수록, 예상물가가 높을수록 소비는 증가한다.

케인즈는 소비수요를 결정하는 가장 중요한 요인으로 실질소득인 실질 *GDP*라고 보았다. 다른 요인들이 일정불변이라고 한다면 케인즈의 소비수요함수는 다음과 같이 나타낼 수 있다.

$$C=f(Y)$$

여기서 Y는 실질소득, 즉 실질 GDP이며 C는 실질 소비수요이다. 케인즈는 소비함수를 소득의 증가함수라고 보았고, 소득이 없는 경우에도 기초소비는 있다고 보았다. 케인즈 소비함수를 다음과 같이 나타낼 수 있다.

$$C=a+bY(a>0, 0<b<1)$$

여기서 a는 소득이 전혀 없더라도 생존하기 위해서 소비해야 하는 최소한의 소비수준을 의미한다.

그림 8-1

소비함수

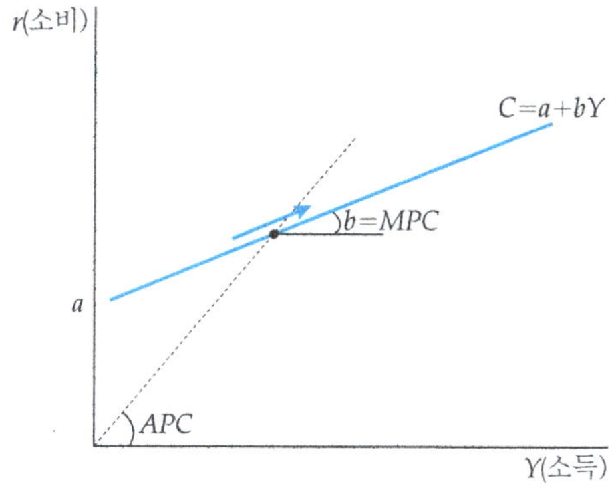

(2) 평균소비성향과 한계소비성향

평균소비성향(average propensity to consume : APC)이란 소비를 소득으로 나눈 값을 의미한다. 평균적으로 사람들이 소득 중에서 얼마나 소비하는가를 평균소비성향이라고 한다.

$$APC = \frac{C}{Y} = \frac{a+bY}{Y} = \frac{a}{Y} + b$$

소득이 증가할 때 *APC*는 하락한다.

한계소비성향(marginal propensity to consume : *MPC*)이란 소비의 변동분을 소득의 변동분으로 나눈 값을 말한다. 소득이 늘어나면 그중 얼마나 소비를 늘리는 데 쓰는가를 한계소비성향이라고 한다.

$$MPC = \frac{\Delta C}{\Delta Y} = b$$

그림 8-2

평균소비성향곡선과 한계소비성향곡선

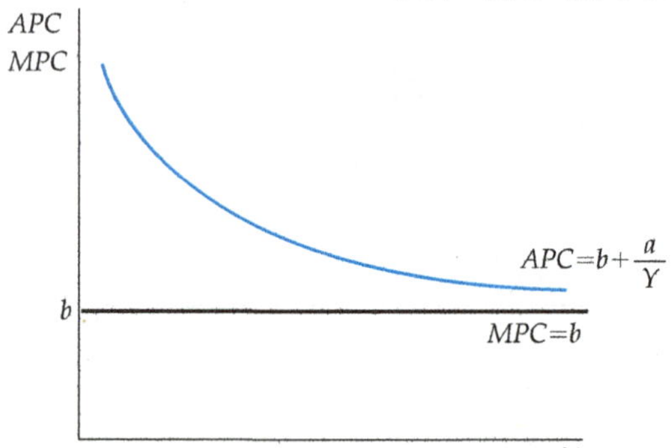

2.2. 투자수요

(1) 유발 투자수요

기업의 투자는 물가, 이자율, 미래에 대한 예상, 그리고 소득의 변화와 같은 경기 상태 등에 의해서 결정된다. 투자수요는 일반적으로 이자율과 소득에 가장 크게 영향을 받는다고 한다.

유발투자수요(induced investment demand)란 이자율이나 소득 등 어떤 명시적인 요인에 의해서 결정되는 투자수요를 말한다.

유발 투자수요는 이자율이 낮아짐에 따라서 소득이 증가함에 따라서 투자는 증가한다. 즉 투자함수를 다음과 같이 나타낼 수 있다.

$$I=f(r, Y)$$

(2) 독립 투자수요

투자수요 중에서는 이자율 또는 물가 등 어떤 명시적인 요인으로 설명하기 어려운 것이 많이 있다. 기업가들은 앞으로 경기가 좋아질 것으로 예상하면 투자를 늘리는 경우가 많다. 이러한 기업가들의 예상은 설명하기 어려운 수많은 요인들에 의해서 결정된다. 이렇게 투자수요를 경제모형에서 설명하지 않는 외생변수인 독립변수라고 보고 독립적이라고 한다. 이러한 요인들을 케인즈는 기업가의 야성적 충동(animal spirit)이라고 하였다.

독립투자수요(autonomous investment demand)란 이자율이 소득에 영향을 받지 않는, 일정하게 주어져 있는 투자수요를 말한다.

$$I=I_0$$

그림 8-3

독립투자곡선

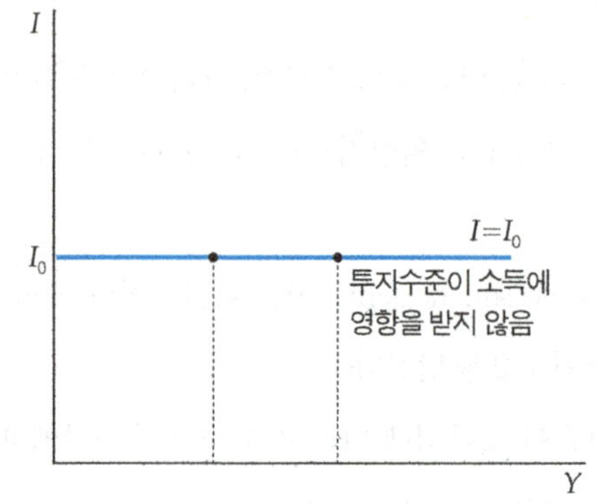

3. 국민소득의 결정

3.1. 케인즈학파의 단순모형의 체계와 균형조건

케인즈는 총수요는 소비수요(C)와 투자수요(I)의 합으로 이루어져 있고, 총수요가 구매력을 바탕으로 한 의도된 수요라는 점을 강조하여 유효수요(effective demand)라고 하였다.

$$Y^D = C + I$$

총공급은 노동과 자본의 잉여생산능력이 충분하기 때문에 완전고용수준에 도달하기까지는 얼마든지 생산이 가능하다. 따라서 국민소득을 결정하는 요인은 총공급측면이 아닌 총수요측면이라고 보았다.

$$Y^S = Y$$

만일 총수요가 총공급보다 많으면 생산을 너무 적게 했기 때문에 재고가 부족하게 되고 그 결과 산출량은 증가하게 된다. 반대로 총수요가 총공급보다 적으면 너무 많이 생산해서 재고가 많이 쌓이게 되어 산출량이 줄어든다.

이렇게 국민소득수준이라는 수량이 조정되는 과정을 거쳐 균형으로 조정된다. 결국 총수요와 총공급이 서로 같아지는 수준에서 균형이 달성된다.

3.2. 수식을 이용한 균형국민소득 결정

케인즈의 총공급과 총수요를 다음과 같은 식으로 나타낼 수 있다.

$$Y^S = Y = Y^D = C + I = a + bY + I_0$$

위의 식을 Y로 정리하면 다음과 같다.

$$Y = \frac{1}{1-b}[a + I_0]$$

3.3. 그림에 의한 균형소득 결정

균형국민소득수준이 결정되는 과정을 보면 수평축을 국민소득으로 하고, 수직축은 소비수요와 투자수요 등의 총수요를 나타낸다. 총수요를 나타내는 곡선은 소비수요곡선을 투자수요의 크기만큼 상방으로 수직이동한 곡선이다. 실제 소득, 총공급, 총생산을 나타내는 선은 가로축일 뿐만 아니라 45°선이다.

그림 8-4

총공급곡선과 총수요곡선

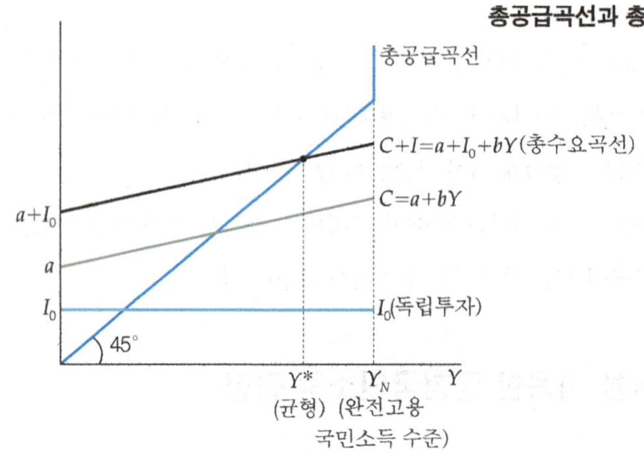

균형국민소득 조건식은 $Y=Y^D$는 총공급곡선인 45°선과 총수요를 나타내는 곡선이 만나는 곳을 말한다. 즉 두 선이 만나는 점에서 균형소득이 결정된다.

균형국민소득수준보다 낮은 데서 생산하여 실제 소득이 Y_1인 경우에는 아래에서 올려다보면 총수요가 총공급보다 높아서 생산량을 더욱 늘리게 되고 국민소득이 증가한다. 반대로 Y_2인 경우에는 생산량이 감소하여 국민소득이 감소한다.

3.4. 케인즈 균형국민소득 모형의 의의

균형국민소득수준을 벗어나는 경우에는 총수요≠총공급인데 이러한 불균형이 산출량인 재고의 조정을 통해서 균형으로 도달하게 된다. 이렇게 케인즈의 단순모형에서는 물가가 변동하면서 불균형을 조정하는 것이 아닌 산출량의 변동을 통해서 불균형이 조정되는 것을 말한다. 즉 가격조정과정이 아닌 수량조정과정이 작동되는 것이다.

그림 8-5

균형국민소득 조정과정

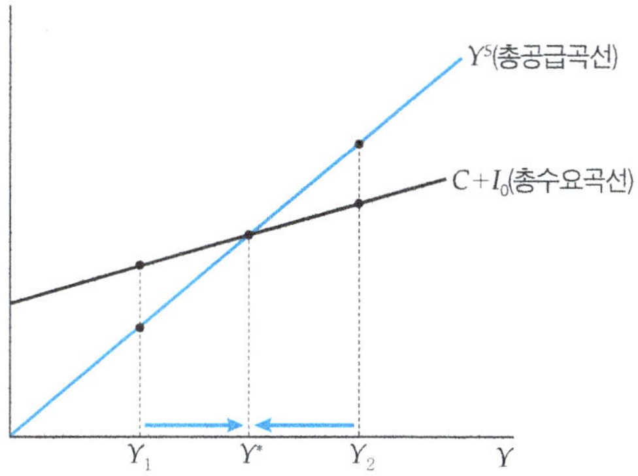

Chapter

09

재정과 재정정책

1. 정부의 재정과 세입세출

1.1. 정부의 재정

정부의 재정(public finance)이란 정부가 필요한 돈을 마련하고 그 돈을 가지고 여러 가지 지출에 사용하는 것을 말한다. 즉 정부의 수입과 지출 관련 모든 경제활동을 재정 혹은 공공경제라고 한다.

재정은 크게 세입과 세출로 나뉜다. 세입은 한 해 동안의 수입, 세출은 한 해 동안의 지출을 말한다.

예산이란 정부의 세입과 세출에 관한 계획을 말하며, 회계연도가 시작하기 전에 정상적인 절차를 통해 편성된 예산을 본예산이라고 하고, 회계연도 동안 예기치 않은 경제상황의 변화나 천재지변 때문에 부득이 본예산을 변경할 필요가 생길 경우 추가로 새로운 예산을 편성할 수 있는데 이를 추가경정예산이라고 한다.

세입과 세출의 실제 결과를 결산이라고 한다. 결산은 예산을 바탕으로 이루어지나 반드시 예산과 같은 것은 아니다. 경제의 상황에 따라서 조세수입이 달라질 수도 있고, 예산에 들어있는 사업의 진척이 예정보다 늦어져 지출이 이루어지지 않을 수도 있기 때문이다.

세입과 세출의 차이를 재정수지라고 하는데 세입이 세출보다 큰 경우 재정수지가 흑자(흑자 재정)라고 하며, 세입이 세출보다 작은 경우에 재정적자(적자재정)라고 한다. 세입과 세출이 같은 경우 균형재정이라고 한다.

1.2. 세입

한 해 동안의 정부 수입인 세입에는 조세수입과 세외수입으로 크게 나눌 수 있다. 조세수입은 국민으로부터 징수한 세금이고 세외수입은 조세 이외의 수입으로 각종 수수료, 벌과금 등으로 얻은 수입과 정부가 소유하는 건물이나 토지 등을 팔아 얻는 수입으로 이루어진다.

(1) 과세대상에 따른 조세 분류

과세대상에 따라서 조세는 소득세, 재산세, 소비세, 관세, 목적세 등이 있다.

소득세는 개인소득세, 법인세와 같이 개인이나 법인의 소득 및 이익, 이윤에 대해 부과하는 과세이다.

재산세는 건물 등에 대한 재산세, 종합토지세와 상속세, 증여세와 같이 재산의 보유와 이전에 대해 부과하는 세금이다.

소비세는 부가가치세, 특별소비세, 주세와 같이 재화와 서비스의 매매 및 소비에 부과하는 세금이다.

관세는 수입품에 부과하는 세금이고, 목적세는 교육세, 농어촌특별세와 같이 특정 목적을 위해서 부과하는 세금이다.

(2) 직접세와 간접세

세금이 부과되는 경제주체와 세금을 실제로 납부하는 경제주체가 같은지 다른지에 따라서 조세는 직접세와 간접세로 나눌 수 있다.

직접세는 세금이 부과되는 경제주체와 세금을 실제로 납부하는 경제주체가 같은 조세를 말한다. 소득세 및 재산세는 직접세에 속한다.

간접세는 세금이 부과되는 경제주체와 실제로 납부하는 경제주체가 같지 않은 세금이다. 조세부담이 다른 경제주체에게 쉽게 전가되는 조세로 재화 및 서비스세가 해당한다.

직접세는 조세부담의 전가가 어렵고 조세저항이 크며 세무행정이 복잡하게 된다. 직접세는 누진세를 적용할 수 있어 납세 능력이 낮은 사람에게 감면해주고, 납세 능력이 높은 사람에게는 많은 과세를 통해 소득분배의 형평성을 고려할 수 있다.

간접세는 조세부담의 전가가 쉽고 조세저항이 작으며 세무행정이 간단하다는 점이 특징이다. 그러나 저소득층에게 상대적으로 많은 부담을 지울 수 있다는 점에서 역진성을 지닌다.

(3) 정액세, 비례세, 누진세

조세는 세율에 따라서 정액세, 비례세, 누진세와 역진세로 나눌 수 있다.

정액세는 소득의 크기와는 상관없이 일정한 금액을 부과하는 것이다. 비례세는 과세표준의 크기와 비례해서 부과하는 세금이다. 누진세는 과세 표준의 크기가 커질수록 세율이 높아지는 세금이다. 역진세는 소득이 높을수록 실질적인 조세부담이 작아지는 세금이다. 재화 및 서비스에 대한 조세는 어떤 소비자든지 상품 한 단위당 일정한 세금을 납부하지만 소비자의 소득에 대한 실질적인 세율은 달라진다. 소득이 낮을수록 세율이 높고 소득이 높을수록 세율은 낮아져 역진세가 된다. 이렇게 간접세는 소득분배의 형평성을 떨어뜨리게 된다.

(4) 국세와 지방세

조세는 조세징수 주체에 따라서 국세와 지방세로 나뉜다. 국세는 중앙정부가 징수하는 것이고 지방세는 지방정부가 징수하는 것이다. 국세는 내국세와 관세 등으로 나누어지고 지방세는 보통세와 목적세로 나누어진다.

1.3. 세출

세출은 한 해 동안 경제적 성격, 기능적 성격 등에 따라서 여러 가지로 나누어진다.

(1) 경제적 분류

경제적 성격에 따라서 세출은 경상지출, 자본지출, 순대출로 나눌 수 있다.

경상지출은 공무원 봉급 지급, 사무용품의 구입 등 정부소비지출과 정부채무이자 지급을 위한 정부지출, 그리고 기업이나 가계에 대한 이전지출이 해당한다.

자본지출은 기계설비, 건축물 등 각종 자본재와 토지를 매입하는 데 쓰이는 정부지출을 말한다. 비금융공기업이 기계설비, 건축물 등 각종 자본재를 구입하는 데 사용된 지출을 정부투자지출이라고 한다.

순대출은 정부가 각종 기관에 빌려준 융자금에서 회수한 회수금을 뺀 값을 말한다.

(2) 기능적 분류

기능적인 성격에 의해서 세출은 일반행정비, 국방비, 교육비, 사회개발비, 경제개발비 기타 교부금으로 나눌 수 있다.

일반행정비는 정부의 기본적인 행정활동인 행정, 치안, 소방 등에 사용된 비용을 말한다. 국방비는 국군을 유지하고 방위산업을 육성하는 데 쓰이는 비용이고, 교육비는 교육시설 개선 등에 사용된 비용을 말한다. 사회개발비는 상하수도시설, 환경정화, 주택개량, 사회보장 및 사회복지에 사용된 비용이다. 교부금은 국가 전체의 균형발전을 위해서 중앙정부가 지방정부에 지원해주는 자금을 말한다.

1.4. 재정수지와 보전재원

정부가 재정적자에 직면하는 경우에 그것을 메우기 위한 것을 보전재원이라고 한다. 보전재원은 한국은행, 예금은행으로부터의 차입, 국공채 발행, 해외로부터의 차입 등이 있다. 한국은행이나 예금은행으로부터 차입해서 재정적자를 메우면 그만큼 화폐공급이 증가한다. 한편 국공채를 발행해서 재정적자에 충당하면 시중에 화폐공급은 변하지 않는다. 해외로부터 외화를 차입해서 재정적자를 메우면 그 외화를 한국은행에서 원화로 바꾸어 지출하게 되어 그만큼 화폐공급이 증가하게 된다. 따라서 정부의 예산제약조건은 다음과 같이 나타낼 수 있다.

세출－세입

＝한국은행 차입 보전＋국공채 발행＋해외차입

＝화폐공급 증가＋국공채 발행 증가

2. 재정정책

2.1. 재정정책

재정정책이란 정부가 조세와 정부지출의 조절을 통해서 효율적인 자원배분, 공정한 소득분배, 완전고용, 물가안정, 국제수지 개선, 경제성장 촉진 등의 목표를 달성하기 위한 정책을 말한다.

재정정책의 수단은 크게 조세와 정부지출이 있다. 조세는 정부의 세입 중에서 가장 큰 부분을 차지하며 조세의 조절은 일반적으로 세율의 조절로 이루어진다. 정부지출은 경상지출에서 가장 큰 비중을 차지하는 것이 정부소비지출이고, 자본지출 중에서 가장 큰 부분을 차지하는 것은 정부투자지출이다. 때로는 정부소비지출만 정부지출이라고 보고, 정부투자지출은 민간의 투자지출과 합해 투자지출이라고 보기도 한다.

정부지출＝정부소비지출＋정부투자지출

2.2. 재정정책 수단

재정정책의 수단으로는 조세의 규모와 세율을 조정하거나 정부지출을 조정하는 방법이 있다. 이를 일반적인 정책수단과 선별적인 정책수단으로 크게 나누어 볼 수도 있다. 일반적인 정책수단이란 정책의 효과가 국민경제 전반에 두루 미치는 정책수단을 말하고, 선별적인 정책수단이란 정책의 효과가 국민경제의 어느 특정 부분에만 영향을 미치는 경우를 말한다.

◈ 조세의 규모와 세율 조정

정부가 경제 전반에 걸쳐 조세의 규모를 늘리거나 세율을 높이면 국민의 가처분소득이 낮아지게 되고 총수요가 감소하여 국내총생산이 감소하고 물가가 하락하게 된다. 반대로 조세의 규모를 줄이거나 세율을 낮추면 국민의 가처분소득이 높아져 총수요가 증가하여 국내총생산이 증가하고 물가가 상승하게 된다.

◈ 정부지출

총수요의 구성요소인 정부지출이 증가하게 되면 총수요가 증가하게 되고 국내총생산과 물가가 동시에 상승하게 된다. 반대로 정부지출이 감소하게 되면 총수요의 감소로 국내총생산과 물가는 모두 하락하게 된다.

3. 고전학파 재정정책

3.1. 고전학파 거시경제 균형조건

가계와 기업으로만 존재하는 단순한 경제에서 정부를 포함하게 되면 거시경제학의 균형은 다음과 같이 나타낼 수 있다.

가계와 기업만 존재하는 경우 거시경제모형

$$S(r)=I(r)$$

정부의 조세(T)와 정부지출(G)를 고려하는 거시경제모형은 다음과 같다.

$$S(r)+T-G=I(r)$$

$$S(r)+T=I(r)+G$$

여기서 $S(r)$은 민간의 저축을 의미하고, $(T-G)$는 정부저축(S_g)을 의미한다. 여기서 $S(r)+T$는 자금의 공급, $I(r)+G$는 자금의 수요를 의미한다. 양쪽에 소비(C)를 더해주면 일반적인 거시경제학의 균형식을 도출할 수 있다.

$$C(r)+S(r)+T-G=C(r)+I(r)$$

정부지출을 이동시켜 정리하면 $C(r)+S(r)+T=C(r)+I(r)+G$가 되어 고전학파 균형조건이 된다. 여기서 좌변인 $C(r)+S(r)+T$는 국민소득의 처분으로 Y로 대부자금의 공급을 의미하고, $C(r)+I(r)+G$는 대부자금의 수요를 의미한다.

이를 정리하면 다음과 같이 나타낼 수 있다.

$$Y=C(r)+I(r)+G$$

3.2. 정부지출 증가와 구축효과

경제가 균형상태에서 정부지출이 증가하게 되는 경우 어떤 영향을 미치게 되는지 살펴본다. 정부지출의 증가는 자금에 대한 수요가 증가하기 때문에 이자율이 상승하게 된다. 그 결과 민간부분의 투자는 이자율 상승으로 인해 감소하게 된다.

따라서 균형식 $C(r)+S(r)+T=C(r)+I(r)+G$에서 정부지출의 증가 ΔG는 이자율을 높여 $I(r)$가 감소하거나, $S(r)$의 증가로 다시 균형에 이르게 된다.

정부지출 증가=투자수요 감소+저축 증가(소비수요 감소)

거시경제의 총수요는 결국 정부지출을 증가시킨 만큼 소비수요 감소와 투자수요 감소로 총수요에는 아무런 영향이 없게 된다. 이를 구축효과라고 한다.

그림 9-1

정부지출 증가 효과

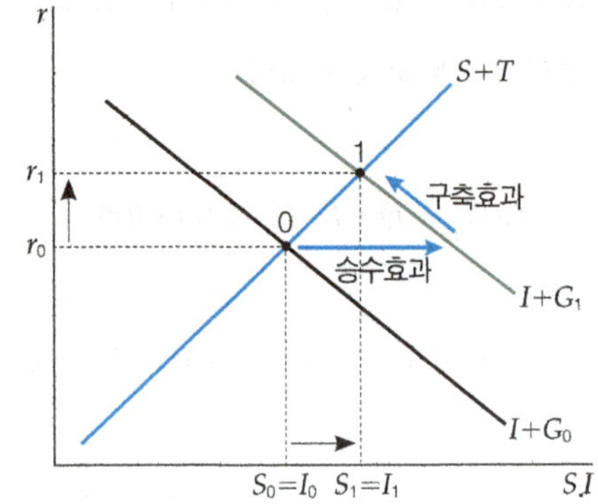

극단적인 경우의 고전학파모형에서는 구축효과가 100%라고 한다. 이때 정부지출을 통한 총수요의 증대는 민간의 총수요 감소로 완전히 상쇄되어 경제 전체의 총수요에는 아무런 영향을 미치지 못한다. 그 결과 국민소득을 전혀 증가시키지 못한다.

3.3. 조세의 증가 효과

정부가 조세를 증가시키면 정부의 저축이 증가하게 되어 자금의 공급곡선을 의미하는 $S+T$곡선이 우측으로 이동하게 된다. 따라서 이자율이 하락하게 되고, 민간의 투자 증가와 저축의 감소로 이어지게 된다.

조세 증가=투자수요 증가+저축 감소(소비수요 증가)

그림 9-2

조세 증가 효과

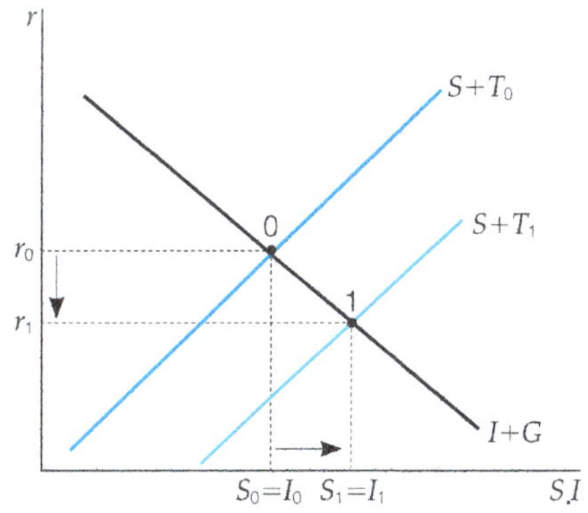

결국 조세 증가는 투자수요 증가와 소비수요의 증가로 이어져 실질국민소득에는 아무런 영향을 미치지 못하게 된다.

3.4. 정부지출의 증가와 조세 증가를 동시에 발생시키는 균형재정

고전학파는 재정균형이 바람직하다고 생각했는데, 정부지출과 조세가 동시에 증가한다면 균형재정을 유지할 수 있게 된다. 이 경우에는 자금의 수요인 $(I+G)$와 자금의 공급인 $(S+T)$가 동시에 일어나기 때문에 두 곡선이 모두 우측으로 같은 길이만큼 이동하게 된다. 따라서 균형실질이자율은 변하지 않고 실질국민소득도 변하지 않게 되어 경제에는 아무런 영향이 없다.

그림 9-3

균형재정 효과

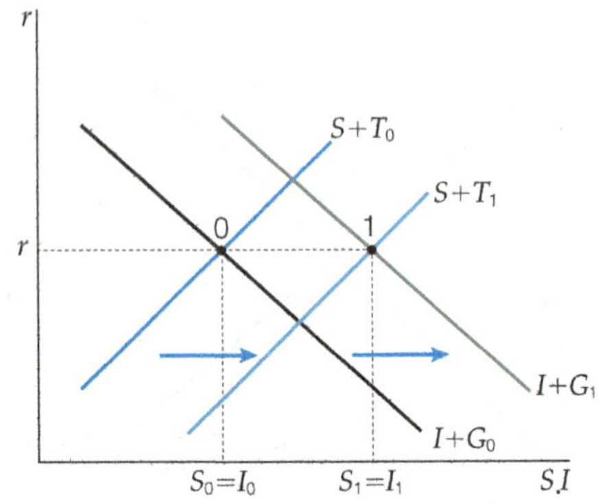

4. 케인즈학파 재정정책

4.1. 케인즈학파의 단순모형과 균형국민소득 결정

균형국민소득은 총공급과 총수요가 같아지는 수준에서 결정된다.

$$\underset{(\text{총공급})}{C+S+T} = \underset{(\text{총수요})}{C+I+G}$$

총공급을 나타내는 $C+S+T$는 우상향하는 45도 선으로 나타낼 수 있고, 총수요를 나타내는 $C+I+G$는 45도 선보다 기울기가 작은 우상향하는 직선으로 나타낼 수 있다.

이 두 직선이 만나는 점에서 균형국민소득이 결정된다.

그림 9-4

균형국민소득의 결정 : 총공급=총수요

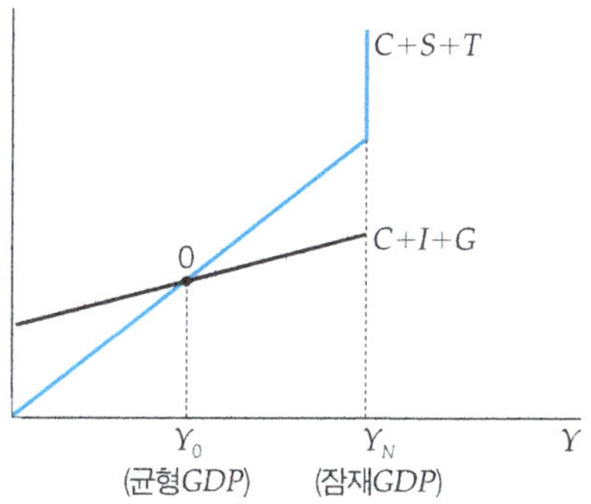

4.2. 경기침체와 총수요 부족

케인즈학파는 균형소득이 반드시 완전고용상태의 잠재 GDP라는 보장은 없다고 보았다. 균형 GDP(실제 GDP)와 잠재 GPD(완전고용상태의 GDP) 사이의 차이를 GDP 갭이라고 한다.

$$GDP\ 갭 = 잠재\ GDP + 실제\ GDP$$

국민소득인 GDP가 잠재 GDP에 미치지 못하게 된 주된 이유는 총수요가 부족했기 때문이다. 부족한 총수요를 〈그림 9-5〉에서와 같이 AB만큼 증가시키면 균형 GDP가 잠재 GDP까지 증가하게 되어 GDP 갭은 사라진다.

이렇게 잠재 GDP의 수준에 미흡한 총수요의 부족분을 디플레이션 갭이라고 한다.

그림 9-5

GDP 갭과 디플레이션 갭

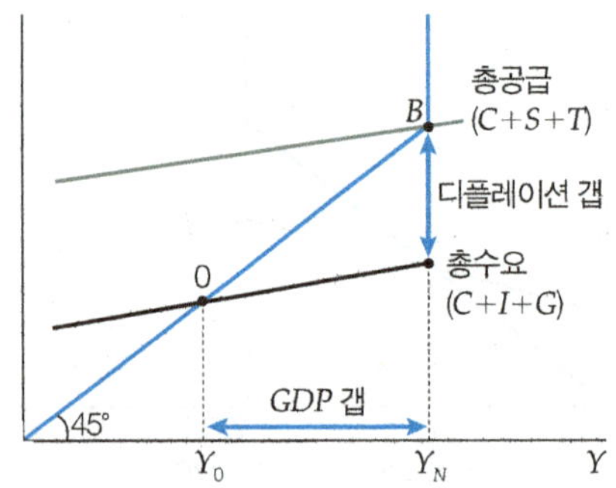

4.3. 정부의 확장적 재정정책 효과

정부가 경기를 부양시키기 위한 확장적 재정정책에는 정부지출을 증가시키는 것과 조세를 감면시키는 것 두 가지가 있다.

(1) 정부지출의 증가

정부가 정부지출을 증가시키는 확장적 재정정책을 실시하는 경우에는 곧바로 총수요가 증가한다. 그러므로 균형국민소득은 증가한다.

ΔG	$\longrightarrow$	$C+I+G+\Delta G$	$\longrightarrow$	ΔY
(정부지출 증가)		(총수요 증가)		(균형GDP 증가)

(2) 조세 감소 효과

정부가 조세감면을 통해 확장적 재정정책을 실시하는 경우에는 조세의 감소로 가처분소득이 증가하고 그 결과 소비가 증가해 총수요가 증가하게 된다. 총수요의 증가는 국민소득을 증가시킨다.

ΔT	→	$\Delta Ya = Y - \Delta T$	→	ΔC	→	$C + \Delta C + I + G$	→	ΔY
(조세 감소)		(가처분소득 증가)		(소비 증가)		(총수요 증가)		(균형*GDP* 증가)

5. 케인즈의 승수이론

5.1. 조세가 정액세인 경우

케인즈는 다음과 같은 거시경제모형을 상정하였다. 총수요는 소비, 투자, 정부지출의 합으로 구성되어 있다고 보았으며, 소비는 가처분소득의 증가함수이고 투자와 정부지출은 고정된 상수라고 보았다. 이를 간단하게 식으로 나타내면 다음과 같다.

총수요 : $Y^D = C + I + G$

소비함수 : $C = a + bY_d = a + b(Y - T) = a - bT + bY$

조세함수 : $T = T_0$

투자함수 : $I = I_0$

정부지출 : $G = G_0$

케인즈는 총공급 측면은 언제든지 공급할 수 있는 유휴 노동자와 설비가 충분히 있다고 보았기 때문에 균형국민소득은 총수요에 의해서만 결정된다고 보았다.

$Y^S = Y$이므로 $Y^D = C + I + G$를 통해 균형국민소득을 구하면 $Y^S = Y = Y^D = C + I + G$가 된다.

이를 정리하고 국민소득 Y로 나타내면 다음과 같이 균형국민소득을 구할 수 있게 된다.

$$Y=C+I+G=a+b(Y-T_0)+I_0+G_0$$
$$(1-b)Y=a-bT_0+I_0+G_0$$
$$Y=\frac{1}{1-b}(a-bT_0+I_0+G_0)=\frac{a}{1-b}-\frac{b}{1-b}T_0+\frac{I_0}{1-b}+\frac{G_0}{1-b}$$

〈그림 9-6〉에서 알 수 있듯이 정부지출의 증대는 총수요곡선을 상방이동시켜 국민소득을 증대시키고, 조세 증가는 총수요곡선을 하방으로 이동시켜 국민소득을 감소시킨다.

그림 9-6

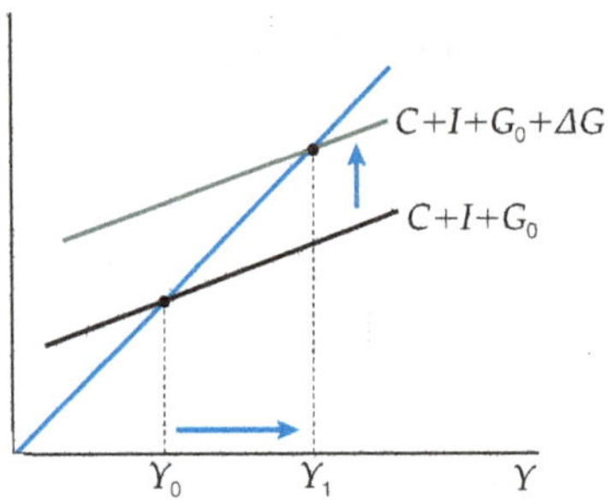

(a) 정부지출 증대 효과

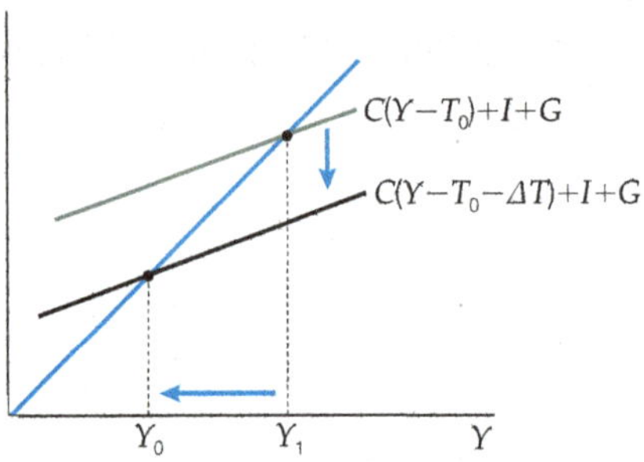

(b) 조세 증대 효과

(1) 정부지출승수

정부지출이 G_0에서 $G_1=G_0+\Delta G$으로 ΔG만큼 증가했다면 균형국민소득은 다음과 같이 증가한다.

$$Y_0=\frac{1}{1-b}(a-bT_0+I_0+G_0)$$

$$Y_1=\frac{1}{1-b}(a-bT_0+I_0+G_0+\Delta G)$$

따라서 $\Delta Y=Y_1-Y_0$에서 $\Delta Y=\frac{1}{1-b}\Delta G$가 된다. 즉 균형국민소득은 정부지출의 증가분 ΔG의 $\frac{1}{1-b}$배만큼 증가하게 된다.

이때 $\frac{\Delta Y}{\Delta G}=\frac{1}{1-b}$를 정부지출승수라고 한다.

(2) 조세승수

정부가 정액세를 T_0에서 T_1으로 ΔT만큼 증가시켰다고 하자. 즉 $T_1=T_0+\Delta T$가 된다. 이때 처음의 균형국민소득과 나중의 균형국민소득은 다음과 같게 된다.

$$Y_0=\frac{a}{1-b}-\frac{b}{1-b}T_0+\frac{I_0}{1-b}+\frac{G_0}{1-b}$$

$$Y_1=\frac{a}{1-b}-\frac{b}{1-b}(T_0+\Delta T)+\frac{I_0}{1-b}+\frac{G_0}{1-b}$$

$$\Delta Y=Y_1-Y_0=\frac{-b}{1-b}\Delta T$$

따라서 균형국민소득은 정액세 증가분의 $\frac{-b}{1-b}$만큼 변동하여 감소한다는 것을 알 수 있다.

이때 $\frac{\Delta Y}{\Delta T}=\frac{-b}{1-b}$를 정액세승수라고 한다.

(3) 균형재정승수

정부가 균형재정을 유지하면서 즉, 정부지출을 늘리면서 동시에 정액세를 증가시키는 경우에 균형국민소득이 어떻게 변하는지를 살펴본다.

복잡한 식은 제외하고 정부지출승수와 정액세승수를 합하면 균형재정승수를 구할 수 있게 된다.

$$\frac{\Delta Y}{\Delta G}+\frac{\Delta Y}{\Delta T}=\frac{1}{1-b}+\frac{-b}{1-b}=1$$

정부가 정액세와 정부지출을 동시에 1억 원을 증가시킨다면 균형소득이 1억 원만큼 증가한다는 것이다.

직관적으로 균형재정승수는 0인 것처럼 생각하기 쉽다. 정부지출과 정액세를 동시에 같은 크기만큼 증가시키게 되면 경제에 미치는 효과가 동일할 것만 같기 때문이다. 그러나 정부지출승수와 조세승수는 그 효과는 반대이고 절댓값도 서로 다르다. 정부지출승수가 더 크기 때문이다. 왜 더 크게 되는지를 한번 생각해 보기 바란다.

5.2. 조세가 비례세인 경우

정부가 부과하는 조세가 비례세인 경우에는 조세를 다음과 같이 나타낼 수 있다.

$$T=T_0+tY$$

이때 소비함수는 다음과 같이 변형된다.

$$C=a+b(Y-T_0-tY)=a+b(1-t)Y-bT_0$$

이를 균형국민소득 조건식에 대입하면

$$Y=C+I+G=a+b(1-t)Y-bT_0+I_0+G_0$$

이를 Y로 정리하면 $[1-b(1-t)]Y=a-T_0+I_0+G_0$가 되어 이를 Y로 정리하면 된다.

$$Y=\frac{1}{1-b(1-t)}[a-bT_0+I_0+G_0]$$

(1) 정부지출승수

정부지출을 증가시키는 경우 승수는 Y를 G로 미분하여 다음과 같이 나타낼 수 있다.

$$\Delta Y=\frac{1}{1-b(1-t)}\Delta G$$

따라서 비례세인 경우에 정부지출승수는 $\frac{\Delta Y}{\Delta G}=\frac{1}{1-b(1-t)}$이 된다.

(2) 조세승수

정부가 조세를 증가시키는 경우 승수는 Y를 T로 미분하여 다음과 같이 나타낼 수 있다.

$$\Delta Y=\frac{-b}{1-b(1-t)}\Delta T$$

따라서 비례세인 경우에 조세승수는 $\frac{\Delta Y}{\Delta T}=\frac{-b}{1-b(1-t)}$가 된다.

6. 고전학파와 케인즈학파의 재정정책 효과에 대한 비교

고전학파와 케인즈학파는 시장의 가격조정기능을 신뢰하는가의 여부에 가장 큰 차이가 있다고 할 수 있다. 두 학파의 차이점을 간략하게 정리하면 다음과 같이 나타낼 수 있다.

(1) 가격의 신축성

고전학파는 시장을 신뢰하고 신축적인 가격의 자동적인 기능으로 항상 균형으로 조정된다고 보았다. 여기서 가격은 애덤스미스가 말한 보이지 않는 손이라고 할 수 있고 물가, 임금, 이자율 등을 말한다.

반면에 케인즈는 대공황의 상황에 기초하여 현실에서는 시장의 가격기구가 잘 작동되지 않고 경직적인 경우가 많다고 지적하였다. 따라서 시장을 신뢰할 수 없으며 그 결과 정부가 적극적으로 개입해야 한다고 주장하였다.

(2) 공급과 수요의 중시

고전학파는 공급을 중시해서 공급이 있으면 수요는 저절로 따라 온다고 보았다. 그 결과 국민소득이 완전고용국민소득인 잠재 *GDP*에 도달한다고 보았다. 또한 이자율은 실질변수인 대부자금시장에서 저축과 투자에 의해 결정된다고 보았다. 이러한 고전학파의 주장은 공급이 수요를 창출한다는 세이의 법칙(Say's law)이라고 할 수 있다.

한편 케인즈는 대공황의 발생 원인이 총수요의 부족이라고 진단했으며 그 결과 정부의 적극적인 개입을 통해 유효수요를 일으켜야 한다고 주장하였다. 따라서 공급을 중시 여기는 고전학파와는 달리 케인즈는 수요를 중시 여긴다.

(3) 재정정책의 효과

고전학파는 정부의 재정정책은 실질소득에 전혀 영향을 미치고 이자율에만 영향을 미친다고 보았다. 정부 지출을 통한 경기부양은 이자율만 상승시키고 민간의 투자를 위축시키는 구축효과를 야기한다고 보았다. 그 결과 정부지출이나 조세를 통한 시장개입에 부정적이다.

그러나 케인즈는 경기가 침체되어 있는 상황에서 정부지출의 증대는 유효수요를 확대하게 되어 일차적으로 국민소득을 증가시키고, 국민소득의 증가는 다시 이차적으로 소비를 증대시킨다. 소비는 총수요의 구성요소이므로 소비의 증대는 다시 국민소득을 증가시키는 연쇄적인 효과를 야기한다. 따라서 정부지출의 몇 배에 해당하는 승수효과를 야기한다고 보았다. 따라서 정부지출이나 조세를 통한 정부의 재정정책을 통한 시장조정기능에 긍정적이다.

저 · 자 · 약 · 력

장선구

성균관대학교 경제학과 졸업
성균관대학교 경제학 박사
한국경제학회 종신회원
(전) 웅지세무대학교 회계정보학과 교수
(전) 동국대학교 입학사정관
(현) 성균관대학교 경제학과 겸임교수
(현) 연세대학교, 고려대학교 성균관대학교 출강 중
(현) 성균관대학교 국립외교원 모의고사 출제 및 특강
(현) KG에듀원 CPA 경제학, CTA 재정학 강의
(현) 합격의 법학원 감정평가사 경제학, 노무사 노동경제학 강의
(현) 에듀윌 7급 공무원 전임
(저서) 와이드 경제학(2014, 비앤엠북스)
성석미시경제론(2016, 비앤엠북스)
정석거시경제론(2016, 비앤엠북스)
원샷123 객관식경제학(2015, 비앤엠북스)
현대경제학(2015, 율곡출판사) 외 다수
(e-mail) sunkujang@hanmail.net

저자와의
협의하에
인지생략

재정학을 위한 기초경제 [2판]

2015년 3월 5일 초판 발행
2019년 4월 5일 2판 인쇄
2019년 4월 10일 2판 1쇄 발행

저 자 : 장선구
발 행 인 : 정광식
발 행 처 : **비앤엠북스**
서울특별시 금천구 가산디지털1로 70 B1-103
등 록 2004. 12. 29. / 제313 2004 00298호
전 화 2627-5710~13, 팩스 2627-5720
홈페이지 www.대학교재.net
이 메 일 bnmbook@daum.net

가격 20,000원 ISBN 978-89-6821-090-7